MEGHAN
UNA PRINCESA DE HOLLYWOOD

ANDREW MORTON

MEGHAN
UNA PRINCESA DE HOLLYWOOD

Planeta

Diseño de portada: OM Design
Fotografía de portada: Max Mumby / Indigo / Kontributor / Getty Images
Imágenes de portada: © Shuttestock / Romanova Ekaterina
Fotografía del autor: Ken Lennox
Diseño de interiores: Moisés Arroyo Hernández

Título original: *Meghan: A Hollywood Princess*

© 2018, Andrew Morton

Publicado por primera vez en Gran Bretaña en 2018 por
Micheal O'Mara Books Limited
9 Lion Yard, Tremadoc Road London SW47NQ

Traducido por: Gloria Estela Padilla Sierra

Derechos reservados

© 2018, Editorial Planeta Mexicana, S.A. de C.V.
Bajo el sello editorial DIANA M.R.
Avenida Presidente Masarik núm. 111, Piso 2
Colonia Polanco V Sección
Delegación Miguel Hidalgo
C.P. 11560, Ciudad de México
www.planetadelibros.com.mx

Primera edición en formato epub: noviembre de 2018
ISBN: 978-607-07-5337-4

Primera edición impresa en México: noviembre de 2018
ISBN: 978-607-07-5342-8

Impreso en los talleres de Litográfica Ingramex, S.A. de C.V.
Centeno núm. 162-1, colonia Granjas Esmeralda, Ciudad de México
Impreso y hecho en México – *Printed and made in Mexico*

*Para mi esposa Carolyn y para todos nuestros amigos
en Pasadena.*

Índice

⤜⤏⤐⤍

Agradecimientos.   9
Prólogo. Conjunción de estrellas   13

1. En busca de sabiduría.   21
2. Los Markle.   33
3. Una calle llamada Gladys   56
4. «¿Puedes decir "Hola"?»   76
5. Faldas cortas, tacones altos   98

Primera sección de imágenes.   111

6. Una estrella hecha a la medida   113
7. ¡Eureka!   139
8. Las dos caras de la moneda.   161
9. Cuando Harry conoció a Meghan   181
10. Al corazón de África.   200
11. Un romance muy público.   214

Segunda sección de imágenes   239

12. Té con Su Majestad.   241
13. La novia de los mil millones   254
14. Invitación a una boda.   270

Otras obras de Andrew Morton   289
Créditos de las imágenes.   291

Agradecimientos

అ౦౬౿

A veces es útil estar en el lugar y el momento correctos. Mi esposa Carolyn es del sur de California y parte del año vivo en Pasadena, a unos cuantos kilómetros al noreste del centro de Los Ángeles. Cuando se anunció el compromiso entre Meghan Markle y el príncipe Harry, fue notable cuántos habitantes de Pasadena tenían historias sobre la actriz de *Suits*. Esta ciudad era realmente el epicentro de todo lo relacionado con Meghan Markle: Edmund Fry, propietario del Rose Tree Cottage, que es un pequeño trozo de Inglaterra en la ciudad, le sirvió el té alguna vez; su antiguo novio, quien ahora es corredor de bienes raíces, vendió una casa al otro lado de mi calle; los padres enviaban a sus hijos a alguna escuela donde Meghan había estudiado o había actuado; los fotógrafos locales tenían cajas enteras de diapositivas con tomas nunca vistas de la futura miembro de la realeza y, Hippie Kitchen, donde trabajó como voluntaria, estaba apenas a unos minutos de distancia en auto.

Así, iniciando en Pasadena, quiero agradecer a mi amiga, la doctora Wendy Kohlhase, por presentarme con los entusiastas y serviciales miembros del personal y la administración de la Immaculate Heart High School. La presidenta de la escuela, Maureen Diekmann, y Callie Webb hurgaron en los archivos almacenados en el sótano para encontrar todo lo relacionado con Meghan, mientras que las maestras Khristine Knudsen y Maria Pollia añadieron sus percepciones con respecto a su antigua alumna.

También agradezco al fotógrafo John Dlugolecki por descubrir una encantadora serie de fotos de Meghan mientras se transformaba en una bella joven.

Gigi Perreau, quien también fue actriz infantil y alumna de Immaculate Heart, y Emmanuel Eulalia, director de teatro de St. Francis High School en La Cañada, me hablaron del naciente talento de Meghan. Elizabeth y Dennys McCoy se expresaron cariñosamente sobre la joven Meghan. También estoy muy agradecido por los comentarios vertidos por Catherine Morris, Jeff Dietrich y el personal de la Hippie Kitchen, quienes trabajan incansablemente para ayudar a quienes no tienen un techo sobre sus cabezas.

Con respecto al complejo y extenso árbol genealógico de Meghan, quiero agradecer a los expertos en genealogía Elizabeth Banas y Gary Boyd Roberts, así como al historiador Christopher Wilson, al igual que a la profesora Carmen Harris de la Universidad de South Caroline Upstate, quienes pusieron en contexto las vidas de los antepasados de la actriz. Los miembros de su familia, Tom Markle Junior, Roslyn Loveless y Noel Rasmussen, me ayudaron a comprender sus crianzas igualmente complejas, mientras que varios amigos, incluyendo a Leslie McDaniel y otros que desean permanecer en el anonimato, agregaron su perspectiva. Tameka Jacobs y Leyla Milani hablaron con agudeza sobre la chica a la que conocieron en los tiempos de *Vas o no vas,* en tanto que varios miembros del equipo de *Suits,* quienes por razones profesionales no quieren dar su nombre, también colaboraron con este libro. Vaya también mi agradecimiento a Samantha Brett, autora de *Game Changers.*

De igual manera, quisiera agradecer al profesor Prochaska y a Trevor Phillips OBE, expresidente de Equality and Human Rights Commission, por sus puntos de vista sobre el impacto de Meghan en la monarquía y el país. Discutí este tema con otros miembros anteriores de la Casa Real, quienes comprensiblemente quieren permanecer anónimos. Gracias también a aquellos en la prensa popular y las redes sociales que han seguido atentamente la evolución de la vida y carrera de Meghan.

Asimismo, quiero dar un enorme reconocimiento a mis investigadores Phil Dampier en Londres y a la infatigable Lisa Derrick en Los Ángeles. Asimismo, sin el consumado profesionalismo de mis editoras Fiona Slater en Londres y Gretchen Young en Nueva York, al igual que la dedicación de la asistente editorial Katherine Stopa y del corrector de estilo Nick Fawcett, nunca podríamos haber entregado esta obra a tiempo.

Por último, un gran reconocimiento a mis amigos, conocidos y vecinos en Pasadena, cuyas ideas, sugerencias y consejos llenaron de energía este proyecto.

PASADENA
Marzo de 2018

Conjunción de estrellas

⁕

Yo sabía de Rachel Meghan Markle desde mucho antes de que el príncipe Harry entrara en escena. En la serie de televisión *Suits,* Meghan exudaba un carisma que la hacía destacar, robándose cada escena en la que aparecía, y al mismo tiempo dejando huella como defensora de la igualdad de género. Entonces, cuando me enteré de que estaba saliendo con el nieto de la reina, honestamente no me sorprendió y, cuando su relación se profundizó, como biógrafo estuve en el momento y lugar correctos. Mi esposa Carolyn es del sur de California y parte del año vivimos en su ciudad natal de Pasadena. Por casualidad, resulta que ese lugar es el epicentro de todo lo relacionado con Meghan Markle. Sus antiguos novios, compañeros de escuela y maestros viven en el área. Es una comunidad tan unida, que un día incluso un vecino me detuvo en la entrada de la cochera para sugerirme que hablara con un comerciante que tenía un recuerdo de Meghan Markle que quería compartir.

En un mundo cínico y caótico, esta es esencialmente una historia anticuada de cómo una chica del pueblo alcanzó la fama. Por supuesto, es mucho más que eso, porque cuando el 19 de mayo de 2018 Meghan Markle camine hasta el altar en la Capilla de San Jorge en el Castillo de Windsor, también hará historia.

En la última boda real importante para una generación, la glamorosa novia del príncipe Harry será la primera divorciada birracial que se haya casado con un miembro de la familia real británica.

Su unión, bendecida por Su Majestad la reina, hará que la monarquía parezca más incluyente y relevante en un mundo en perpetuo cambio.

Durante la ceremonia religiosa, los 800 invitados del gran evento podrían escuchar un zumbido bajo que competirá con el canto del coro. Será el eco del duque de Windsor, quien renunció al trono en 1936 para poder casarse con una estadounidense dos veces divorciada y que se estará revolcando en su tumba, localizada cerca de Frogmore, en los terrenos del Castillo de Windsor.

Se le impidió que el amor de su vida fuera su reina porque Wallis tenía dos exmaridos que aún vivían. La única vez que se recibió a Wallis en el Castillo de Windsor fue en su ataúd, cuando la llevaron en abril de 1985 para su ceremonia fúnebre en la Capilla de San Jorge. En los años cincuenta, la princesa Margarita, hermana menor de la reina, enfrentó el mismo dilema, eligiendo el deber en lugar del amor por su amante divorciado, el capitán Peter Townsend.

Por eso, la boda del segundo hijo del príncipe Carlos y la difunta Diana, princesa de Gales, muestra a qué grado ha evolucionado la familia real —y Gran Bretaña— durante el reinado de Isabel II. Son una unión y una ocasión que derraman simbolismo.

Desde los traumas románticos que rodearon a Eduardo VIII y a la princesa Margarita, la familia real, al igual que el resto del mundo, ha aceptado, aunque con renuencia, el hecho de que el divorcio ya no conlleva el estigma social que alguna vez tuvo. Sin embargo, incluso a principios de la década de 1980, cuando el príncipe Carlos exploraba el reino para encontrar una novia, la idea de que una estadounidense divorciada se casara con un miembro de la familia real era impensable. En ese entonces la prioridad era encontrar a una virgen anglosajona, blanca y aristocrática.

La encontró en la encantadora figura de lady Diana Spencer. Su matrimonio catastrófico —y su rencoroso divorcio— provocó que la antigua generación de nobles y de quienes los apoyaban, se detuvieran a pensar antes de realizar algún comentario sobre los compañeros que elegían los miembros más jóvenes de la familia. La separación de los futuros rey y reina no fue el único suceso dentro de la familia real. La propia hermana de la reina, la princesa Margarita; su hija, la princesa Ana, y su amado segundo hijo, el príncipe Andrés, se divorciaron de sus parejas. Todos ellos se vieron rodeados por diversos grados de escándalo; el más notorio fue cuando la esposa de Andrés, la duquesa de York, conocida como Fergie, fue fotografiada mientras su supuesto asesor financiero le chupaba los dedos del pie junto a una alberca en el sur de Francia.

El divorcio de Meghan después de un breve matrimonio de dos años con un productor de cine, apenas provocó sorpresa; mucho menos se puede decir que haya suscitado una crisis constitucional. Después de todo, el futuro rey, el príncipe Carlos, es un divorciado que se casó con la que fue su amante, Camilla Parker Bowles, también divorciada, en abril de 2005, en una ceremonia civil a unos cuantos pasos de la Capilla de San Jorge. Todo muy moderno. Divorcio, raza y un pasado escabroso, la Casa de Windsor ahora acoge a todo el que llega. Como dijo el príncipe Harry durante la entrevista por el compromiso entre él y Meghan: «Hubo una conjunción de estrellas».

Esta es una observación en la que su tío, el príncipe Andrés, duque de York, puede reflexionar mientras observa a Meghan Markle dirigirse en su majestuosa procesión hasta el altar. Para el príncipe Andrés, no solo las estrellas, sino las décadas, estaban desalineadas. Hace apenas 36 años, el príncipe corría por la pasarela de su buque, el *HMS Invencible,* con una rosa roja entre los dientes, cuando lo recibieron sus orgullosos padres, la reina y el duque de Edimburgo.

En aquel entonces era el soltero más codiciado y un héroe de guerra por derecho propio, luego de haber arriesgado su vida durante el conflicto de las Malvinas entre Gran Bretaña y Argentina, en el cual perdieron la vida más de 9 000 soldados y miles resultaron heridos.

Unas cuantas semanas después, en octubre de 1982, voló en secreto a la isla privada Mustique en el Caribe, donde su tía, la princesa Margarita, tenía una propiedad: Les Jolies Eaux. Según los primeros informes, Andrés y su novia estadounidense, Kathleen «Kho» Stark, hija del productor de Hollywood Wilbur Stark, arribaron en un vuelo bajo el pseudónimo de «Sr. y Sra. Cambridge».

Cuando Kathleen llegó a Londres en 1975 quería ser actriz y estelarizó una película levemente erótica titulada *Emily*, dirigida por un aristócrata *snob,* el conde de Pembroke. A medida que circularon imágenes de Koo en varias etapas de desnudez, la histeria se apoderó de los medios masivos de comunicación e incluso de algunos miembros del Parlamento.

Su romance continuó mucho después de esas vacaciones y de las primeras revelaciones sobre su papel en la película. Conoció a la reina, y la princesa Diana la consideraba la pareja perfecta para Andrés. Diana me comentó: «La dulce Koo lo adoraba. Era increíblemente bueno tenerla cerca. Era muy amable y lo cuidaba… todas sus energías [estaban dirigidas] a él. Se acoplaban muy bien».

Sin embargo, el estigma de la película, una de las primeras que hizo, envenenó su relación con Andrés. El hecho de que quedara marcada para siempre como una «actriz porno» —nada más lejano de la verdad— hizo que su romance con Andrés estuviera condenado al fracaso. Si no hubiera sido por una película de quinta categoría, Kathleen podría haber sido la primera estadounidense en casarse con un miembro de la familia real desde Wallis Simpson.

En contraste, Meghan Markle aceptó papeles en los que se le filmó usando cocaína, enseñándole el arte del *striptease* a amas de casa y teniendo relaciones sexuales en una bodega. Apareció semidesnuda en tantas escenas en el programa televisivo *Suits* que llegó a quejarse de que los guionistas estaban inventando escenas únicamente para que ella exhibiera su cuerpo.

(Meghan podría señalar que, aunque el Palacio ordenó que se eliminara de Internet su sitio web The Tig —que contenía ensayos inteligentes y bien escritos sobre la igualdad de género y raza—, los videos de su comportamiento poco principesco siguen allí en donde todo el mundo los puede ver.)

Aunque Meghan no es la primera mulata en casarse con la realeza europea —ese honor lo tiene la panameña Ángela Brown, ahora princesa Ángela, del diminuto pero rico país de Liechtenstein—, sí es la primera estadounidense birracial y divorciada en asumir un lugar en la Casa de Windsor.

Aunque el tema de la raza ha despertado mucho debate en su propio país —lo cual es inevitable debido al pasado de Estados Unidos como una nación que practicó la esclavitud y la segregación—, las relaciones interraciales se han ignorado en gran medida respecto a la familia real.

Irónicamente, cuando se anunció el compromiso en noviembre de 2017, el público cinéfilo disfrutaba de *Victoria y Abdul,* la historia de la amistad entre la reina Victoria y su ayudante indio, Abdul Karim. La presencia de Abdul en la corte provocó tanta animadversión que, tras la muerte de la reina en 1901, su sucesor, el rey Eduardo VII, supervisó personalmente su expulsión y deportación de regreso a India. Beatriz, la hija de Victoria, borró toda referencia a Karim de los voluminosos diarios de su madre. Como señala la historiadora Carolly Erickson en *La vida privada de la reina Victoria:* «El hecho de que un indio de piel oscura fuera puesto casi al mismo nivel que los sirvientes blancos de la reina era poco menos que intolerable; que comiera en la misma mesa con ellos, que compartiera sus vidas diarias se consideraba un ultraje».

Aunque la reina actual no hace distinciones por el tono de piel, según afirma la escritora Penny Junor, solo seis por ciento de las 1 100 personas que trabajan en Palacio son de minorías étnicas y apenas cerca de 30 por ciento de ellas tienen puestos altos. A pesar de que este desequilibrio étnico también se refleja en los rangos superiores del servicio público, se ha afirmado que la familia real ha dejado pasar la oportunidad de tomar la delantera en cuanto al tema de la raza.

Este es un asunto que a Meghan no le intimida discutir y a estas alturas ya habrá notado la ausencia de minorías étnicas al interior del Palacio. Quizás este sea un tema en el que pueda involucrarse una vez que esté instalada y acoplada a la realeza.

Como señala Trevor Phillips, exdirector de la Comisión por la Igualdad y Derechos Humanos, el modo en que Meghan se conduzca enviará un mensaje significativo: «Es muy importante que haya hablado del orgullo que siente por su origen étnico. Para las personas de color, eso se verá como un enfoque muy positivo y moderno, y será algo que se recibirá con gran gusto».

Meghan no solo forma parte del debate sobre la raza en Gran Bretaña, sino que sus antecedentes raciales también moldean actitudes en Estados Unidos, dado que este nuevo miembro birracial de la nobleza se considera parte de la Generación Loving, ese grupo que recibe su nombre gracias a Richard y Mildred Loving, la pareja de Virginia que fue arrestada y encarcelada en 1958 por el delito de mestizaje. Antes de la deliberación de la Suprema Corte de Estados Unidos en 1967 en el juicio de Loving *vs.* Virginia, el matrimonio interracial era contrario a la ley en algunos estados.

En los años setenta había cerca de 65 000 parejas interraciales de negros y blancos en Estados Unidos. Para los ochenta, apenas un poco más de 10 años después de la decisión Loving, esa cifra se había duplicado hasta 120 000. Este fue un salto significativo, pero debe tenerse en cuenta que la población era de alrededor de 240 millones en ese tiempo.

De padre blanco y republicano, y madre negra y demócrata, Meghan ha estado en el núcleo de una discusión activa sobre el papel de los individuos mestizos dentro de la sociedad. Por lo tanto, la narrativa de Meghan es la de una mujer que no solo intenta descubrirse como tal, sino de definir su sitio en un mundo donde no se le considera ni negra ni blanca.

Con vistas al futuro, también tendrá que definirse como parte del mundo todavía más pequeño de la realeza.

Aunque Meghan es en muchos sentidos dueña de su propia vida, es interesante que aquellos que la conocieron en el pasado mencionen la palabra que empieza con «D» en la misma oración cuando hablan de ella. Las comparaciones con Diana son inevitables; la visita secreta y en solitario que Meghan hizo en febrero de 2018 para consolar a los sobrevivientes del incendio de la torre Grenfell en Kensington, en la zona oeste de Londres, evoca el recuerdo de las visitas de Diana a los indigentes en la ribera sur del Támesis.

Otras semejanzas pueden observarse en su trabajo humanitario más amplio y su atractivo popular y glamoroso. Pero, en esencia, Meghan es una persona muy diferente, al poseer un equilibrio y seguridad en sí misma que Diana, en sus primeros tiempos como princesa, se esforzaba por lograr. Meghan es una mujer que está lista para enfrentar las cámaras y no se atemoriza ante ellas.

Mucho antes de relacionarse con el príncipe Harry, Meghan ya se había hecho un nombre por sí misma: su preparatoria, la escuela Immaculate Heart en Los Ángeles, proyectaba regularmente el discurso que pronunció en 2015, en la conferencia de la ONU Mujeres, acerca de la igualdad de género como inspiración para la generación actual de mujeres estudiantes.

Se dice que para ser un congresista o miembro del Parlamento —o presidente— eficaz, es preferible haber disfrutado de una carrera exitosa fuera del mundo de la política, para que cuando se ingrese a las Cámaras —o a la Casa Blanca— no resulte tan intimidante. Esa es la situación en la que se encuentra Meghan. Llega a las puertas de Palacio como una persona completamente formada: una actriz exitosa, una bloguera popular y una humanitaria reconocida.

Puede presumir que viene de una estirpe de esclavos y reyes, siervos y espadachines. El suyo es un viaje notable, un viaje que comenzó, ¿dónde más?, en la ciudad de los sueños: Los Ángeles.

1

En busca de sabiduría

⟜⟐⟐⟐⟐⟐

Durante años le había perturbado una inquietante pregunta en su subconsciente: «¿De dónde viene mi familia, cuál es mi historia?». Para Rachel Meghan Markle —a quien su familia llamaba «capullo» o «flor»— este era un tema desconcertante. El hecho de que su madre, Doria Ragland, fuera una afroestadounidense de Los Ángeles y que su padre, Thomas Wayne Markle, fuera un hombre blanco de Pensilvania solo aumentaba la confusión. Sentía que tenía que encontrar su sitio, el lugar al que pertenecía tanto en el mundo negro como en el blanco. En la jerarquía del color que sigue definiendo tantos aspectos sociales en Estados Unidos, tenía una piel levemente cobriza. Por ende, sus primos negros la consideraban «más blanca», así que junto con su extrañeza llegó una fluidez, una disposición a ver el mundo desde perspectivas diferentes, desde ambas caras de la moneda.

Había escuchado con gran asombro la historia que contaba una y otra vez su tío Joseph acerca del viaje que hicieron los Ragland por todo el país desde Cleveland, Ohio, hasta Los Ángeles en un auto prestado, cuando su madre Doria era un bebé de brazos. Su aventura se volvió desagradable cuando se detuvieron en un pueblecito de Texas en medio de una tormenta de nieve. Buscaban una habitación para pasar la noche, pero pronto se dieron cuenta de que su presencia no era bienvenida en ese pueblo provinciano. Un tipo apuntó hacia algún punto en la nieve y gritó: «La carretera está allá. Sigan su camino. No los queremos aquí».

Aunque quizá sea parte del mito familiar —el camino de Cleveland a Los Ángeles no pasa por ningún sitio cercano al estado de la Estrella Solitaria—, para el tío de Meghan, que entonces tenía alrededor de siete u ocho años, representa su primer encuentro real con el racismo. Narró además que, durante ese viaje, a su familia le dijeron que utilizara la puerta trasera para la gente «de color» cuando se detuvieron en un restaurante. Como habría de aprender Meghan, la historia de la familia de su madre estaba plagada de explotación, discriminación e injusticia. Parte de ello lo experimentaría de primera mano, como en una ocasión en la que sintió que se le subía la sangre a las mejillas cuando alguien utilizó en un estacionamiento el peyorativo término *nigger* para dirigirse a su madre porque se tardó en salir. Era una palabra que sus ancestros —esclavos que trabajaron en las plantaciones de Georgia— habrían oído a diario.

No sorprende que a Meghan la desconcertara su árbol genealógico. Rastrear el origen de su familia materna es un asunto difícil. Antes de la emancipación, la evidencia sobre la vida de las personas negras en el sur era inevitablemente escasa. Había pocos registros por escrito y la mayor parte de la información se transmitía de boca en boca. Lo que sí sabemos es que por años la familia fue propiedad de un metodista, William Ragland, originario de Cornwall, en el suroeste de Inglaterra, que posteriormente emigró a Virginia y luego a Carolina del Norte.

Ragland vivió con sus esclavos en el condado Chatham, Carolina del Norte, antes de mudarse al pueblo rural de Jonesboro, en Georgia, donde regularmente las autoridades concedían tierras en loterías para alentar los asentamientos. Por tradición, los esclavos solo tenían un primer nombre que les daba su dueño y ocasionalmente tomaban también el apellido de su propietario. Los escasos registros disponibles muestran que el primer «Ragland negro», es decir, el primer ancestro Ragland documentado de Meghan, nació en Jonesboro en 1830. Este fue Richard Ragland, quien se casó con una mujer de nombre Mary. Aunque gran parte de su vida la pasó como esclavo, cuando menos su hijo Stephen, quien nació en 1848, pudo ser testigo de la emancipación que se concedió cuando la Unión, los estados antiesclavistas del norte liderados por el presidente Abraham Lincoln triunfaron sobre la Confederación esclavista en 1865. Según los registros descubiertos por la genealogista de Massachusetts Elizabeth Banas, al final de la guerra Stephen Ragland se volvió «mediero». A pesar de que esta actividad tuviera otro nombre, era esencialmente esclavitud, ya que la mayoría de lo que producían quedaba en manos del propietario blanco como pago de renta y otros gastos, dejando en constante deuda a los medieros promedio como Stephen Ragland.

Aunque fueron liberados al final de la guerra en junio de 1865, no fue sino hasta el censo de 1870 que la mayoría de los antiguos esclavos pudieron registrar de manera oficial un nombre para sí mismos. Stephen Ragland conservó el apellido de su antiguo dueño y el nombre que le había dado. No es tan poético como el que Meghan cree que eligió cuando se le dio la oportunidad de volver a empezar su vida: «Wisdom» [sabiduría]. Como escribió para la revista *Elle* en julio de 2015: «Quizá lo que mejor conecta con mi árbol genealógico tan complejo, mi anhelo de saber de dónde vengo y los elementos comunes que me vinculan con mi estirpe, sea la decisión que tomó el padre de mi tatarabuelo cuando reinició su vida. Eligió el apellido Wisdom».

Tristemente, los expertos profesionales en genealogía y los investigadores que estudiaron minuciosamente su historia apuntan que los registros, aunque incompletos y contradictorios, muestran que conservó su nombre original. También indican que su primera esposa se llamaba Ellen Lemens, que la pareja se casó el 18 de agosto de 1869 y que tuvieron cuatro hijos: Ann (a quien también se le conoció como Texas), Dora, Henry y Jeremiah, nacido en 1881 o 1882, quien es el tatarabuelo de Meghan. De acuerdo con censos y registros fiscales, parece ser que durante algunos años Stephen y Ellen siguieron viviendo cerca de Jonesboro, en la plantación Ragland donde habían sido esclavos. De hecho, el censo indica que, cuando Lemuel Ragland murió, el 19 de mayo de 1870, Stephen Ragland trabajaba para la viuda de Lemuel, llamada Mary, quien entonces tenía 60 años. Otros miembros de la familia que vivían en las cercanías, probablemente en la misma barraca o en las ásperas cabañas de madera, incluían a Vinny y Willy Ragland, al igual que a Charles, Jack, Jerry, Mariah y Catherine Lemens.

Después de un tiempo en Jonesboro, pueblo que hoy es célebre por haber sido el escenario de la novela épica de la Guerra Civil, *Lo que el viento se llevó,* la familia se mudó al condado cercano de Henry, un distrito agrícola conocido por sus ricos suelos y algodón de alta calidad. Stephen y sus hijos Henry y Jeremiah trabajaron la tierra como medieros o empleados. Sin embargo, más allá de los ingresos del algodón, el condado Henry también tuvo una reputación más sombría como hogar del Ku Klux Klan, que había surgido en el área en la primavera de 1866. La primera acción del Klan en ese condado fue linchar a un antiguo esclavo llamado Dave Fargason durante un conflicto local centrado en la educación de los niños negros. Henry Ragland, hijo de Stephen, también fue confrontado posteriormente por una pandilla de hombres blancos armados, pero logró escapar vivo. El historiador local R. H. Harkinson señala que, poco después, el KKK se fue del área, aunque persistió la amenaza de violencia.

De hecho, las agresiones, al igual que la agobiante pobreza, impulsaron a muchos a migrar hacia el norte u oeste en búsqueda de mejores perspectivas. En algún momento de fines del siglo XIX, Ann, la hija de Stephen Raglan, y su esposo Cosby Smith, con quien se casó en 1892, decidieron recorrer con sus seis hijos los 4 828 kilómetros de distancia hasta Los Ángeles, donde iniciarían una nueva vida en los tiempos en que el petróleo y las naranjas eran más importantes para la economía local que hacer películas.

Su decisión de mudarse inspiró a Jeremiah, el hijo menor de Stephen, y a su esposa Claudie Ritchie, hija de una mujer de nombre maravilloso: Mattie Turnipseed,* a irse también de Georgia, llevándose a su creciente progenie. Alrededor de 1910, cuando Claudie tenía 25 años, viajaron hasta Chattanooga, en Tennessee, con la esperanza de encontrar una mejor vida para su familia.

Es probable que ni Ann ni Jeremiah hayan vuelto a ver jamás a Stephen Ragland, aunque este vivió hasta la edad de 68 años, y dio su último suspiro en el condado Paulding, Georgia, el 31 de octubre de 1926.

Para entonces, Jeremiah y Claudie habían tenido cinco hijos, aunque uno murió al nacer. Claudie, quien oficialmente recibió la designación de «mulata» o mestiza en el censo, trabajó como sirvienta en la tienda departamental Miller Bros. En esa época las personas negras no tenían acceso a trabajos con buenos salarios ni podían obtener préstamos. El autoempleo era la única ruta para lograr la superación propia.

Las mujeres de la familia, además de criar a los niños, también aprovechaban las oportunidades que se les presentaban. Dora, la hija de Jeremiah y tía abuela de Meghan, fue la primera Ragland en asistir a la universidad y la primera en convertirse en profesionista al graduarse como maestra de escuela. Lillie, su hermana menor, tuvo aún más éxito. Estudió en la Universidad de California siendo ya madura, antes de capacitarse como corredora de bienes raíces y establecer su propio negocio en Los Ángeles. Fue tan exitosa que está incluida en la lista de *Who's Who* de los afroestadounidenses.

---

* N. de la T.: Literalmente, «semilla de nabo».

Sus hermanos no llegaron tan lejos, ya que uno trabajó como mesero, en tanto que Steve, el bisabuelo de Meghan, encontró empleo como planchador en una tintorería en el centro de Chattanooga. Como admite Joseph, el tío de Meghan: «Culturalmente nuestra familia no tuvo figuras masculinas». Steve se casó con Lois Russell, hija de un portero de hotel, cuando ella tenía 14 o 15 años. En el censo de 1930 se indica que la pareja vivía con su bebé, Alvin Azell, quien se convertiría en el abuelo de Meghan, al igual que con el padre de Lois, James Russell, así como con diversas sobrinas y compañeros de habitación.

Cuando Alvin tuvo edad suficiente, se dirigió a Cleveland, Ohio, en busca de trabajo. Allí conoció a Jeanette Johnson, la hija de un botones y elevadorista del St. Regis Hotel, un establecimiento de cinco estrellas. Poco después del final de la Segunda Guerra Mundial, Jeanette se casó con el patinador profesional Joseph Johnson, con quien tendría dos hijos: Joseph Junior y su hija Saundra. No pasó mucho tiempo antes de que Johnson, quien viajaba de pueblo en pueblo para exhibir sus habilidades, saliera patinando de su vida, dejando a Jeanette para que criara sola a sus hijos. En ese momento apareció Alvin Ragland, un hombre bien vestido y con mucha labia que pronto hizo que el corazón de Jeanette latiera un poco más rápido.

Se casaron y se mudaron a un departamento en el sótano de un edificio de tres pisos en Cleveland. Su primera hija, Doria, quien sería la madre de Meghan, nació en septiembre de 1956. Fue por esa época que la familia completa se embarcó en ese famoso viaje al otro lado del país para comenzar una nueva vida en Los Ángeles, donde sus familiares Ragland se habían establecido. Por un tiempo trabajó para su tía Lillie en bienes raíces y luego abrió su propia tienda de chucherías y antigüedades en el centro de la ciudad. Sin embargo, para entonces su matrimonio se había terminado y Jeannete de nuevo se quedó sola con el bebé. Alvin se casó en segundas nupcias el 6 de mayo de 1983 con Ava Burrows, una maestra, y tuvo a su único hijo varón, Joffrey, unos cuantos meses después.

Para ese tiempo, Doria Ragland ya era una adulta y tenía una hija. Dos años antes había dado a luz a Rachel Meghan Markle, a las 4:46 de la mañana del 4 de agosto de 1981 en el West Park Hospital, en Canoga Park, Los Ángeles. La llegada de Meghan cambiaría para siempre la narrativa de su familia.

La evolución de la familia de Meghan, desde los tiempos en que recogían algodón bajo el ardiente sol hasta el momento en el que una de sus integrantes se casa con un príncipe de la nobleza bajo los reflectores de las cámaras, es una historia extraordinaria de movilidad social. Este también es un contraste sublime con el pasado no tan distante. La última estadounidense en casarse con un miembro de la familia real británica fue Wallis Warfield Simpson, originaria de Baltimore, Maryland. Aunque tenía dos exmaridos que aún vivían, el rey Eduardo VIII insistió en casarse con ella a pesar de la abrumadora oposición de la Iglesia, el gobierno y el Imperio, quienes rechazaban la idea de que una divorciada se convirtiera en consorte real. Como resultado, Eduardo abdicó al trono y se casó con Wallis en una modesta ceremonia en un castillo francés, en junio de 1937. El hecho de que el rey abandonara todo por la mujer que amaba llevó a que este se considerara como el romance real del siglo.

Han pasado 80 años y, aunque tanto el duque como la duquesa de Windsor, título que recibieron Eduardo y Wallis, hubieran estado encantados de que la Casa de Windsor aceptara a una divorciada entre los suyos, seguramente también se habrían asombrado de que la novia del príncipe Harry fuera birracial, ya que la familia de Wallis, los Warfield, cosechó gran fortuna gracias al trabajo de los esclavos.

Por su parte, los Warfield se consideraban como amos benévolos e ilustrados. Edwin Warfield, primo tercero de Wallis y elegido cuadragésimo quinto gobernador de Maryland en 1903, habló en ese sentido en varios discursos sobre el tema de «La esclavitud como yo la conocí». No obstante, la tolerancia de Edwin llegaba hasta cierto punto; en la elección para la gubernatura se mantuvo firme en una plataforma de supremacía blanca, creyendo que no debería concederse el derecho al sufragio a los «negros maleducados».

Aunque Wallis se crio en relativa pobreza —ella y su madre eran las familiares pobres de la rica familia Warfield—, sí disfrutó de los servicios de una nana, un mayordomo y sirvientas, todos ellos negros. Formaban parte de su vida, aunque solo como personal de servicio, sin llegar a establecer lazos de familiaridad. De hecho, una vez señaló que la primera vez que le dio la mano a una persona no blanca fue cuando ella y su marido, el duque de Windsor, estrecharon sin mucho agrado las manos de las multitudes en Nassau en la época en que él fue gobernador de las Bahamas durante la Segunda Guerra Mundial. La gente de color simplemente no formaba parte de la vida de Wallis y su esposo, excepto para sostener una bandeja con bebidas. Pertenecían a una clase, una época y una región en las que, de manera muy desenfadada, Wallis y sus amigos eran despreocupadamente racistas. En sus cartas y en las charlas de sobremesa utilizaban con indiferencia la palabra *nigger* y otros términos denigrantes. Cuando Wallis nació en 1896, el antepasado de Meghan, Stephen Ragland, se ganaba con grandes dificultades un magro ingreso como mediero. La sola idea de que una mujer birracial se casara con un príncipe del reino en el augusto ambiente de la Capilla de San Jorge, escenario de numerosas bodas reales incluyendo la del rey Eduardo VII y, más recientemente, del tercer hijo de la reina, el príncipe Eduardo, era impensable.

Pero Meghan no será la primera en desafiar esa idea en particular. En 2004, la hija de un príncipe, lady Davina Windsor, se casó con un Gary *Gazza* Lewis, un maorí nativo de Nueva Zelanda que se desempeñaba como esquiador y surfista, y que además tenía un hijo, en una ceremonia privada en el Palacio de Kensington. Lady Davina, quien ahora es vigésima novena en la línea sucesoria, y su marido fueron invitados a la boda del príncipe Guillermo y Kate Middleton; ahora también están listos para asistir a la ceremonia nupcial de Harry y Meghan. La familia real apenas y se inmutó con esta unión entre la hija de los duques de Gloucester y un miembro del segundo grupo étnico más importante de Nueva Zelanda. Sin embargo, no es de sorprender que algunos miembros de la aristocracia británica no sean tan cordiales. Cuando en 2013 la glamorosa escritora de libros de cocina Emma McQuiston, hija birracial de un magnate petrolero nigeriano, se casó con el vizconde de Weymouth, heredero de la famosa propiedad Longleat, la reacción de la madre del novio fue: «¿Estás seguro de lo que le estás haciendo a 400 años de linaje?».

Irónicamente, Meghan no es tan ajena a las cuestiones del linaje, como algunos podrían pensar: su ascendencia europea data desde hace más de 400 años.

Lo que la gente de a pie conoce sobre Meghan se ha basado en gran medida, y casi de manera inevitable, en su historia familiar de esclavitud y en cómo, a través de esfuerzo y empeño, sus ancestros lograron forjarse una vida en un mundo despiadado; lo que se conoce menos es que Meghan tiene, por parte de su familia paterna, vínculos con las familias reales de Escocia, Inglaterra y otros sitios. Cuando escribió: «Ser birracial establece una línea borrosa que es tan abrumadora como esclarecedora», no se percató ni por un momento de que la sangre de reyes, al igual que de esclavos, corría por sus venas.

Para empezar, es posible trazar una línea directa a través de 25 generaciones hasta Roberto I de Escocia, quizás el más peculiar de los reyes escoceses. Más conocido como Robert the Bruce, fue el legendario guerrero que, al ocultarse en una cueva para evitar que lo capturara el enemigo inglés, observó a una araña que intentaba tejer su red. La araña trataba de subir por un largo hilo y fallaba una y otra vez, lo cual hacía eco del propio fracaso de Bruce en el campo de batalla. Le dio una última oportunidad a la araña. Si lograba balancearse para ascender por el hilo, Bruce conduciría una última batalla para liberar a su país.

La araña triunfó y también lo hizo Robert the Bruce, derrotando a los ingleses en la sangrienta Batalla de Bannockburn en 1314. Continuó siendo rey hasta su muerte en 1329, y hoy se le reconoce como el monarca escocés más victorioso y amado.

Esta fascinante conexión con el lejano mundo de reyes proviene de su familia paterna, los Markle, cuyo linaje narra una historia que comparten muchas personas: ancestros cuyos orígenes estuvieron en el Viejo Mundo, pero que navegaron hacia el oeste para buscar una vida mejor.

Los Markle, quienes tienen sus orígenes en Alemania y Holanda, vivieron por generaciones en Pensilvania, trabajando como agricultores, obreros en los hornos de cal, carpinteros, mineros, soldados, y, en el caso del bisabuelo de Meghan, el gigante Isaac *Ike* Markle, como bombero en la compañía ferroviaria de Pensilvania. Gordon Arnold, hijo de Ike y abuelo de Meghan, comenzó su propio negocio de gasolineras, trabajó en la industria del calzado y acabó en un puesto administrativo en la oficina postal del pequeño pueblo de Newport. En marzo de 1941, apenas unos meses antes de que Estados Unidos entrara en la Segunda Guerra Mundial, se casó con Doris Mary Rita Sanders, quien provenía de New Hampshire.

El linaje de la abuela de Meghan puede seguirse en línea directa hasta la realeza escocesa y más. La gota de sangre azul de Meghan se transportó finalmente a América a través de su ancestro Roger Shaw. Hijo de un comerciante de vino y transportista de la ciudad de Londres, Shaw se embarcó desde Plymouth, en el oeste de Inglaterra, hacia Massachusetts alrededor de 1637.

Como muchos otros jóvenes, Roger Shaw veía América como la tierra de las oportunidades y promesas. Gracias a las influencias de su padre, las autoridades le concedieron licencia «para vender vinos y cualquier tipo de licor a cristianos e indios, según le indicara su juicio, en ocasiones justas y urgentes, y no por otra circunstancia». Con el tiempo se volvió un importante terrateniente, granjero y un reconocido pilar de la comunidad.

A través de la familia de Shaw, que se originó en Yorkshire, en el norte de Inglaterra, encontramos esa conexión directa con la realeza. A nivel local eran terratenientes respetados, pero en 1490 el matrimonio entre uno de los miembros del clan, James Shaw, y Christina Bruce, heredera de sir David Bruce, sexto barón de Clackmannan y descendiente directo de Robert the Bruce, selló la conexión con la nobleza.

En generaciones más próximas, Doris también puede presumir de otra interesante relación con la realeza, esta vez a través de su antecesora, Mary Bird, quien aparece en los registros del Castillo de Windsor en 1856, donde probablemente trabajó como sirvienta. Resulta una notable coincidencia el hecho de que, como una especie de Cenicienta actual, la descendiente de Mary se casará con su propio príncipe.

Sin embargo, este no es el único vínculo con los ingleses y la realeza. Meghan también es descendiente del inmigrante inglés Christopher Hussey, quien vivió en la isla ballenera de Nantucket, cercana a las costas de Massachusetts, al igual que del reverendo William Skipper, quien llegó a Nueva Inglaterra en 1639. La genealogía del reverendo Skipper merece un comentario aparte. Según el genealogista de Boston, Gary Boyd Roberts, los vínculos de Skipper con la realeza y las conexiones con la familia Markle aseguran que Meghan es descendiente en vigesimocuarta generación del rey medieval Eduardo III. Nacido en el Castillo de Windsor, Eduardo gobernó Inglaterra exitosamente durante 50 años, hasta su muerte en 1377.

Es más, según Roberts, Meghan tiene un parentesco distante con la mayoría de las casas reales europeas gracias a su familiar Margaret Kerdeston, una inglesa que vivió en el siglo XV y que fue abuela paterna de Ana de Foix-Candale, reina de Hungría y Bohemia. Existen otros vínculos más tangenciales con la realeza. Sir Philip Wentword y Mary Clifford, ancestros de Skipper, tienen relaciones sanguíneas distantes con la difunta Diana, princesa de Gales, y con la reina madre. Roberts señala que, como resultado de los matrimonios endogámicos, el príncipe Harry desciende de Margaret Kerdeston en más de 240 líneas, lo cual hace que el príncipe y su próxima esposa sean primos muy lejanos: «Gran parte de la historia estadounidense e inglesa de Meghan se refleja en su linaje diverso».

Por supuesto que muchas personas con ancestros europeos pueden afirmar tener vínculos lejanos con la realeza, pero esas conexiones adquieren una nueva importancia para Meghan, quien creció recordando constantemente su ascendencia africana y europea. La diferencia y la distinción entre ellas es algo que aprendió a reconocer y aceptar.

2

Los Markle

❧❧❧

Crecer dentro de la familia Markle en los años cincuenta era como vivir en un capítulo de *Las Aventuras de Tom Sawyer*. El joven Tom Markle, padre de Meghan, y sus dos hermanos, Mick y Fred, disfrutaron de una infancia idílica en el pequeño pueblo de Newport, Pensilvania, donde vivían en una modesta casa revestida de tablones de madera. Los chicos jugaban colgándose de las enredaderas del bosque que quedaba al fondo de su calle sin pavimentar, iban a pescar bagre en el río Juniata y en verano recogían zarzamoras que su madre Doris transformaba en deliciosas tartas y mermeladas. En su adolescencia, Tom ganaba su mesada acomodando los pinos en una sala de boliche de la localidad, o se reunía con su padre Gordon, quien trabajaba en la administración de correos, para ver, en su televisor en blanco y negro, a sus amados Phillies de Filadelfia anotar carreras.

Para cuando Tom se graduó de la Newport High School, su hermano Mick ya había ingresado a la Fuerza Aérea de Estados Unidos, donde trabajó en telecomunicaciones, aunque algunos dicen que a la larga lo reclutaron en la Agencia Central de Inteligencia. Su hermano Fred se fue al sur, donde encontró la fe y terminó convirtiéndose en obispo presidente de la Iglesia Ortodoxa Oriental de Estados Unidos, localizada en Sanford, Florida, donde se le conoce como el obispo Dimas.

Tom asumió una actitud diferente sobre su futuro. Luego de graduarse, abandonó el pequeño pueblo de Newport y condujo hasta las montañas Pocono, un área vacacional en el noreste de Pensilvania. Allí trabajó en un teatro local, aprendiendo el aspecto técnico del trabajo tras bastidores y adquiriendo una valiosa experiencia que le permitió ascender en la escalera profesional. Y después de obtener un empleo como técnico en iluminación en la WRRTW, filial local del Public Broadcasting System (PBS), viajó a Chicago. También trabajó en el Harper Playhouse junto a sus nuevos propietarios, Bruce y Judith Sagan, quienes querían darle al distrito de Hyde Park, también hogar de un tal Barack Obama, un nuevo y vibrante centro cultural. En poco tiempo se convirtió en el director de iluminación del teatro y trabajó en el polémico musical *Hair,* en espectáculos de danza y dramas clásicos rusos, al igual que en conciertos de jazz y música de cámara.

Tom trabajaba duro y también se divertía; pasaba sus ratos de ocio con sus amigos estudiantes de la prestigiosa Universidad de Chicago. En 1963, durante una tumultuosa fiesta en la International House dentro del campus universitario, Tom, quien entonces tenía 19 años, conoció a Roslyn Loveless de 18, una estudiante que trabajaba como secretaria en las cercanas oficinas de Amtrak. Ambos eran altos —ella medía 1.75 metros y él, 1.93 metros—, con cabelleras pelirrojas parecidas, por lo que la atracción fue inmediata. A Roslyn le divertía su estrafalario sentido del humor y su «actitud gentil». Se casaron al año siguiente; tuvieron una hija a la que llamaron Yvonne, que nació en 1964, y un hijo, Tom, quien nació dos años después, en 1966. En aquellos primeros años la vida era rutinaria: Tom trabajaba con frecuencia hasta 18 horas al día, mientras que Roslyn trataba de conservar su empleo al mismo tiempo que criaba a sus dos hijos. Era un constante acto de equilibrismo en el que Dorothy, la mamá de Roslyn, ayudaba cuando podía.

A pesar de las presiones diarias, seguían disfrutando de una agitada vida social y tenían un entretenido grupo de amigos, a los que Tom divertía con su sentido del humor poco convencional. Roslyn recuerda una vez que, en un restaurante griego, Tom fingió tener un perico llamado Stanley que pasaba de una persona a otra, implorándole a las meseras que no se pararan arriba de él. «Fue graciosísimo», recuerda Roslyn. Cuando Yvonne y Tom hijo empezaron a perder los dientes de leche, Tom les enviaba largas cartas de parte de dos ratones, llamados Héctor y Ethel, quienes describían sus vidas y explicaban qué les sucedería a los dientes. De vez en cuando llevaba a los niños a su trabajo. Era emocionante, en especial en una ocasión en que se ocupó de la iluminación del popular programa de marionetas *Plaza Sésamo*. Viajar a Wrigley Field para ver al equipo de beisbol de los Osos de Chicago, conducir en el auto de su papá en el estacionamiento de WTTW, ser elevado por los aires en la grúa de iluminación del estudio, buscar monedas en un escenario nublado con hielo seco: son algunos de los buenos tiempos que Tom hijo atesora.

Para él, el suyo era un papá divertido, que conocía los mejores juegos y quien más lo hacía reír… cuando estaba en casa, lo cual, por desgracia, no era frecuente. Sus expectativas infantiles se teñían constantemente de decepción. A Tom lo consumía el trabajo, cuyos frutos eran las nominaciones al Emmy local, además de un cheque muy jugoso. El precio que pagó por tales éxitos fue su matrimonio, las constantes noches de desvelo, las fiestas con el elenco y ríos de alcohol, así como la interminable distracción y fatiga que le pasaron factura. Uno de los primeros recuerdos de Tom hijo es el sonido de gritos, portazos y palabras de enojo. En algún momento a principios de la década de 1970, cuando los niños todavía estaban en primaria, la pareja decidió tomar rumbos separados.

Por un tiempo, Tom vivió en Chicago y se llevaba a los niños durante los fines de semana. Pero eso no duró mucho. Tenía un sueño y ese sueño era Hollywood. Antes de divorciarse finalmente en 1975, Tom abandonó a su esposa e hijos para iniciar una nueva vida en la Costa Oeste. Los niños ya no verían a su padre durante varios años.

A instancias de su hermano Richard, quien vivía en Nuevo México, Roslyn y sus hijos viajaron a Albuquerque para empezar también una nueva vida. Por un tiempo fueron felices. El tío Richard no era su padre, por lo menos en lo que concernía a Tom, pero cuando menos estaba cerca, le enseñó a manejar su Volkswagen en un estacionamiento y le mostró cómo disparar. Además, Richard y Roslyn tenían una buena relación. Por primera vez en sus vidas, los niños no tenían que vivir en una atmósfera de resentimiento dentro de casa.

El aspecto negativo era que, como el único pelirrojo en su nueva escuela, Tom hijo tuvo que soportar acoso y burlas de sus nuevos compañeros. Algunos niños de su clase le robaban el dinero de su semana, mientras que otros provocaban peleas con él. Tenía pavor de ir a la escuela y a menudo regresaba a casa con un ojo morado. Lo peor estaba por venir. Una noche fue a ver la película *Dos pícaros con suerte* con su madre y su nuevo novio, un experto en artes marciales llamado Patrick. Al regresar a casa encontraron que la estaban robando. Cuando Patrick enfrentó a los ladrones recibió un balazo en el estómago y en la boca, y las balas pasaron rozando a Tom hijo. Aunque Patrick sobrevivió, el pequeño Tom quedó traumatizado.

Entre el acoso escolar y el robo, Tom hijo decidió irse de Albuquerque y mudarse con su padre, quien ahora disfrutaba de la vida en el pueblo costero de Santa Mónica, en el sur de California. Llegó a tiempo para inscribirse en secundaria.

Aunque seguía idolatrando a su padre, había una enorme sombra en su nueva vida: su hermana Yvonne. Ella se había mudado con su padre unos años antes, cuando tenía 14 años. Siempre habían peleado como perros y gatos, con una rivalidad digna del infierno.

Cuando los tres se mudaron de Santa Mónica a una enorme casa en la calle Providencia, junto al club campestre de Woodland Hills, Tom hijo se apropió de la sala en la planta baja y la convirtió en su habitación. Estaba especialmente encantado cuando un amigo le vendió una cama de agua tamaño king. Su emoción se transformó en consternación cuando se sentó en ella poco después de recibirla y terminó bañado. Al inspeccionar la evidencia descubrió varios orificios en la cama nuevecita. Solo había una sospechosa. Su hermana Yvonne admitió de inmediato la responsabilidad, pero argumentó que era una venganza porque ella quería ese cuarto también. Este fue solo otro episodio de esa danza amarga y resentida entre los hermanos. Según Tom hijo me cuenta: «Si Yvonne no obtenía lo que deseaba se convertía en tu peor pesadilla».

En medio de esta dinámica de disputas constantes llegó Doria Ragland. Pequeña, alerta, con húmedos ojos marrones y un estiloso afro, esta era la mujer que le había quitado el aliento a Tom padre. Incluso antes de que la llevara a su casa los niños notaron un cambio en su papá. Estaba más relajado y con frecuencia se daba un tiempo libre del trabajo, con una actitud alegre y desenfadada. En pocas palabras, era feliz. La pareja se conoció en el melodrama televisivo de ABC, *General Hospital,* donde ella se estaba capacitando como maquillista y él tenía un puesto bien establecido como director de iluminación. A pesar de la diferencia de 12 años —Doria era más cercana en edad a Yvonne que a Tom padre— la pareja se enamoró con mucha rapidez.

Doria se había graduado de la Fairfax High School, pero su educación se vio muy afectada por el terremoto de San Fernando en 1971. Este suceso había destruido la cercana Los Angeles

High School, por lo que ambas escuelas se integraron en una sola. Doria estudiaba de siete de la mañana hasta el mediodía, y luego los alumnos de la LAHS ocupaban su aula por las tardes. A pesar de las dificultades, Doria se volvió miembro de Apex, una clase para jóvenes académicamente avanzados. Después de graduarse de Fairfax, Doria comenzó a vender joyería, ayudaba a Alvin en su tienda de antigüedades, llamada Twas New, y atendía un puesto de chucherías en un mercadillo dominical. También trabajó como agente de viajes. Esa era una forma de obtener descuentos para poder viajar por el mundo sin gastar mucho.

Tom hijo no puso gran atención a la nueva integrante de la casa en la calle Providencia. Con su afición al *skateboard*, los *go-karts* y su trabajo como florista, apenas se inmutó cuando Doria se mudó con ellos. Estaba demasiado ocupado divirtiéndose con su nuevo grupo de amigos.

Por su parte, Yvonne se comportó indiferente, mostrando quizás un cierto desagrado a primera vista. Resentía el hecho de que la nueva integrante le robara la atención de su padre, cuando ella deseaba que él utilizara sus conexiones en el medio del espectáculo para conseguirle un trabajo como modelo o actriz. Durante su época en Albuquerque con su madre había modelado joyería y trajes de novia. Ahora la agresiva adolescente veía signos de dólar en el letrero de Hollywood. Cuenta su hermano Tom que cuando sus amigos visitaban su casa, Yvonne ninguneaba a la novia afroamericana de su padre refiriéndose a ella como la «sirvienta». En contraste, su mejor amiga, quien ahora es una exitosa agente de bienes raíces, no recuerda que Yvonne haya utilizado ese lenguaje y asegura que, en todo caso, puede atribuirse a su ácido sentido del humor, clásico de Chicago. Sin embargo, según recuerda su madre, Yvonne no era una joven particularmente tolerante.

La llegada de Doria también coincidió con la época durante la cual Yvonne acogió los principios de la magia negra. Desde niña,

Yvonne sentía fascinación por lo macabro y en una ocasión llevó a su habitación una mohosa lápida que había encontrado en el sótano de su edificio en Chicago. Según recuerda Tom hijo, por la misma fecha en la que llegó Doria, Yvonne compró un ejemplar de la *Biblia Satánica* de Anton LaVey, instaló un altar en su cuarto, jugaba con una Ouija, encendía velas negras y se vestía con el negro uniforme de los góticos. Quizá no haya sido más que una manifestación de rebeldía adolescente —después de todo, Tom hijo nunca fue testigo de que realizara algún ritual satánico—, pero él me describió cómo seguía perturbándolo su «extraño» comportamiento. Yvonne salía de casa al anochecer y rara vez volvía antes del amanecer. Una de sus amigas recuerda aquellos tiempos, y narra que ella e Yvonne se emperifollaban y salían a bailar, en especial si se presentaba alguna banda británica. «Nos maquillábamos y salíamos muy arregladas», recuerda. «Íbamos a divertirnos». Su finalidad era el ritual de conocer chicos y no alguna cuestión satánica.

Gran parte de este ir y venir entre hermanos tenía más que ver con las burlas y provocaciones que con la brujería. En una ocasión, Yvonne fue a la florería donde su hermano Tom trabajaba medio tiempo para pedirle dinero prestado. Mientras que él y su colega Richard, un devoto de la ciencia cristiana, trataban con los clientes, ella tomó la Biblia de Richard y dibujó en las páginas un pentagrama, la señal del demonio, con su labial rojo. Antes de irse escribió «666», la marca de la Bestia, en otra de las páginas. El joven Tom se vengó de ella llamando a casa para acusar a su hermana, diciendo que Richard había quedado tan traumatizado por la profanación de su Biblia que había salido corriendo a la calle y que había atropellado un autobús. Su treta hizo que Yvonne fuera a toda prisa a la florería a verificar cuál era el estado de Richard.

Doria quizá se preguntaba en qué se había metido cuando se enfrentó con este par de hermanos murmuradores y peleoneros, y nadie podría culparla. Una cosa era enamorarse de un hombre 12 años mayor, y otra muy diferente lanzarse de cabeza dentro de una familia revoltosa, con unos hermanos en constante pelea. Con su fuerte personalidad y la cabeza fría bien puesta sobre los hombros, Doria introdujo un sentido de familia en un hogar desmoralizado.

Cuando llegó, todos estaban acostumbrados a salirse con la suya. Tom padre trabajaba a todas horas del día y la noche, Yvonne se la pasaba en los clubes con sus amigos y Tom hijo fumaba marihuana con sus camaradas. Doria los unió como familia, desempeñando un rol de *hippie* pacificadora y alivianada. Al poco se hizo amiga de su casi vecina Olga McDaniel, una excantante de bar con la que pasaba horas conversando. «La mejor manera en que puedo describir a Doria es diciendo que es como un abrazo cariñoso», me contó la hija de Olga. Su golpe maestro fue llevar a Tom hijo al refugio para animales y ayudarle a escoger un perro para la familia, al que él llamó Bo. El ruidoso nuevo integrante, una combinación de golden retriever y beagle, dominó en corto tiempo la casa de cinco habitaciones en el arbolado suburbio de Woodland Hills, en el Valle de California.

El Día de Acción de Gracias Doria invitó a los Markle a acompañar al clan Ragland, incluyendo a su madre, Jeanette; su padre, Alvin, y sus medios hermanos, Joseph y Saundra, en un verdadero banquete sureño con tarta de camote, *gumbo*, pierna ahumada y frijoles. «Fueron buenos tiempos», recuerda Tom hijo. «Cuando los conocí me sentí incómodo y nervioso, pero ellos fueron realmente cálidos e incluyentes: el tipo de familia que siempre quise. Eran personas alegres con un verdadero sentido de familia».

Ese sentido de familia se formalizó el 23 de diciembre de 1979, cuando Doria y Tom padre se casaron en el templo Self-Realization Fellowship en Sunset Boulevard, al este de Hollywood. El sitio fue elegido por Doria, ya que la novia seguía las enseñanzas de Yogananda, un gurú y yogui hindú que llegó a Boston en 1920 y predicó la práctica de la respiración y la meditación, como parte de la rutina de yoga, para ayudar a sus seguidores en su camino hacia la iluminación. Estrellas de Hollywood como Linda Evans y Mariel Hemingway, así como el fundador de Apple, Steve Jobs, y el exbeatle George Harrison, fueron seguidores de sus enseñanzas. Pero, aun en un entorno tan iluminado, los matrimonios mixtos seguían siendo poco comunes.

Menos de medio siglo antes de la boda de Tom y Doria, California había revocado las leyes contra el mestizaje que prohibían los matrimonios entre personas negras y blancas. Sin embargo, fue hasta 1967 cuando la Suprema Corte de Estados Unidos declaró inconstitucionales en todo el país las leyes contra el mestizaje, con su trascendental decisión en el juicio de Loving *vs.* Virginia, cuya historia se dramatizó en una película hollywoodense estelarizada por Ruth Negga y Joel Edgerton.

En 1958, Richard y Mildred Loving, un hombre blanco y una mujer negra, se casaron en Washington, D.C. Cuando regresaron a su hogar en Virginia, fueron arrestados en su habitación, de acuerdo con la Ley de Integridad Racial del estado. El juez Leon Bazile suspendió su sentencia con la condición de que los Loving salieran de Virginia y no regresaran durante 25 años. Ellos apelaron la decisión, pero el juez Bazile se negó a reconsiderar, escribiendo: «Dios Todopoderoso creó las razas blanca, negra, amarilla, malaya y cobriza, y las colocó en continentes separados; si no fuera por la interferencia con estas disposiciones, no habría motivo para tales matrimonios. El hecho de que haya separado a las razas demuestra que su intención era que no se mezclaran».

Los Loving, con el apoyo del Fondo para la Defensa Legal de la NAACP (Asociación Nacional para el Progreso de las Personas de Color), la Japanese American Citizens League (Liga de Ciudadanos Japoneses de Estados Unidos) y una coalición de obispos católicos, apelaron con éxito ante la Suprema Corte de Estados Unidos, que determinó en su decisión: «El matrimonio es uno de los "derechos civiles básicos del hombre", fundamental para nuestra existencia y supervivencia. […] Según nuestra Constitución, la libertad de casarse o no hacerlo con una persona de otra raza reside en el individuo y no puede transgredirla el Estado». De este modo, la Suprema Corte juzgó a las leyes contra el mestizaje de Virginia como «diseñadas para conservar la supremacía blanca». Aunque este juicio despenalizó el mestizaje, muchos seguían viendo con sospecha a las parejas mixtas, confrontándolas con el racismo habitual y, a veces, con una franca hostilidad.

En ese importante día, Tom padre, quien llevaba un saco deportivo y una camisa de cuello abotonado, y Doria, con un vestido blanco holgado, flores y velo de novia, hicieron sus votos nupciales en presencia del hermano Bhaktananda. Este destacó que la unión de la pareja era para el «mayor bien común» y para lograr la unificación con Dios. Los hijos de los seguidores de la Autorrealización tienen la reputación de ser personas abiertas e inquisitivas, así que, cuando Doria descubrió que estaba embarazada, apenas un año después de casarse, ella y Tom anhelaban la llegada de su próximo bebé. A esto se sumaron otras buenas noticias, cuando el embarazo de Doria coincidió con la primera nominación de Tom al Emmy para la programación diurna, por su trabajo de diseño e iluminación en *General Hospital;* posteriormente lo nominarían otras ocho veces. Nada mal para un hombre que oficialmente era daltónico. Si 1980 fue un buen año, 1981 sería todavía mejor.

A medida que los meses iban pasando y el termómetro veraniego ascendía, Doria empezó a sentirse impaciente por que la espera terminara. Con temperaturas diurnas de más de 30 grados, estaba agradecida de contar con un enfriador por evaporación y de que la casa, que estaba llena de recovecos, fuera oscura y sombreada. En sus ratos libres Tom padre decoraba el cuarto del bebé, pintando las paredes, colgando personajes de Disney y cuadros de ángeles alrededor de la cuna pintada de blanco. Finalmente, a las 4:46 de la mañana del 4 de agosto de 1981, en el West Park Hospital de Canoga Park, el obstetra Malverse Martin anunció que Doria y Tom eran padres de una bebé sana. Esta última adición a la hermandad de «chicas de California» era, como señaló su madre, una Leo. Se supone que las leo típicas son «cálidas, orientadas a la acción y motivadas por el deseo de ser amadas y admiradas. Las rodea un aire de nobleza. Les encanta estar bajo los reflectores, por lo que muchas de ellas hacen una carrera en las artes escénicas». Nunca un signo astrológico ha sido más preciso.

La llegada de Rachel Meghan Markle transformó la vida de su padre. «Estaba sencillamente feliz», recuerda Tom hijo. «Pasaba cada minuto que podía con ella. Mi papá estaba más enamorado de ella que de nadie más en el mundo, y eso incluía a Doria. Ella se volvió el motivo de toda su vida: era su princesita. Simplemente estaba enloquecido con Meghan».

Yvonne, 17 años mayor que Meghan, simplemente pasó de largo junto a la niña, más interesada en salir a los clubes y tener novios que en jugar con una recién nacida. «"¿Bebés? Qué asco, no gracias", eso era lo que pensábamos», rememora una de las amigas de Yvonne. Era una adolescente que solo quería pasar un buen rato y hacerla de niñera no sonaba nada divertido. Yvonne no solo era indiferente hacia la niña, a quien ahora apodaban Botón o Flor, sino que se sentía desplazada, en vista de que su padre estaba completamente dedicado a Rachel. Sin duda recordaba sus frecuentes ausencias durante su infancia y se sentía un poco celosa de la atención que ahora se enfocaba en su media hermana.

Aunado a ello, el hecho de que su padre no le dedicara todo el tiempo que ella hubiera querido a conseguirle un empleo como actriz o modelo a través de sus contactos se volvió fuente de fricciones. Se debe agregar que en algún momento sí le consiguió un papel como extra en *General Hospital* y un episodio en el melodrama *Matlock*, en el que la mataron antes del primer corte comercial. No obstante, al parecer ella nunca explotó por completo esas oportunidades.

Tom pasaba cada minuto de vigilia con su segunda hija, y, para proteger a su pequeña Flor, comenzó a imponer un poco de disciplina a su manera un tanto extravagante. Anteriormente le había dicho a su hijo que si él y sus amigos querían fumar marihuana debían hacerlo solo en la casa, pero esta instrucción cambió con la llegada de la bebé. Tom hijo me contó que, en una ocasión, él y sus amigos estaban fumando en la sala de estar, mientras Meghan estaba en su cuarto llorando. Su padre anunció a voz en cuello que subiría a cambiarle el pañal. Poco después apareció en la sala con un pañal sucio en la mano. Se sentó con los jóvenes en el sofá, sacó una cuchara de su bolsillo y empezó a comerse el «contenido». Asqueados, los chicos huyeron de la casa. Solo después les reveló que había puesto pudín de chocolate en un pañal nuevo. Ese fue su modo de evitar que los jóvenes fumaran marihuana cuando Meghan estaba cerca.

Pero hasta allí llegaba la disciplina. Su hogar seguía siendo un centro de fiestas, con los amigos de Doria que entraban y salían, tocando música, practicando yoga —ya que ahora Doria daba clases— y haciendo parrilladas. Desde afuera podrían haber parecido una gran familia feliz, con los familiares de Doria, en particular su madre Jeannette, quien cuidaba de la bebé. Incluso Tom hijo se acomedía para darles un respiro a los recién casados. En términos generales, la pareja parecía feliz, pero comenzaron a discutir. Por mucho que Tom amara a Meghan, también amaba su trabajo: seguía siendo un trabajólico y no veía ningún problema en pasar 80 o 90 horas por semana en el set. Y desde su punto de vista, eso estaba redituándole, con Meghan como su amuleto de la suerte. Después de dos nominaciones, en 1982 él y sus colegas de *General Hospital* ganaron finalmente un Emmy diurno por «logros sobresalientes en excelencia de diseño».

Pero todo eso tuvo un precio. Doria no se había comprometido a eso, a lidiar con los hijos de Tom, a criar a su propia hija, a cursar una carrera y al mismo tiempo tratar de manejar la conflictiva casa familiar. Y, aunque no era culpa de Tom, tampoco ayudaba el hecho de que vivían en un barrio predominantemente blanco donde, debido a su piel oscura y a la piel clara de Meghan, la gente a menudo pensaba que Doria era la niñera. Con frecuencia la detenían para preguntarle, de manera bastante inocente, dónde vivía la mamá de la bebé. Era una humillación insignificante de la que estaría feliz de deshacerse.

También parecía que Tom estaba más casado con el trabajo que con ella. Era una sensación que compartía con Roslyn, la primera esposa. Gradualmente, las palabras duras y las peleas se volvieron la norma más que la excepción; Tom hijo e Yvonne reconocían en ellas los sonidos tan familiares de una relación al borde del colapso. Según amigos de la familia, las constantes críticas de Tom hacia Doria por temas importantes e intrascendentes la agotaron. Llegó un momento en que Doria decidió que ya era suficiente y regresó a la casa de su madre. Como señaló una amiga de la familia: «Por lo que sé, Doria no era ningún tapete. Expresaba su propia opinión y era una feroz protectora de sí misma y de su hija. Tenía la cabeza bien puesta sobre los hombros. Yo confiaba en su juicio».

La pareja se separó cuando su pequeña Flor tenía apenas dos años, pero no se divorciaron hasta cinco años después. Tom tenía la custodia de su hija los fines de semana y la regresaba a casa de su madre los domingos por la noche. Según le contó Meghan al escritor Sam Kashner, al regresar los tres se sentaban y cenaban frente al televisor viendo *Jeopardy!* «Éramos muy unidos», señala Meghan, con un recuerdo tal vez visto a través del prisma indulgente de una niña desesperada porque sus padres se reunieran, en lugar de aceptar la triste realidad de una madre y un padre en desacuerdo. Otros testimonios menos optimistas señalan que a Tom le molestó que Doria no le hubiera dado el suficiente tiempo a su unión para probar su valía. Cuando Meghan tenía edad suficiente para entender *Jeopardy!*, la pareja estaba divorciada y llevaba vidas separadas.

Fundada en 1945 por Ruth Pease, la Little Red School House es una institución en Hollywood a la que asisten los hijos e hijas de la élite del espectáculo en Los Ángeles. Aunque los padres raramente veían a Johnny Depp, cuya hija asistió a la escuela, esperando a las puertas de la escuela, sí era común ver a Flea, el bajista de los Red Hot Chili Peppers, quien solía recoger a su hija después de clases en un Mercedes Benz decorado con pintura en aerosol. La enseñanza —basada en el programa de cuatro etapas del psicólogo suizo Jean Piaget— es ecléctica, imaginativa y costosa: 18 800 dólares por el jardín de niños y 22 700 dólares por la educación en sexto grado, a precios actuales. Como la escuela solo acepta a los más inteligentes y mejores, los niños mayores tienen que presentar un examen antes de que se les considere para ingresar. En 1983, Tom y Doria, quien ahora estaba estudiando para convertirse en trabajadora social, inscribieron a Meghan, entonces de dos años, en la guardería y jardín de niños de la exclusiva escuela.

El arreglo era conveniente para todos los implicados. La Little Red School House estaba cerca de los estudios de ABC en Los Feliz, donde Tom trabajaba, así como a unos cuantos minutos de distancia del trabajo de Doria y de su nueva casa en el sur de Hollywood. Meghan se quedaría en esa escuela hasta los 11 años. Aunque Lectura, Escritura y Aritmética eran las principales asignaturas que se estudiaban en el día, los niños podían echar un vistazo a una diversidad de materias, desde Español hasta Física Cuántica. En verano, los niños trabajaban en el jardín comunitario y paseaban por la naturaleza en la playa Leo Carillo o el cercano parque Griffith. Después de la escuela, Meghan iba a montar en bicicleta o a correr con su madre, quien también alentó el naciente interés de su hija en el yoga. Doria insistía en que le ayudara a preparar la cena, una rutina diaria a la que Meghan acredita haber fomentado su amor por la comida y la cocina.

Al mismo tiempo, la escuela montaba espectáculos a los que acudían los orgullosos padres y que sirvieron para alentar el floreciente interés de Meghan en el teatro. Cuando tenía cinco años, Meghan entretenía a sus padres con su interpretación de la canción «The Wheels on the Bus», y posteriormente la seleccionaron para actuar en *Bye Bye Birdie* y *West Side Story*. En Halloween, Meghan y su amiga Ninaki *Nikki* Priddy representaron a dos cadáveres que discutían el tamaño y la comodidad de sus respectivos ataúdes. En otra ocasión, compartió el estelar en una adaptación de *How the Grinch Stole Christmas*. Por desgracia, su coestrella, Elizabeth McCoy, se enfermó de gastroenteritis unas horas antes de iniciar el espectáculo, lo cual obligó a la desesperada Meghan a tratar de memorizar ambos papeles. «Esa fue la peor experiencia de mi vida, tratando de aprenderme los diálogos», le contó después Meghan a McCoy, quien se deshacía en disculpas. Por cierto, a nadie se le ocurrió preguntarle a una niñita de rubia melena despeinada, gruesos anteojos y actitud torpe y desmañada que merodeaba por el coro, si quería ese papel. El nombre de esa niña era Scarlett Johansson, quien ahora es una de las actrices mejor pagadas del mundo y que por un breve tiempo fue alumna de la escuela.

McCoy, quien ahora es una renombrada chef y guionista, tenía otra razón para agradecerle a Meghan. Elizabeth, que tiene dos años menos que Meghan, era la «niña rara», según sus propias palabras. Intensa, muy inteligente y con sobrepeso, estaba interesada en temas poco convencionales, como los ovnis, el ocultismo y los fantasmas. Otros chicos pensaban que era extraña y tampoco le ayudaba tener crisis de pequeño mal, una forma de epilepsia que en ocasiones provocaba que entrara en un estado parecido a un trance que no permitía entablar contacto con ella. Como las crisis epilépticas duraban poco tiempo, era frecuente que los niños pensaran que estaba fantaseando o que no escuchaba.

Como habría de descubrir Elizabeth, Meghan no era como los otros niños, que pasaban de largo a su lado o se burlaban de ella. La primera vez que Meghan vio que Elizabeth sufría una crisis acudió en su ayuda, sentándose con ella para sostenerle la mano y tranquilizarla. Elizabeth también recuerda que le ofreció su amistad cuando «las niñas malas», como las describe ahora, se burlaban de ella. Recuerda: «Me acosaban y me sentía muy infeliz; mi única salvación eran los niños a los que les agradaba. Realmente quería mucho a Meghan. Ella no me hacía a un lado si empezaba a hablar de temas raros. Me escuchaba. Era muy alivianada y decía cosas muy buena onda. Me gustaba estar con ella».

Era evidente que Meghan había heredado el fuerte sentido de su madre acerca de lo que era correcto e incorrecto, además de que estaba preparada para defender su postura y la de los demás. En una ocasión, las llamadas «chicas malas» anunciaron que iniciarían un club de Solo Niñas Blancas e invitaron a Meghan a participar. «¿Están bromeando?», respondió Meghan al grupo de compañeritas, excluyéndolas en una sola frase. Después de esto se mantuvieron muy calladas.

Pero esa confrontación en el patio de juegos trajo a la luz algo con lo que Meghan se enfrentaba. Cuenta que alrededor de esa época, en la Navidad de 1988, su padre compró dos estuches de muñecas Heart que contenían la unidad familiar tradicional: mamá, papá y dos hijos. Compró un estuche con muñecos negros y otro con muñecos blancos, y los combinó para representar a la familia de Meghan. Luego los envolvió en reluciente papel navideño y colocó las cajas bajo el árbol.

Las dificultades de Meghan para entenderse a sí misma la concientizaron de manera instintiva hacia aquellos que tienen problemas para encajar en su entorno. Como recuerda Elizabeth McCoy: «Nunca olvidas a quienes fueron malos contigo ni a aquellos que fueron buenos. Esa es la razón por la que no olvido a Meghan. Fue una de las personas más justas que he conocido. Si trataban injustamente a alguien, ella lo defendía. En una ocasión, hice llorar a la niña que me acosaba. Intenté disculparme y Meghan se puso de parte de la otra niña, porque ella era la que lloraba.

»Meghan decía las cosas como las veía. Defendía a aquellos que lo necesitaban. Su actitud era: "Me doy cuenta de que te duele y voy a protegerte". Era un ser humano genuinamente decente, que se preocupaba por la gente que necesitaba ayuda. Sí, le interesaban otras personas además de ella».

Incluso el padre de Elizabeth, Dennys McCoy, quien es un guionista de animación internacionalmente conocido, perfila a Meghan como alguien muy peculiar. Dennys recuerda: «Se destacaba porque era una niña equilibrada, inteligente y madura para su edad. Nos sorprendió que se convirtiera en actriz. Pensábamos que se volvería abogada».

Para cuando cumplió 10 años, siempre estaba enterada de todo y le encantaba discutir cualquier tema; tomaba parte en discusiones sobre el racismo en Estados Unidos, sobre todo luego de la notoria golpiza que la policía de Los Ángeles propinó a Rodney King en 1991, la Guerra del Golfo ese mismo año y el desarrollo de la contienda presidencial de 1992 entre Bill Clinton y George W. Bush. Durante una discusión en clase sobre la inminente Guerra del Golfo, un compañero estaba llorando porque temía que su hermano mayor, que estaba prestando sus servicios en el ejército de Estados Unidos, no regresara con vida. El asunto se volvió un tema tan candente que los niños, liderados por Meghan, montaron una protesta dentro de las instalaciones de la escuela. Hicieron pancartas y carteles en los que pintarrajearon consignas contra la guerra. Tal fue el interés que la televisora local KTLA envió a un equipo a filmar la protesta.

Incluso más cercanos fueron los disturbios en Los Ángeles a finales de abril y principios de mayo de 1992, detonados después de que los cuatro oficiales del Departamento de Policía de Los Ángeles que fueron filmados dando una salvaje golpiza a Rodney King, un hombre negro desarmado, fueron exonerados de los cargos por agresión y uso excesivo de la fuerza. Cuando los incendios y saqueos se propagaron como pólvora por todas las calles de Los Ángeles, la escuela mandó a casa a Meghan y a sus compañeros. Meghan observó con asombró cómo flotaba la ceniza de los edificios en llamas hasta caer en su jardín. Pensó que estaba nevando, pero su madre estaba mejor enterada y le dijo que se metiera a la casa. Aun cuando regresaron a clases había una perturbadora sensación de ansiedad mientras los niños, incluida Meghan, se amontonaban alrededor de la ventana del segundo piso de la escuela para ver cómo la policía arrestaba a un hombre. En total, los seis días de disturbios dejaron 63 muertos, más de 2 300 lesionados y condujeron a más de 12 000 arrestos.

La experiencia despertó su naciente activismo y fue cuando decidió utilizar su influencia en cuanto pudiera. Ya se había ganado cierta reputación por escribir a las empresas, especialmente a los gigantes de los alimentos, con quejas sobre paquetes y productos dañados o defectuosos. Todas las veces las compañías de alimentos mandaban bolsas de frituras, galletas o cualquier cosa como compensación, y ella regularmente llevaba los frutos que obtenía como resultado de enviar sus cartas para compartirlos con sus amigos de la escuela.

El golpe maestro más memorable fue cuando escribió a la empresa de productos para el hogar Procter & Gamble por promocionar un comercial sexista con el eslogan: «Las mujeres de todo

Estados Unidos luchan contra ollas y sartenes grasientos». Ella y el resto de sus compañeros habían estado viendo comerciales como parte de una tarea de Ciencias Sociales. Sin embargo, lo que la enfureció particularmente fue la reacción de dos niños de su clase ante el anuncio del líquido lavatrastes. Recuerda que dijeron: «Sí, allí es donde deben estar las mujeres: en la cocina». Meghan se sintió confundida. Estaba enojada y molesta pues sabía que estaban mal, pero —como recordó después— también se sintió «pequeña, demasiado pequeña como para decir algo en ese momento».

Se fue a casa y le contó a su padre, quien le sugirió que canalizara sus sentimientos escribiendo una carta para quejarse. No solo le escribió al presidente de la empresa de jabones diciéndole que la frase debía cambiarse por «La gente de todo Estados Unidos», sino también a Hillary Clinton, quien entonces era la primera dama; a la presentadora de noticias del programa *Nick News* de Nickelodeon, Linda Ellerbee, y a la prominente abogada de los derechos de la mujer, Gloria Allred, que radicaba en Los Ángeles.

Aunque Hillary Clinton y Linda Ellerbee le escribieron cartas de aliento, y Gloria Allred también le ofreció su apoyo, nunca recibió respuesta de Procter & Gamble. Sin embargo, apenas un mes después pudo darse cuenta de su obra, cuando el anuncio se volvió a transmitir pero esta vez con un mensaje diferente. Se había cambiado y decía: «La gente de todo Estados Unidos lucha contra ollas y sartenes grasientos». De nuevo, su éxito provocó que las cámaras de televisión fueran a la escuela, esta vez para que Ellerbee entrevistara a Meghan y a sus compañeros sobre la campaña que había hecho una de las alumnas.

«No creo que sea correcto que los chicos crezcan pensando esas cosas, que solo a su mamá le toca hacer todo», le dijo Meghan a Ellerbee. «Siempre es "mamá hace esto" y "mamá hace esto otro"». Algún tiempo después, este y otros incidentes la inspiraron a integrarse a un grupo de presión en Washington, la Organización

Nacional de Mujeres, y, como recuerda orgullosamente, se convirtió en uno de los miembros más jóvenes, si no es que la más joven, del grupo que hace campañas por los derechos de la mujer fundado en 1966.

Más de 20 años después, en 2015, Meghan reflexionaba sobre este capítulo de su vida al pronunciar un discurso como la recién nombrada defensora de ONU Mujeres para el liderazgo y participación política. «Fue el momento en que me di cuenta de la magnitud de mis actos. A los 11 años había creado mi pequeño nivel de impacto defendiendo la igualdad», dijo.

Aunque sus experiencias de infancia fueron el crisol que la impulsó por el camino del activismo, su madre cree que ya estaba programada desde el día que nació para tratar de hacer del mundo un sitio mejor y más igualitario. En pocas palabras, tenía una brújula moral innata. Doria hizo su parte siendo estricta en casa, pero también estando dispuesta a mostrarle que el mundo era más que Woodland Hills. La crio para que se convirtiera en lo que ella llama «una ciudadana del mundo», llevándola a sitios como Oaxaca, en México, donde Meghan recuerda haber visto niños que jugaban en los caminos de tierra y vendían chicles para poder llevar a casa unos cuantos pesos adicionales. Cuando Meghan, entonces de 10 años, y su madre visitaron los barrios pobres de Jamaica, se horrorizó ante la pobreza acuciante. «No te asustes, Flor», le dijo su madre. «Toma conciencia de ello, pero no le temas».

Su experiencia recuerda los tiempos en que la difunta Diana, princesa de Gales, llevó discretamente a sus hijos Guillermo y Harry a visitar a los indigentes y enfermos en el centro de Londres, donde esperaba que se dieran cuenta de que la vida no empezaba y terminaba en las puertas de Palacio.

Las campañas de Meghan a través de sus cartas, su interés en los temas de actualidad, sus viajes con un propósito y su conciencia de género concuerdan con una joven que iniciaba un viaje en el que el feminismo podía coexistir con la feminidad, al igual que una filosofía de trabajo duro a la par de una disposición por intentar cosas nuevas e interesantes.

Curiosamente, de la misma manera en que sus contiendas por carta estaban en marcha, otra campaña del mismo tipo estaba por iniciar, esta vez en relación con la atrevida comedia *Married... with Children,* en la que su padre era ahora el director de iluminación. Era frecuente que Meghan se sentara en el piso del estudio después de clases, esperando a que su padre terminara de trabajar para llevarla a casa. De hecho, Meghan entusiasmaba a sus compañeros de clase cuando le daban permiso de llevar amigos al *set* para conocer al elenco.

Mientras se sentaba en silencio a leer o estudiar, todo tipo de escenas procaces se escenificaban en el set, algunas con diversos grados de desnudez o semidesnudez, al igual que chistes obscenos sobre el sexo. Este no era un ambiente muy común para una estudiante joven. En enero de 1989, un mormón de Michigan llamado Terry Rakolta organizó un boicot contra el programa después de que se transmitió un episodio titulado «Sus copas se derraman», que involucraba la compra de un sostén. Ese episodio mostraba al personaje de Al Bundy mirando con lujuria a una modelo desnuda en una tienda departamental.

La tormenta mediática resultante condujo a que algunos patrocinadores retiraran su publicidad y a que el conservador Parents Television Council describiera el programa como «la comedia más vulgar en horario estelar en la televisión [...] salpicada de chistes obscenos sobre sexo, masturbación, estilo de vida gay y debilidad del personaje principal por las revistas pornográficas y los clubes de *striptease*».

Posteriormente, cuando se presentó en el programa nocturno de Craig Ferguson, Meghan habló sobre sus propias dudas acerca de haber pasado su tiempo cerca de esa comedia de larga duración.

Le dijo al anfitrión: «Es un sitio muy perverso como para que una niña crezca dentro de él. Yo fui a una escuela católica y estaba allí, con mi uniforme escolar, cuando había invitados como [la exestrella porno] Traci Lords». Aunque no se le permitía ver el programa cuando se transmitía, su madre le dejaba besar la pantalla cuando aparecía el nombre de su padre en los créditos al final.

Por perverso que pueda haber sido, pagaba las cuentas y la colegiatura de Meghan en una escuela particular. En ese tiempo ella no lo sabía, pero su padre había tenido un poco de suerte y ya no tendría que trabajar en un horario tan despiadado. En 1990 ganó la Lotería del Estado de California, obteniendo 750 000 dólares con cinco números, que incluían la fecha de nacimiento de Meghan. Este premio era su amplia retribución por los miles de dólares que había gastado durante años en boletos de lotería.

Como seguía teniendo deudas financieras pendientes en relación con su divorcio de Doria, mantuvo en secreto ese premio. Pero era demasiado ambicioso y eso fue su perdición. Para no registrar su nombre ante las autoridades de la lotería, envió a un viejo amigo de Chicago, quien ahora está muerto, a recoger las ganancias. Según su hijo, el plan resultó contraproducente cuando este terminó estafándole la mayor parte de su fortuna en un fallido negocio de joyería.

Antes de perder su botín, Tom le dio a su hijo una cantidad sustancial para abrir una florería y le compró un segundo auto a su hija Yvonne, después de haber destruido el primero que él también le había regalado.

En los tres años posteriores a su gran premio, Tom se declaró en bancarrota; el premio de lotería resultó más una maldición que una bendición. Cuando menos había apartado un poco de dinero para pagar la siguiente etapa de la educación de Meghan en la escuela Immaculate Heart, un colegio católico particular para mujeres que estaba apenas a unos metros de su casa en Los Feliz. Desde ese momento en adelante, lo lógico fue que Meghan viviera con su padre durante la semana, ya que su casa estaba a corta distancia a pie de la escuela. Esa fue una decisión que tendría implicaciones de bastante más alcance para el modo en que la percibían sus nuevos maestros y compañeros.

3

Una calle llamada Gladys

❧

La calle Sexta en el centro de Los Ángeles no es un sitio para los incautos. Y después de oscurecer hasta los más suspicaces ponen tierra de por medio. El peligro acecha en las sombras y la desesperación deambula por las calles. Este es el núcleo de los barrios bajos, el campamento de los indigentes y desesperados que se multiplica, cambia permanentemente y es hogar temporal para más de 2 000 personas. Los Ángeles es la capital de los indigentes en Estados Unidos. Según las últimas cifras, hay más de 57 000 hombres, mujeres y niños durmiendo en las calles de esta ciudad, en tiendas de campaña que con frecuencia surgen alrededor de los pasos a desnivel de la ciudad, en edificios vacíos y en otros espacios al aire libre.

Este enclave particular está más organizado que la mayoría de los otros enclaves espontáneos de los barrios bajos, con voluntarios que regalan agua, comida y calcetines limpios. Además, existe un sitio en particular en la esquina de la Sexta y Gladys, que ofrece un oasis de calma y tranquilidad entre los gritos, gemidos y alaridos de aquellos que habitan las tiendas de campaña y cobertizos de cartón que bordean ambos lados de la calle.

Esa es la Cocina de la Hospitalidad, que más popularmente se conoce como la «Cocina Hippie» y que forma parte de la comunidad Catholic Worker fundada hace más de 80 años por Dorothy Day y Peter Maurin. Su objetivo declarado es «dar de comer al hambriento, cobijar al indigente, cuidar de los enfermos, vestir a los que están desnudos y visitar a los presos». En un día promedio, los voluntarios entregan una comida nutritiva, aunque simple, a 1 000 personas que se forman en una fila que rodea la cuadra; para muchos ese es el único alimento del día. No hay oraciones ni proselitismo, simplemente frijoles, una ensalada, un trozo de pan y una buena rebanada de buena voluntad.

En ocasiones, los rigurosos ideales de esta organización benéfica la han puesto en conflicto directo con la jerarquía católica, la policía local e incluso con otras organizaciones dedicadas a atender a los desamparados. Los activistas de Catholic Worker son famosos por protestar contra el trato injusto hacia los indigentes, el militarismo de Estados Unidos y su política nuclear, al igual que contra la pena de muerte. Los actos de desobediencia civil, incluyendo plantones y marchas, han llevado a que algunos terminen arrestados e incluso en la cárcel. La exmonja Catherine Morris, quien ahora tiene 83 años y que ha sido leal a la Cocina Hippie por más de 40 años, perdió la cuenta de las veces en que ella y su esposo, Jeff Dietrich, fueron arrestados por actos pacíficos de desobediencia civil. Les gusta considerarse como los Alegres Bromistas, el nombre que derivaron de los primeros seguidores *hippies* de Ken Kesey, el escritor y poeta de la contracultura.

Aunque la protesta es una parte integral del credo de Catholic Worker, alimentar a los indigentes y desposeídos tiene prioridad. Fue en el jardín de la Cocina Hippie —un pequeño oasis exterior lleno de coloridos murales, donde se escucha el canto de los jilgueros dorados en el aviario y el agua que burbujea en una fuente— donde Meghan Markle tuvo lo que solo se podría describir como una revelación.

A instancias de su madre, visitó la Cocina Hippie por primera vez cuando tenía apenas 13 años y la experiencia le provocó «mucho miedo». Para cuando Meghan se enroló como voluntaria a inicios de los años noventa, la composición del vecindario de indigentes había cambiado de manera drástica: los hombres blancos viejos y alcohólicos habían dado paso a una comunidad más joven y explosiva de adictos al *crack* y otras drogas peligrosas. «Yo era joven y la situación allí era difícil, escabrosa, y aunque era un fantástico grupo de voluntarios, simplemente me sentí abrumada», recordó después.

Esta experiencia habría quedado ahí, y Meghan nunca se habría aventurado a volver, de no haber sido por una conversación en clase con Maria Pollia, su maestra de Teología de la Immaculate Heart High School, unos tres años después. Durante la clase, Maria, quien ya había sido voluntaria en la Cocina Hippie durante años, describió su experiencia y cómo se enfrentó a sus propios temores y dudas.

«Es uno de los peores rincones de los barrios bajos», dijo. «Uno de los más empobrecidos y perturbadores. Es desgarrador. Conducir por allí en la noche se parece a algo sobre lo que habría escrito Charles Dickens. La gente se apiña junto a los barriles de petróleo en los que prenden fuego. Me daba muchísimo miedo. Fue un despertar para mí». Sin embargo, su mensaje para la clase era el de hacer a un lado los temores y entablar contacto con los indigentes a un nivel humano. También son personas que tienen un nombre, un pasado y, con suerte, un futuro.

«La vida se trata de poner las necesidades del otro por encima de los propios temores», les aconsejó. Fue un mensaje que resonó en la Meghan de 16 años. «Eso siempre se quedó en mi mente», recordaría más tarde.

Después de clase, Meghan habló con su maestra, quien la aconsejó sobre los aspectos prácticos del voluntariado en la Cocina Hippie. Animada, Meghan empezó a acudir con regularidad: servía comidas y limpiaba las mesas, lo cual la puso en contacto directo con los huéspedes del lugar. Maria Pollia recuerda: «Lo que aprendió fue lo mismo que yo aprendí: que las personas anhelan el contacto humano, que alguien te salude y sepa tu nombre». Meghan absorbió sinceramente todos los consejos y empezó a acumular sus propias historias.

«Fue notable cómo entró de lleno al voluntariado. No solo servía los guisados y recibía a todos, sino que se conectaba con la gente, aprendía sus nombres y escuchaba sus historias». Asimismo, como señala Catherine Morris, todos en esa barriada tenían una historia. Podría tratarse de una historia de mala suerte, de nunca tener una oportunidad o de haber tomado un camino equivocado; todas ellas serían reveladoras para Meghan, ofreciéndole una nueva perspectiva sobre el tipo de vida que uno podía enfrentar.

La experiencia de Meghan resonó en otras personas, como en la estudiante voluntaria Sophie Goldstein, quien describe cómo se enfrentó también con sus miedos y preocupaciones. «Debo admitir que la primera vez que fui allí estaba un poco nerviosa», escribió en el blog de Catholic Worker. «Vi el área y me dio miedo. Luego conocí a la gente. Lo que me dijeron los trabajadores fue que, gran parte del tiempo, estas eran personas que no podían pagar sus cuentas y ahora estaban en una situación de la que no podían salir, o que tenían problemas de drogas. Pude ponerle un rostro a mi propio prejuicio».

«Me di cuenta de que eran personas reales. No son simplemente indigentes locos de los que oyes todo el tiempo o de los que hablan mis amigas; la gente hace afirmaciones muy frívolas acerca de los indigentes». Para Meghan fue una experiencia alentadora y que le cambió la vida.

Hasta ese momento la única experiencia laboral de Meghan había sido en Humphrey Yogart, una tienda de yogur helado en la que trabajó cuando tenía 13 años, atendiendo a los clientes y sacando la basura por cuatro dólares la hora; la ley de California permite que los jóvenes inscritos en escuelas trabajen de 10 a 12 horas por semana. La propietaria, Paula Sheftel, le contó al *Daily*

Mirror que Meghan era muy trabajadora y popular con los clientes. «Tenía que probar que tenía una personalidad extrovertida y que podía trabajar bien con el personal».

«Muchos chicos no pueden manejar la presión. Se requiere una personalidad especial para que alguien tan joven pueda lidiar con ello. Meghan se benefició de esa experiencia temprana». Pudo practicar sus habilidades de trato con la gente en ese comercio con gran cantidad de clientes, pero también adquirió otra valiosa lección que le sería útil más adelante. Una tarde, Meghan vio a Yasmine Bleeth, una de las protagonistas del programa *Guardianes de la bahía,* que era uno de sus ídolos. Meghan terminó de tirar la basura y se acercó a la actriz para decirle: «Me encantaste en ese comercial de Soft & Dri». Bleeth le sonrió, le preguntó su nombre y le dio la mano. Posteriormente Meghan diría al respecto: «Ese momento con Yasmine es justo en lo que hoy baso toda interacción con los *fans*».

Una tienda de yogur en Beverly Hills era una experiencia que estaba a un mundo de distancia de la Cocina Hippie en la Sexta y Gladys, y como sus viajes con su madre a México y Jamaica, sirvió para pulir su conciencia social. Como indicó después para un libro titulado *The Game Changers:* «Sí, cuida de tu seguridad y nunca te pongas en una situación comprometedora, pero, una vez logrado esto, creo que es muy importante recordar que hay alguien que nos necesita y que la acción de dar/ayudar/hacer puede volverse realmente un acto de gracia si miras hacia afuera».

Si esta fue una aplicación práctica de su viaje espiritual, su encuentro con el trabajo del teólogo católico Tom Merton enfatizó su curiosidad intelectual y su madurez emocional. En un mundo de extremos en blanco y negro, el pensamiento versátil de Merton, con su visión infinitamente cambiante en matices de gris, llena de sutiles posibilidades y alternativas, es difícil de ubicar. «Además de lidiar con sus propios temas personales, Meghan estaba emprendiendo la tarea de entender a Merton, cuyo pensamiento formaba la esencia de su clase de Teología», comenta su exmaestra Maria Pollia.

Merton es, sin duda, el autor católico estadounidense más influyente del siglo XX, con ventas de más de un millón de ejemplares de su autobiografía *The Seven Storey Mountain*. Vivió una vida escandalosa y estimulante, tuvo un hijo mientras estudiaba en el Clare College, en Cambridge, Reino Unido, y se afilió por un breve tiempo a la Liga de la Juventud Comunista, antes de finalmente recibir la confirmación dentro de la Iglesia católica en 1939, cuando tenía cerca de 25 años. En 1941 ingresó a la Abadía de Getsemaní en Kentucky, donde adquirió la reputación de ser un monje poco conformista que también buscaba la espiritualidad; era un hombre que no reconocía verdades absolutas, sino que veía la gran ambivalencia, las contradicciones y la dualidad de la existencia.

Para una adolescente estadounidense promedio, cuya educación se basaba en frases cortas y preguntas de opción múltiple, Merton resultaba un personaje complejo y demandante. Sin embargo, quizá por la dualidad racial de sus propios orígenes, Meghan se sintió atraída e inspirada por la obra del teólogo estadounidense. «[Meghan] era alguien en búsqueda de conocimiento; con un profundo deseo de conectarse con la gente», recuerda la señorita Pollia. Su confusión tenía un lado práctico. Cuando estaba en séptimo grado en la escuela Immaculate Heart, le pidieron que llenara un formato durante una clase de inglés en el que había preguntas sobre sus orígenes raciales. No había una casilla para birracial. Ese era un dilema que podría explorar con el pensamiento de Merton.

En lugar de contestar el formato, dejó la casilla en blanco, sin querer ofender a cualquiera de sus padres. «Entonces no marqué la casilla», recordaría después. «Dejé mi identidad en blanco, como una incógnita o algo absolutamente incompleto, que en mucho describía cómo me sentía». Cuando esa noche discutió con su padre esa experiencia, pudo darse cuenta de la impotencia que él sentía y su deseo de protegerla. Su padre le dijo: «Si vuelve a suceder, dibuja tu propia casilla».

En 1997, en su clase de Teología titulada «La experiencia de Dios», Meghan se sintió animada a pensar de manera creativa, resuelta a enfrentar los desafíos intelectuales que planteaban el padre Thomas Merton y otros místicos. Adoptó conceptos que demandaban una madurez considerable y reflexión meditada. Por primera vez en su carrera estudiantil los alumnos se veían obligados a enfrentar una materia que no tenía respuestas obvias, un curso que requería más que la capacidad para memorizar páginas de un texto determinado. Pollia me comentó: «A medida que nos volvemos más maduros en la vida adulta, entendemos que existen muchas inconsistencias, muchas dicotomías y que la vida es un encuentro continuo con el misterio.

»Que una persona tan joven se sienta cómoda con esa conversación es muy poco común. A la larga llegan allí, pero más que temer esos conceptos y retraerse de su discusión, Meghan estaba interesada en profundizar cada vez más en esas preguntas. Era notable. Alguien me dijo: "La recordarías sin que estuviera el príncipe Harry de por medio". Por supuesto. Es una de las cinco estudiantes más notables de mi carrera y te juro que no lo estoy diciendo solo por decir».

Durante ese curso de Filosofía, Meghan y sus compañeras se enfrentaron con una paradoja de la vida real: discernir cómo una joven madre, una humanitaria glamorosa en la flor de la vida, puede morir en una situación tan banal como un accidente automovilístico. Ella y sus amigos observaron el funeral de Diana, princesa de Gales, a principios de septiembre de 1997, con lágrimas que rodaban por sus mejillas durante el emotivo momento en que las cámaras enfocaron el ataúd real. Arriba de las flores blancas había un sobre con una palabra: «Mami», que contenía una nota de Harry para su amada madre. Meghan no fue la única en preguntarse cómo esa tragedia podía sucederle a un ícono viviente; en Internet y en otros sitios surgieron docenas de teorías conspirativas, a medida que millones de personas intentaban darle sentido a algo que parecía no tenerlo.

Tampoco fue la única en sentir la pérdida de Diana de manera profundamente personal. Después de enterarse de la tragedia, ella y su amiga Suzy Ardakani se sentaron a ver viejos videos de la boda entre el príncipe Carlos y lady Diana Spencer en 1981. Según amigos de la familia, Meghan estaba fascinada con Diana no solo por su estilo, sino por su misión humanitaria independiente, y la consideraba un modelo a seguir. Inspiradas por la princesa, ella y su amiga Suzy juntaron ropa y juguetes para los niños menos privilegiados. De hecho, fue tal su interés por la princesa que Sonia, la madre de Suzy, les compró un ejemplar de la biografía que yo escribí *Diana: Su verdadera historia,* la cual permaneció en sus bibliotecas durante varios años. Como señaló Ninaki Priddy, su amiga de la infancia: «Siempre estuvo fascinada por la Familia Real. Quiere ser la princesa Diana 2.0».

Para la familia Ardakani, la muerte de Diana fue un doloroso recordatorio, ya que apenas dos años antes habían experimentado la fuerza transformadora de un acto aleatorio del destino. Una tarde de 1995, Matt Ardakani, el padre de Suzy, estaba trabajando en su taller mecánico en el centro de la ciudad cuando un trastornado veterano de Vietnam, que había asesinado a su familia, entró en el garaje y empezó a disparar de manera indiscriminada. El señor Ardakani recibió un tiro en la columna vertebral y el pulmón, así que lo llevaron a toda prisa al hospital. Cuando le informaron a Suzy sobre el tiroteo, la primera en consolar a la llorosa adolescente fue Meghan, quien también la acompañó al hospital donde mantuvieron una vigilia durante horas.

Sonia Ardakani, la madre de Suzy, recuerda que «Meghan y Suzy se sentaron durante horas al lado de la cama de Matt, rezando para que se mantuviera con vida. Estamos convencidos de que esas oraciones le ayudaron a sobrevivir». Aunque quedó paralizado de por vida, Matt sobrevivió y sigue trabajando.

La empatía instintiva de Meghan hacia los demás y su interés en retribuir —que es uno de los principios esenciales de la misión de la escuela Immaculate Heart—, al igual que su evidente madurez, consideración y actitud positiva, la volvieron una candidata obvia como líder grupal para el retiro Kairos en el otoño de 1998. Como cientos de escuelas católicas en Estados Unidos, Immaculate Heart organiza regularmente retiros Kairos (palabra en griego que significa momento crítico) para las estudiantes, los cuales están diseñados para ayudar a las adolescentes a contemplar el papel de Dios en sus vidas.

Durante el retiro de cuatro días, que se realizó en el Holy Spirit Retreat Center en Encino, seis chicas fueron elegidas para dirigir grupos de ocho estudiantes en diversas discusiones, cuyo papel era alentar la participación y el debate. Como líder, la tarea más abrumadora era hacer una presentación de 30 minutos sobre una difícil lista de temas que iban desde la autoimagen y la confianza hasta los valores esenciales y encontrarse a uno mismo.

Christine Knudsen, quien ha estado organizando el retiro Kairos en Immaculate Heart desde hace 23 años, me describió las cualidades que busca en las niñas elegidas como líderes. «Buscas una joven que haya atravesado alguna situación difícil y que tenga cierto grado de profundidad. Los tipos de discernimientos y comentarios que hacía Meghan le daban profundidad, porque tuvo que enfrentar sus propios problemas».

Era evidente que sus antecedentes dentro de una familia disfuncional y el posterior divorcio de sus padres cuando aún era una niña pequeña eran las preocupaciones que la acosaban. «Sé que fue difícil para ella, con su padre por un lado y su madre por otro, dándose cuenta del poco aprecio que ambos se tenían», recuerda la señora Knudsen. Aunque Meghan no era la única chica de la escuela con padres divorciados, lo que sí la distinguía era la forma en que había manejado la situación. Como la mayoría de los hijos de padres divorciados, había aprendido a convertirse en una hábil diplomática, mediando entre las partes en conflicto. Esta interacción parental nihilista le enseñó a Meghan una importante lección: cómo controlar sus propias emociones. «Es muy serena», señala una amiga de la escuela. «Podía ser difícil para ella. A veces sentía que tenía que tomar partido».

Cuanto más crecía, más sentía que era ella quien jugaba el papel de madre con su propio padre. Esa era una fuente de disputas, en especial cuando empezó a salir con chicos. Como señala una amiga: «Eran cosas típicas de la adolescencia».

También había otros problemas que claramente la perturbaban, aunque no los discutía de manera pública en ese entonces. Encajar en su ambiente era una constante preocupación. Como recordaría después: «En mi escuela había grupitos: niñas blancas y niñas negras, las filipinas *[sic]* y las latinas. Por ser birracial, siempre me sentí en un sitio intermedio, así que todos los días durante el almuerzo me mantenía ocupada con reuniones: el club de francés, el cuerpo estudiantil… cualquier cosa que se pudiera hacer entre el mediodía y la una de la tarde, allí estaba yo. No porque estuviera más involucrada, sino para no tener que comer sola».

El fotógrafo John Dlugolecki, quien retrató a Meghan y a otras estudiantes a lo largo de toda su educación media, se percató de que Meghan nunca pareció formar parte de los grupos de afroestadounidenses, asiáticas ni cualquier otro grupo étnico de chicas. Dlugolecki también señaló que las compañeras de Meghan «no la consideraban mulata», añadiendo: «Solo la veíamos con Tom, nunca con su mamá». Y por ello los miembros del cuerpo de maestros se llevaron una leve sorpresa cuando finalmente conocieron a Doria. «Todos pensábamos que [Meghan] era italiana, porque su piel era tan clara», recuerda una de sus antiguas maestras. «Luego conocimos a su madre y nos dimos cuenta de que era birracial».

En Kairos parecía serena y confiada al discutir acerca de sus demonios, sobre todo aquellos relacionados con la discordia en su familia. Haber tenido esas experiencias le permitió alentar a sus compañeros a confrontar sus propios problemas. Como recordaba Meghan en 2016, en un número de la revista *Sharp:* «En secundaria y preparatoria hubo un enorme lapso en mi vida donde yo era simplemente la niña con la loca melena rizada, un enorme hueco entre los dientes y las piernas flacas. Siempre era la inteligente. Mi autopercepción se basaba en ser la inteligente».

La señora Knudsen recuerda: «Tienes que ser muy franca en cuanto a quién eres y estar dispuesta a compartir las cosas con las que tienes dificultades, tus éxitos y fracasos. Ella sabía expresarse; era confiada, enérgica y valiente».

»La recuerdo diciendo: "¿Por qué no podemos hacer las cosas de este modo?, ¿ya pensó alguien en eso?". Siempre estaba buscando un mejor modo de hacer las cosas, en lugar de simplemente quejarse».

Para muchas estudiantes el retiro es un punto de inflexión en sus jóvenes vidas; es un momento en el que enfrentan sus propios problemas emocionales de manera franca. Darse cuenta de que sus compañeras tienen sus propias dificultades se considera como un catalizador esencial: «Es un momento de hablar con la verdad y las líderes son las que establecen el tono», indica la señora Knudsen. «Es una atmósfera en la que estás dispuesta a compartir tu propia verdad con las demás y eso las inclina a comunicar la suya. Por eso hay mucho llanto, pero es del que sana. Las cosas se dicen abiertamente; te das cuenta de que todas tienen que enfrentar obstáculos y de que ninguna es perfecta, sin importar cómo se vea».

Aunque sus antecedentes dentro de una familia fragmentada y su sensación de aislamiento apenaban a Meghan en un principio, conforme iba creciendo la impulsaron psicológicamente hacia su ambición más importante. Desde temprana edad Meghan soñaba con convertirse en una famosa actriz de Hollywood. Fantaseaba con ganarse el Óscar algún día, y practicaba su discurso de aceptación frente al espejo de su recámara. Como James Lipton, el venerable inquisidor del programa de larga duración *Inside the Actors Studio* nunca se cansa de recordarle a su público, la mayoría de los actores provienen de hogares desintegrados. Esta experiencia, con frecuencia amarga, les da la potencia emocional para impulsar su trabajo en pantalla y convertirse en estrellas.

Desde el primer día en Immaculate Heart, Meghan se entregó por completo al departamento de teatro. Aparte de ser un peldaño para conseguir su sueño, el área de teatro en la escuela tiene una función bastante diferente: actúa como un club de amigos, una hermandad no oficial y una familia muy unida. Como me contó un actor que ha ganado seis veces el Emmy para la programación diurna: «Quizá seas un inadaptado en todos los demás sitios, pero allí tienes un sentido de pertenencia».

Además de su amor por las tablas, Meghan ocupó diversos puestos, incluyendo el de presidenta de la Sociedad Genésica, un grupo dedicado a la preservación de las artes interpretativas que presentaba o asistía activamente a obras teatrales, festivales de arte dramático y producciones teatrales estudiantiles. Sin embargo, siempre se mantuvo al margen del Consejo Estudiantil y nunca participó del todo dentro de él, ya que jamás tuvo un nombramiento oficial.

Immaculate Heart pudo convocar a una abundante alineación de luminarias de Hollywood para que dirigieran y produjeran obras teatrales y musicales. Contaban con la maestra de canto Rachael Lawrence, el coreógrafo y estrella de *Jersey Boys* Joseph Leo Bwary, y, preponderantemente, Gigi Perreau, la exactriz infantil cuyo trabajo fue premiado con una estrella en el Paseo de la Fama en Hollywood. La señora Perreau inició su carrera en el cine a la tierna edad de dos años, cuando representó a la hija de Greer Garson en la película de 1943 *Madame Curie*. Para los 10 años ya había aparecido en 25 filmes, incluyendo su trabajo con Nancy Reagan en el *thriller* de 1950, *Shadow on the Wall*. Cuando se retiró de la actuación, la señora Perreau, quien ahora tiene 77 años, llevó su experiencia a su *alma mater* para la escenificación de obras y musicales, al igual que como maestra de teatro.

Gigi recuerda a Meghan como una niña muy delgada que se desarrolló y floreció hasta convertirse en una joven hermosa y confiada mientras estaba en Immaculate Heart. Me contó: «Nunca tuvimos ningún problema con ella, ya que siempre estaba lista, se aprendía sus líneas cuando tenía que hacerlo; era muy responsable y enfocada. Era una maravillosa estudiante, una chica encantadora desde entonces, y muy trabajadora. Era muy dedicada. Supe que se convertiría en alguien muy especial».

En la clase de teatro a menudo hablaban de temas de actualidad, y Gigi recuerda que Meghan era una joven inquisitiva a la que le encantaba escuchar las historias que ella contaba sobre su época en Francia y en otros países de Europa. Estaba entusiasmada por explorar el mundo más allá del cercano anuncio de «Hollywood».

Cuando ensayaba para una obra, su padre siempre estaba presente. Como ganador del Emmy a quien habían nominado casi cada año durante su trabajo en *General Hospital*, en poco tiempo lo engancharon para convertirse en director técnico de todas las producciones escolares en las que Meghan participaba. La mayoría de los alumnos no estaban conscientes de que fuera el papá de

Meghan. Simplemente lo conocían como «el tipo del overol». Los participantes del grupo de teatro eran bastante más respetuosos y lo llamaban «Señor Markle». «Le gustaba que lo consideraran como una persona hosca», recuerda la señora Perreau, «pero siempre fue muy generoso con las chicas. Si teníamos un ensayo hasta tarde, iba a comprar una caja de hamburguesas de McDonald's para darles de comer. También era modesto. Nunca pidió que se le diera crédito por el trabajo que hacía». Estaba soltero y era tímido; Gigi admite haberse sentido «un poco atraída» hacia el hombre fornido, vestido de overol, que claramente trataba de criar solo a su hija. Ella lo invitó a salir y fueron juntos a ver una obra en el Teatro Doolittle, justo al sur de Hollywood y Vine. Aunque se la pasaron bien, la relación nunca se desarrolló.

La atención de Tom estaba enfocada en Meghan. Como entusiasta de la fotografía, tomó interminables imágenes de Meghan en el escenario, enseñándole cómo posar y asesorándola sobre sus mejores ángulos. La observó orgulloso desde bastidores cuando el 28 de mayo de 1996 hizo su primera presentación como cantante solista, representando a la secretaria en la producción escolar del musical *Annie*. La directora Perreau recuerda que la incipiente actriz de 14 años estaba «muy emocionada y nerviosa por su canción» y describe su interpretación como «encantadora». Más adelante Meghan representó a una aspirante a actriz en *Stage Door*, la comedia de 1937, y también apareció en *Back Country Crimes*, una comedia negra del dramaturgo estadounidense Dr. Lanie Robertson. En marzo de 1997 Meghan representó a Caperucita Roja en el musical *Into the Woods*, de Stephen Sondheim, en la producción escolar de Immaculate Heart. En las notas del programa anunció ante el mundo cuál era su ambición. Entre sus agradecimientos para sus amigas y su «adorable» novio, reveló que deseaba asistir a Northwestern, la prestigiosa universidad cerca de Chicago. Pronosticó que esa sería su siguiente parada de camino a Broadway. Era obvio que Meghan no era una chica a la que le faltara confianza.

En su primer año de preparatoria apareció de nuevo en otra producción escolar, *Steppin' Out,* pero para el último año decidió poner a prueba sus capacidades más allá de Immaculate Heart. Ese fue un nuevo reto que le ofreció la oportunidad de diversificarse y, además, de lograrlo por sí sola, sin que su padre la cuidara desde la grúa de iluminación. También estaba el leve asunto de pasar tiempo a solas con el que entonces era su novio. Así fue como terminó en una sala con otras 40 chicas que querían audicionar para la tragedia *Edipo Rey,* de Sófocles, que se escenificaría en enero de 1999 en la escuela para varones St. Francis High School, en La Cañada Flintridge.

Como era la primera gran producción del director de teatro Emmanuel (Manny) Eulalia en St. Francis, quería dejar una buena impresión, así que eligió cuidadosamente a la joven que representaría el papel estelar de Yocasta. No hubo discusión. Según recuerda, «Meghan se destacó. La rodeaba ese "no sé qué". Como director, eso es lo que siempre estás buscando. Sin duda tenía carisma».

Después de firmar un documento formal en el que se comprometía a llegar a tiempo, vestirse en forma apropiada y abstenerse de hacer comentarios sexuales y raciales —un código de conducta un tanto adelantado a su tiempo—, Meghan y el resto del elenco se dedicaron a cumplir con el agotador programa de ensayos que duraría dos meses. Desde el inicio impresionó al director de la obra con su puntualidad, preparación y dominio del escenario. En los números musicales su voz era imponente, aunque temblaba un poco en las notas altas.

A pesar de ser la única mujer de Immaculate Heart que audicionó, tenía estatus de estrella en la escuela para varones. Ya había salido con varios alumnos de St. Francis, incluyendo a su primer novio serio, Luis Segura. Según la costumbre, Maria, la hermana de Luis, fue quien les arregló la primera cita y la pareja siguió saliendo con regularidad durante casi dos años. Llegó a conocer bien a la familia Segura, incluyendo a Danny, el hermano menor de Luis, quien representó a Creonte en *Edipo Rey* y que siempre reconoce que Meghan, quien entonces tenía 17 años, lo alentó a amar el escenario. A su vez, ella acompañó a Danny al baile de los alumnos de segundo y tercer año de preparatoria en St. Francis, que se llevó a cabo en abril de 1998 en el Hotel Intercontinental, en el centro de Los Ángeles. A través de los Segura también se hizo amiga de otros jóvenes de St. Francis, con quienes convivía en sus ratos libres.

Luis —quien ahora es un exitoso agente de bienes raíces en Pasadena— la describe como «dulce y divertida», y sin duda fue uno de los que la instaron a participar en el concurso para convertirse en la reina del baile de bienvenida de St. Francis en otoño.

El pináculo de su posición social en la preparatoria se presentó ante esa seria competencia con docenas de otras jóvenes. Las candidatas tenían que escribir un ensayo en el que relataran sus logros —el trabajo regular de Meghan en la Cocina Hippie hizo que se destacara al instante— antes de enfrentar el interrogatorio de los miembros del cuerpo estudiantil y académico. Los nombres de las finalistas se leyeron desde la yarda 50, en un escenario montado a toda prisa durante el medio tiempo de un partido de futbol americano en St. Francis. Entre silbidos y porras, Meghan fue proclamada la reina de ese año, siendo coronada por la ganadora del año anterior. Luego, toda la «corte» dejó el campo en una procesión de autos convertibles clásicos para que el juego pudiera continuar. El hecho de que se eligiera a una chica que no era porrista ni provenía de una de las escuelas católicas femeninas de la localidad era prueba de su popularidad y atractivo.

Aunque ahora era la «reina Meghan», su director de teatro, Manny Eulalia, recuerda que ella no permitió que la adulación se le subiera a la cabeza. Permaneció centrada, bromeando con los demás mientras aceptaba las felicitaciones de sus compañeros de elenco. Cuando se propagó la noticia de que la «reina Meghan» era el estelar femenino en la obra, los boletos de la sombría tragedia se vendieron con gran rapidez. Durante tres noches a principios de enero de 1999, el elenco de adolescentes se presentó con casa llena en el teatro de 250 asientos en la cercana Flintridge Preparatory School. En años anteriores, el interés en las producciones escolares había sido decepcionante. Pero no ahora. Cuando Meghan apareció en escena hubo aplausos, a pesar de que se había advertido al público que frenara su entusiasmo.

«Muchos alumnos fueron a la obra solo para ver a Meghan», recuerda Manny con una sonrisa. «Ciertamente tenía un club de admiradores. Muchos de los chicos estaban enamorados de ella». Al final de la producción de 80 minutos, el público ovacionó de pie a Meghan y al resto del elenco.

En las notas para el programa, Meghan escribió: «Quiero dar las gracias a mi mami, papi, Sushi, Aubergine, Danny Boy, Brad, Gabe y a todas las hermosas, sorprendentes y guapísimas niñas de Immaculate Heart, los maravillosos chicos de St. Francis y al fenomenal elenco y equipo».

Aunque su papel en *Edipo Rey* se considera sobresaliente, lo que más se recuerda de la carrera de actuación de Meghan Markle en preparatoria es su interpretación de Lola Banana, la sexy vampiresa sudamericana, en la comedia musical de 1955 *Damn Yankees.* Cuando la producción se escenificó en otra escuela católica para varones, esta vez la Loyola High School, en el centro de Los Ángeles, de nuevo tuvo que competir con niñas de otras escuelas católicas. Con su reciente triunfo en *Edipo Rey*, conquistó el papel estelar de Lola Banana. La historia, una reinterpretación moderna del pacto de Fausto, trata sobre la vampiresa Lola, sus tratos con el diablo y sus intentos por seducir a Joe Hardy, un fanático del beisbol convertido en jugador estrella. Cuando Meghan, vestida con largos guantes de satín y un leotardo con lentejuelas, se contoneó por el escenario en un pícaro número de cabaret titulado «Lo que Lola quiere», el teatro se vino abajo.

«Fue lo máximo», me contó un miembro del público. «Era extraordinaria. Recuerdo haber estado sentado allí pensando: "Dios mío, esta es una niña de Immaculate Heart". Llevaba puesto este trajecito cubierto de lentejuelas, contoneándose y haciendo todo el numerito. No era obsceno, sino que estaba representando a un personaje. En cierto modo era dulce, pero también era ¡WOW! Esta chica tenía cualidades de estrella».

En otra época, y en otro país, sucedió algo muy similar cuando, en un desfile de modas universitario, la normalmente recatada estudiante Kate Middleton recorrió la pasarela con un vestido transparente arriba de un bikini. El príncipe Guillermo, que veía el desfile desde la primera fila, le susurró a su acompañante: «Está guapísima». El resto es historia de la realeza. En la ocasión de la que hablábamos, los maestros y compañeros se asombraron al ver un lado muy diferente de Meghan. Por considerarla normalmente como una chica divertida pero reflexiva, madura y controlada, la rutina de canto y baile lujuriosos fue una revelación. Después del *show*, su maestra de Teología Maria Pollia y su novio fueron tras bambalinas y le obsequiaron un ramo de rosas rojas. Fue un momento conmovedor. Meghan, que había estado más que emocionada por obtener el papel, estalló en llanto. «Ay, no tenían que hacer esto», sollozó abrumada repentinamente por la situación. Como recuerda la señorita Pollia: «Había aparecido en muchas producciones y siempre era buena. Sin embargo, esta vez representaba el papel estelar. Y esa noche nació una estrella».

En ese sentido, quizás haya sido apropiado que fuera un chico de Loyola High School quien acompañara a Meghan al baile de graduación del tercer año de preparatoria en Immaculate Heart, en abril de 1999, de nuevo en el Hotel Intercontinental, ahora Omni Hotel. Meghan y su acompañante, Giancarlo Boccato —quien ahora es agente inmobiliario en Nueva York—, parecían una pareja muy glamorosa mientras bailaban muy acaramelados. Como señaló el fotógrafo John Dlugolecki, eran «una pareja estelar».

Pero Meghan también era una estrella en lo académico. Su ceremonia de graduación en junio de 1999, que se llevó a cabo en el Hollywood Bowl, fue otra oportunidad para sobresalir. Se fue de allí llevando una buena cantidad de relucientes premios relacionados con su actividad intelectual, artística y caritativa. Se le otorgó el premio de Bellas Artes del Bank of America y el Premio por Logros Académicos del Notre Dame Club de Los Ángeles; obtuvo un reconocimiento del National Achievement Scholarship Program para estudiantes negros destacados, y ganó un premio por servicio gracias a su trabajo como mentora de alumnos más jóvenes.

El futuro parecía muy brillante. Como pronosticó tres años antes, la aceptaron en la Universidad Northwestern, donde tenía el propósito de estudiar lengua inglesa, ya que quería explorar sus capacidades como escritora. Se resistió a la idea de estudiar teatro, considerándolo como cliché de la niña de California que va a la universidad y luego regresa a sus orígenes en Hollywood sin intentar otra disciplina. Había tenido logros en tantos campos que algunos esperaban que a la larga se dedicara a la política o al derecho. Todos sentían que haría algo valioso con su vida y que, al mismo tiempo, retribuiría a la comunidad. Las palabras «con estilo» que utilizó para describirse en su último anuario y su elección de una cita atribuida a la exprimera dama, Eleanor Roosevelt, para ilustrar su fotografía de último año, son reflejo de su personalidad madura. La frase dice: «Las mujeres son como las bolsitas de té; no se dan cuenta de lo fuertes que son hasta que están metidas en agua hirviendo».

Como evocó su maestra de teatro Gigi Perreau: «No estaba segura de cuál dirección tomaría finalmente Meghan, porque también estaba interesada en las actividades humanitarias. Tenía un buen corazón, había absorbido la filosofía de la escuela de que no existe nada que no podamos hacer y parecía enfocada en su futuro».

Un par de años después de graduarse de la universidad, Meghan regresó a su *alma mater*. Habló con algunas de sus antiguas maestras y se puso al día sobre los últimos acontecimientos. «Sigue en contacto, querida», le dijo Gigi a Meghan cuando se preparaba para irse. La incipiente actriz seguía luchando por encontrar un punto de apoyo en el palo encebado que es Hollywood y trabajaba como recepcionista en un hotel-restaurante en Beverly Hills para pagar sus clases de actuación. Con cierto arrepentimiento le dijo a su antigua mentora de actuación: «No quiero regresar hasta que haya tenido éxito».

El personal y las alumnas de Immaculate Heart suponen que quizá ya haya llegado ese día.

4

«¿Puedes decir "Hola"?»

⚜

Había llegado el verano y la vida era fácil para Meghan. Recién graduada de Immaculate Heart y con la Universidad Northwestern que la llamaba hacia el futuro, Meghan llenó de recuerdos su último verano en Los Ángeles y luego empacó sus maletas para su primer semestre lejos de casa. En efecto estaría iniciando una nueva vida. Ninguna de sus compañeras en Immaculate Heart ni nadie que conociera en Los Ángeles iría a Northwestern y estaba decidida a dar una buena impresión. El tratamiento de ortodoncia que había iniciado durante sus años de educación media había ajustado gradualmente sus dientes protuberantes y separados, y ahora sonreía ampliamente sin sentirse acomplejada.

Cuando concluyó su tratamiento dental, se mandó hacer unas fotos de rostro para enviarlas a las audiciones. Cuando se preparaba para partir hacia Chicago en el otoño, lo mejor que podía esperar era un día o dos de trabajo en los muchos videos musicales o cortometrajes que se rodaban en la ciudad. Ya había ganado cerca de 600 dólares por un par de días de trabajo en un video de Tori Amos: *1 000 Oceans,* que se rodó en un estacionamiento en las calles del centro de Los Ángeles. Meghan, vestida con una escotada blusa azul con tirantes de espagueti, aparece como una de las personas en la multitud que examinan con curiosidad una caja de vidrio que contiene a Amos, quien se retuerce por todas partes mientras canta. Se vuelve una especie de *performance,* pero con una melodía. El video de cuatro minutos y medio, dirigido por Erick Ifergan, llega a su clímax con escenas de jóvenes que hacen una revuelta y se enfrentan a los caballos y las mangueras de la policía, como una recreación musical de los disturbios de Los Ángeles. El video de Amos es, para quienes se dedican a buscar a Meghan por todas partes, la primera aparición pública de uno de los gestos más distintivos de Meghan, quitarse su largo pelo de la cara peinándolo hacia atrás con la mano.

Ese fin de semana tenía agendada otra audición, esta vez para un video de Shakira. Se trataba de un festival de baile lleno de energía, a un mundo de distancia de la visión de enajenación urbana de Amos. Su mejor amiga, Ninaki *Nikki* Priddy, la acompañaría a la audición y luego irían de compras para que Meghan encontrara algo nuevo que ponerse para la bienvenida de los estudiantes de Northwestern en el Hotel Beverly Hilton. Este evento era su primera oportunidad para conocer a sus compañeros y dejar algunas primeras impresiones. Durante el día también planeaban filmar escenas de las calles de Los Ángeles —y de sí mismas— con la nueva cámara de video de Nikki.

La audición para el video de Shakira no salió tan bien como Meghan esperaba. Fue divertido bailar como loca, pero después le comentó a Nikki: «Me muero de calor; estaba muy nerviosa de que se me cayera la blusa por lo mucho que me sacudía».

Sabía que su desempeño no le conseguiría la actuación como bailarina destacada que ganara 600 dólares al día, pero sí esperaba salir como extra. Era menos dinero y en realidad no representaba tiempo en pantalla, pero aun así sería divertido. Mientras esperaba en la sala de audición se topó con una chica a la que había conocido en la filmación del video de Tori Amos. Sería la última vez que se verían, pues a Meghan no la volvieron a llamar.

Después de ir al centro comercial, Meghan y Nikki condujeron por Los Ángeles en la camioneta Volvo de Doria, que tenía la matrícula personalizada con la leyenda MEGNMEE; Meghan describía todo lo que veían, Nikki estaba a cargo de la cámara. Las dos dieron por descontada a la comunidad gay de West Hollywood con el juvenil comentario de «Podríamos caminar desnudas por la calle y nadie se fijaría». Enfocaron la lente en una mujer que parecía haberse acabado de poner inyecciones de colágeno en los labios y se maravillaron de las casas en Beverly Glen y otros enclaves millonarios en Beverly Hills y la zona circundante.

Cuando regresaron a casa de su madre, Meghan se probó su nuevo atuendo para la reunión de estudiantes en el Beverly Hilton. Tenía una visión de qué deseaba proyectar sobre sí misma en Northwestern y había decidido que se enfocaría en un *look* monocromático, en negro y gris, que era un esquema de colores que la haría lucir elegante, sofisticada y bien vestida. Con eso en la mente, eligió una falda de tubo, un top y una blusa blanca estructurada, abierta al frente, que hacía las veces de saco. Fue un indicio de la ropa de oficina que vestiría para representar a Rachel Zane más de una década después.

Meghan le sacó el mayor partido a ese último verano en casa, pero también estaba inquieta. No se estaba llevando bien con su padre y lo evitaba de manera deliberada. Se había cerrado emocionalmente; fue a quedarse con su madre y no visitaba la casa de su padre ni siquiera para recoger su correo. Era una situación que dejó perplejos a sus amigos, ya que sabían que Meghan era la niña de los ojos de su padre y que podía salirse con la suya con cualquier cosa que hiciera. Y no es que sus hijos, incluidos Tom hijo e Yvonne, se aprovecharan de la actitud permisiva de su padre; siempre hacían su tarea a tiempo sin importar las distracciones. La madre de Meghan era la que más insistía en los límites. Aunque se unía a Meghan y sus amigas para bailar con la música de la radio o hablar de maquillaje, era más estricta que su exmarido. Meghan podía hacer lo que quería con él. Con frecuencia Yvonne contaba la historia de una vez antes de Navidad en que Meghan eligió un anillo que su padre le había prometido como regalo de un catálogo de joyería. Se burlaba de su hermana mayor diciendo que, sin importar lo que su padre le comprara a Yvonne, ella recibiría el regalo más costoso porque era la hija favorita. Por tanto, aunque la separación entre padre e hija era inusual, sus amigas la descartaron como una simple tormenta de verano. Sin embargo, no era la mejor despedida antes de iniciar sus estudios universitarios.

Junto a su casa de infancia también estaba dejando atrás a la joven que consideraba como «hermana»: Ninaki Priddy, quien había sido su mejor amiga desde que apenas empezaban a caminar. Meghan y Nikki se hicieron amigas en la Little Red School House, compartiendo incontables piyamadas y jugando en la alberca de la modesta casa de tres habitaciones que tenían los padres de Nikki en North Hollywood. Siguieron siendo cercanas cuando pasaron a Immaculate Heart, viajando juntas por Europa con los padres de Nikki, Dalton y Maria, y su hermanita Michelle. A Nikki le encantaba tanto París que estudió en la Sorbona el siguiente verano. Cuando aterrizaron en Londres y posaron frente al Palacio de Buckingham, ni por un momento imaginaron que algún día recibirían a Meghan al otro lado de las negras rejas de hierro forjado. Ahora la universidad y la separación pendían sobre ellas y trataban de llenar cada momento con risas y recuerdos entrañables.

Meghan examinó su cuarto en el dormitorio estudiantil y empezó a desempacar. Se alojaría en el dormitorio de primer año conocido como North Mid-Quads, justo al lado de la casa de la hermandad Kappa Kappa Gamma. Todavía no había decidido si debería postularse —en el sistema universitario estadounidense los estudiantes visitan todas las casas de las hermandades masculinas y femeninas, y encuentran aquella que les conviene para luego esperar ser seleccionados para ingresar en ellas—, o si debería simplemente buscar grupos de amigos en su dormitorio y en sus clases. Las primeras semanas en una nueva universidad son bastante difíciles de por sí; se enfrenta una gran cantidad de juicio y evaluación a medida que los ansiosos adolescentes, desbordantes de hormonas y emoción, intentan orientarse tanto en sentido físico como psicológico. La postulación simplemente exacerba esa sensación de vulnerabilidad y deseo de pertenencia. Sin una amiga, o incluso algún conocido de su ciudad, Meghan, quien es una persona gregaria por naturaleza, se esforzaba por encontrar amigos.

Pero su autoestima estaba a punto de recibir un golpe totalmente inesperado. Se había criado en el crisol que es Los Ángeles, e Immaculate Heart era un caleidoscopio de chicas de diferentes razas y nacionalidades. Ahora estaba descubriendo que, aunque el pueblo de Evanston, donde se ubica la universidad Northwestern, está apenas a unos kilómetros de Chicago, la universidad en sí es abrumadoramente blanca. Los afroestadounidenses conforman un tercio de la ciudad, pero solo cinco por ciento del cuerpo estudiantil. Incluso había menos estudiantes birraciales. En Northwestern, ella se destacaba.

Apenas una semana después de su primer semestre, mientras Meghan estaba sentada revisando el horario de clases para la carrera de lengua inglesa, que era la que había elegido, una compañera de dormitorio se le acercó y le preguntó: «¿Dijiste que tu mamá es negra, y tu papá, blanco?».

Meghan sonrió de manera poco convincente y asintió, sintiéndose incómoda de pronto. «¿Y están divorciados?», continuó la compañera. Meghan asintió. La chica la miró con una actitud hostil, diciendo: «Ah, era lógico». El comentario sarcástico la hirió profundamente. «¿Es lógico por qué?», se preguntó. Por supuesto que entendía la implicación: que el fracaso de un matrimonio interracial era inevitable. Esa interacción permaneció en su memoria y fue uno de los recuerdos que mencionó años después en un artículo que escribió en 2015 para la revista *Elle*.

Después de vivir en Los Ángeles, que es una enorme burbuja multicultural, ahora Meghan se veía expuesta a la estrechez de miras y al pensamiento anticuado y provinciano. No era la primera vez, ni sería la última, en la que escucharía o sería víctima de burdos insultos raciales. Como tiene la piel clara, muchos de sus compañeros no se daban cuenta de que era birracial, lo cual la hacía sentirse como el convidado de piedra mientas ellos contaban chistes racistas o expresaban opiniones prejuiciadas. En particular, conservó consigo el incidente mencionado, lo cual moldeó sus reflexiones sobre la manera en que los demás la veían a ella, a su familia y a su herencia. «El recuerdo de Meghan que más permanece conmigo es su profundo sentido de sí misma», recuerda el profesor Harvey Young. «Era considerada y entendía lo que significa enfrentar el prejuicio y la discriminación».

Sin embargo, Meghan tenía la suficiente resistencia como para permitir que eso la derrumbara; estaba demasiado ocupada desinhibiéndose. Ahora que ya no estaba bajo la mirada vigilante de su madre, empezó a usar más maquillaje y a experimentar poniéndose luces en el pelo. Luego de decidirse, se postuló para Kappa Kappa Gamma y recibió su iniciación dentro de la hermandad, que estaba llena de chicas a las que se consideraba «mujeres inteligentes y sexis». Como indicó Melania Hidalgo, miembro de KKG: «Lo que tenemos en común es que todas estamos muy motivadas y somos ambiciosas y apasionadas». La hermandad la recibió con los brazos abiertos y a la larga la elegirían como su directora de reclutamiento, responsable de atraer nuevas chicas para el clan KKG. Siendo una joven extrovertida, confiada y elocuente, Meghan era más que adecuada para el papel de convencer a nuevos miembros de la hermandad. A veces era demasiado persuasiva y, según su compañera de clases Ann Meade, algunos estudiantes la consideraban demasiado asertiva. La mayoría de sus compañeros recuerdan su ansia por vivir y su «personalidad explosiva», considerándola como una joven dinámica y dueña de sí misma.

Como miembro de la hermandad, también participó en el maratón de baile de la Universidad Northwestern, uno de los eventos benéficos más grandes de Estados Unidos dirigido por los propios estudiantes. El año que Meghan participó en ese baile fue la primera vez desde su inicio en 1975 (cuando condujo Ginger Harreld) que una mujer fue maestra de ceremonias, aunque compartió la tarea con un estudiante varón. A pesar de que el maratón de baile ya no era el agotador festival de ganar o morir clásico de la época de la Depresión, las 30 horas que Meghan pasó de pie día y noche seguramente le ayudaron a bajar los «kilos del primer semestre» que había ganado por beber, comer frituras de harina en el dormitorio y hacer viajes a medianoche al Burger King que abría las 24 horas.

Por supuesto, toda esta socialización tenía un objetivo para muchas de las alumnas: la búsqueda de un novio. Como era más sofisticada y elegante que la mayoría de sus contemporáneas, a Meghan se le consideraba un buen partido. Normalmente prefería los novios latinos bien vestidos, como Luis Segura, pero cambió de intereses durante su tiempo en Northwestern. Su primer novio fue Steve Lepore, un joven blanco y de cuerpo atlético de Ohio que era jugador de baloncesto y estudiaba el segundo año de universidad. Su estatura provocaba que Meghan, que mide 1.67 metros, se sintiera pequeña. Su asociación con Lepore elevó su posición social con sus hermanas de KKG, quienes estaban «impresionadas de que hubiera atrapado a ese galán». «Hacían una bonita pareja», recuerda una antigua compañera. Pero su relación duró poco. Para el penúltimo y último años, la estrella del baloncesto que tenía el mayor puntaje aceptó una oferta de transferencia a la Universidad Wake Forest en Winston-Salem, Carolina del Norte. Adiós, Meghan; hola, prospectos en el baloncesto profesional.

Aunque hacían una pareja universitaria que parecía perfecta, tenían sus diferencias. Las ambiciones deportivas de Steve implicaban que tuviera que abstenerse de las fiestas, acostarse temprano y que Meghan no fuera bienvenida para quedarse con él la noche previa a cualquier partido. Por otro lado, Meghan era fiestera y disfrutaba de la libertad que le ofrecía la universidad al estar lejos de sus padres, beber y desvelarse. A pesar de haber perdido a su novio del primer año, Meghan sí hizo dos amigos cercanos en Northwestern que permanecerían a su lado para siempre.

Fue en su clase de Literatura, mientras discutían la obra de la escritora afroestadounidense Toni Morrison, que conoció a Lindsay Jill Roth, una rubia bajita de Lattingtown, Nueva York, un próspero suburbio de Long Island con casas de millones de dólares que dan a Oyster Bay. Los padres de Lindsay eran abogados, aunque su madre estaba retirada. A diferencia de las amigas de Meghan en Immaculate Heart, Lindsay era judía. Inteligentes, divertidas y elocuentes, las chicas estudiaban juntas, salían a beber y divertirse y platicaban sin parar hasta altas horas de la noche.

Su otro mejor amigo no podría haber sido más diferente. Hijo de dos pastores, Larnelle Quentin Foster era un extravagante y exuberante afroestadounidense que les ocultaba a su familia y amigos el hecho de ser gay, aunque a la larga confió su secreto a Meghan. Ella y Larnelle tomaban clases juntos en la Facultad de Comunicaciones, luego de que ella cambió su especialidad en Lengua Inglesa a una especialización doble en Arte Dramático y Relaciones Internacionales. Las dos especialidades reflejaban su indecisión: no estaba segura de querer seguir una carrera en la política y diplomacia o esforzarse por alcanzar el estrellato en la pantalla. Aunque esto último era un cliché de Los Ángeles, estaba en buena compañía: Warren Beatty, Stephen Colbert, Zach Braff y David Schwimmer aprendieron su oficio en la universidad. Sin embargo, Larnelle no podía evitar darse cuenta de que el entusiasmo de Meghan se dirigía más a Hollywood que al Departamento de Estado. Los amigos, que iban juntos a todas partes, desde las producciones estudiantiles hasta las presentaciones vanguardistas, disfrutaban de hablar tanto de la estructura teatral y el lenguaje de una obra como de las interpretaciones, mientras Meghan aceptaba papeles en cortometrajes hechos por sus compañeros. También se escabullía del campus para asistir a audiciones para comerciales televisivos.

Los fines de semana era frecuente que Meghan fuera a comer a casa de la familia de Larnelle, donde experimentaban con diferentes recetas, incluyendo la especialidad de Meghan en ese momento: la comida india.

La familia Foster adoraba a Meghan, atraída por su extravagante sentido del humor y su risa efervescente. Incluso aceptó su invitación para acompañarlos a la iglesia. «Si mi madre hubiera podido salirse con la suya, por supuesto que estaría con Meghan», comenta Larnelle. «Me decía: "Ay, quiero tanto a Meghan", y yo le contestaba: "Sí, mamá, yo también"». Larnelle también sabía que le rompería el corazón a su madre si esta descubría que era gay. Por el momento, Meghan le servía de excusa y él a su vez le servía de acompañante, que era un papel que provocaba la envidia de muchos de los chicos heterosexuales de la universidad. «"¿Cómo lograste que saliera contigo?", me preguntaban. "¡Porque yo no trato de conseguir nada de ella!"», comentó Larnelle al *Daily Mail*.

Los dos amigos más cercanos de Meghan representaban la dualidad de su origen: el iconoclasta, excéntrico e independiente afroestadounidense, y la profesionista blanca. Su presencia le ayudó a explorar e integrar estos lados de su personalidad, absorbiendo y sintetizando mientras desarrollaba su propia identidad.

Entre semestres era un alivio regresar a Los Ángeles no solo por el clima, sino también por volver a una ciudad tan diversa, donde los rubios de ojos azules son una minoría. Sin embargo, como aprendería después, la imagen de tolerancia y aceptación era una delgada capa que se borraba con facilidad.

Meghan cuenta una historia sobre la noche en que ella y su mamá fueron a un concierto. Mientras Doria sacaba lentamente su Volvo de un lugar de estacionamiento, otro conductor le gritó con impaciencia, utilizando la palabra *nigger*. Meghan se sonrojó, sintiendo que la piel le ardía de frustración, compartiendo el dolor y la rabia de Doria. Miró a su madre y vio cómo se le llenaban los ojos de lágrimas. Meghan le susurró lo único que se le ocurrió: «Está bien, mami». Pero no estaba bien. Condujeron a casa en silencio, mientras a Meghan le hervía la sangre y los dedos de Doria se aferraban fuertemente al volante.

———

La experiencia de crecer siendo birracial fue algo que se usó como punto de partida para las discusiones que Meghan y otros siete compañeros tuvieron con su maestro de Historia y Teatro, el profesor Harvey Young, cuyo seminario se enfocaba en las obras teatrales afroestadounidenses, su significado, su impacto y su historia. Meghan, que se había desplazado entre dos comunidades a lo largo de toda su vida, tenía gran conciencia de cómo respondía la gente a la raza, las diferencias raciales y la idea de la otredad. Young comentó: «Tenía una comprensión muy compleja sobre lo que significa vivir en un cuerpo con una raza que se percibe y recibe un trato diferencial basado en las comunidades a las que uno pertenece».

La clase de Young destacó el ambiguo sitio de Meghan en la sociedad. Posteriormente ella recordaría: «Fue la primera vez que pude darle nombre a esa sensación de tener la piel demasiado clara en la comunidad negra y ser demasiado mulata en la sociedad blanca».

Sus experiencias en Northwestern, tanto dentro como fuera del aula, y el autoconocimiento que adquirió le servirían mucho, armándola con un discernimiento y fuerza interior para cuando intentara penetrar en la estructura uniforme y evasiva que es Hollywood.

———

Para comienzos de su penúltimo año era evidente que, si Meghan proseguía con el ritmo que llevaba, obtendría la mayoría de sus créditos para titularse de manera anticipada. Solo por diversión tomó un curso en Ingeniería Industrial, donde su maestro puso como lectura obligatoria el clásico francés *El Principito*, de Antoine de Saint-Exupéry. Como escribió después en su blog, The Tig: «Fue una elección aparentemente extraña, pero, al fin y al cabo, la lección fue una tendencia motivadora y de empoderamiento personal que aplico hasta la fecha en la toma de decisiones en mi vida». Como tenía el tiempo de su parte y todavía no estaba segura de cuál sería su camino luego de la universidad, decidió adquirir alguna experiencia práctica en relaciones internacionales. Sabía que su tío Mick Markle trabajaba como especialista en sistemas de comunicación para el gobierno de Estados Unidos —aunque en la familia se decía que trabajaba para la CIA, el brazo de espionaje del gobierno en el extranjero—, así que se le acercó para pedir su ayuda para conseguir un trabajo como pasante en el extranjero dentro del Departamento de Estado. «Meghan, te ayudaré en lo que pueda», le respondió. Y, en efecto, la ayudó. El tío Mick aprovechó algunos de sus contactos y, aunque Meghan entregó bastante tarde la documentación de solicitud, eso se pasó por alto debido a su excelente historial académico y la influencia de su tío. Poco después le informaron que había conseguido una pasantía de seis semanas como asistente de la oficina de prensa en la embajada de Estados Unidos en Buenos Aires, Argentina. Fue toda una aventura para la chica de 20 años que voló sola desde Los Ángeles hasta Buenos Aires. Se integró a un equipo de alrededor de 28 funcionarios y guardias del Departamento de Estado en la embajada estadounidense de tamaño medio. Antes de empezar a trabajar le dieron una orientación sobre el complejo de edificios y la ciudad, con enfoque especial en la seguridad. Le advirtieron qué sitios evitar, qué hacer en caso de urgencia y a qué teléfonos llamar. Esta era información básica, pero vital. A medida que se acercaba el aniversario del 11 de septiembre todas las embajadas de Estados Unidos en todo el mundo, incluyendo la de Buenos Aires, estaban en un nivel de seguridad de Código Naranja, que es el segundo nivel más alto.

La mayor parte del tiempo su vida cotidiana era el mundo rutinario y tedioso del trabajo de oficina, archivando y respondiendo cartas y teléfonos. Acostumbrada al trabajo en equipo, impresionó a sus superiores con su entusiasmo y comportamiento.

Era una trabajadora dispuesta que emprendía las labores tediosas y comunes de manera rápida y eficiente. Su superior, Mark Krischik, quien ahora está retirado, la recuerda como una joven con la que era fácil trabajar y que realizaba sus tareas con «eficiencia e ingenio». Aunque sus recuerdos son borrosos, se hablaba de un flirteo con un infante de marina encargado de proteger el conjunto de edificios de la embajada. Pero lo que sí se sabe con certeza es que amaba la cocina española y la animada vida nocturna de la ciudad.

Como el 4 de agosto de 2002 cumpliría 21 años le dieron permiso para viajar en el convoy que iría a recoger al secretario de Finanzas de Estados Unidos, Paul O'Neill, quien haría una visita rápida a Sudamérica. Era una sorpresa agradable. Sin embargo, la oportunidad de recibir trato preferencial durante una hora o dos pronto se convirtió en una dura y aterradora experiencia.

Estaba esperando en la caravana de autos cuando el secretario O'Neill aterrizó en el aeropuerto de Ezeiza, a 24 kilómetros del centro de Buenos Aires. Argentina había incumplido con el pago de 141 000 millones de dólares de su deuda y ni el Fondo Monetario Internacional ni el gobierno estadounidense estaban de humor para rescatarla. Antes de salir de Washington, O'Neill había anunciado que los países de América del Sur deberían implantar políticas que «garantizaran que la ayuda no se desviara a cuentas en bancos suizos». Aunque su objetivo eran las élites políticas corruptas que malversaban miles de millones de dólares enviándolos a sus propias cuentas bancarias, los sufridos ciudadanos culpaban a Estados Unidos de la catástrofe económica que los asediaba. Después de aterrizar precisamente a las cinco de la tarde, el convoy de O'Neill lo llevó a una reunión con el presidente Eduardo Duhalde, jefe del gobierno interino. Aunque O'Neill esperaba un viaje turbulento, incluso él se perturbó cuando los manifestantes que agitaban pancartas rodearon al convoy. «Recuerdo la llegada porque los manifestantes golpeaban mi limusina con sus pancartas. Fue un suceso memorable», comentó más adelante.

La asistente de la oficina de prensa estaba aterrorizada; más tarde diría que aquel fue el momento de mayor miedo en su vida. Esto provocaba incluso más preocupación, no solo debido al próximo aniversario del 11 de septiembre, sino porque los informes de inteligencia sugerían que podría haber militantes islámicos que estuvieran estableciendo una red en América del Sur. Si de por sí Meghan estaba preocupada, es fácil imaginar lo atemorizada que se sentiría al encontrarse con una multitud furiosa de manifestantes que atacaban su automóvil.

Aparentemente, la experiencia sí pareció desalentarla de su idea de trabajar para un organismo gubernamental en el futuro. «Si se hubiera quedado en el Departamento de Estado habría sido una adición excelente al cuerpo diplomático de Estados Unidos. Tenía todo lo que se necesitaba para ser una diplomática exitosa», señalaría después Mark Krischik.

De todos modos mantuvo el suficiente compromiso con una carrera en el Departamento de Estado y presentó la prueba para funcionarios del Servicio Exterior mientras aún estaba en Argentina. El examen de tres horas es una combinación de política, historia, conocimientos generales y matemáticas, que requiere tener conocimientos de todo, desde el origen del *be-bop* hasta las leyes laborales de Asia Oriental. Resultó ser demasiado para ella y reprobó el examen. Sin embargo, sí voló a Madrid para tomar un curso de español con duración de seis semanas en el programa de educación internacional para estudiantes. Esa fue otra habilidad que añadió a su currículum, en caso de que quisiera darle otra oportunidad al mundo de la diplomacia.

Cuando regresó a Northwestern entretuvo a sus amigos con historias de tapas y tango, e intentó restarle importancia a su decepción por no haber estado a la altura de la prueba para funcionarios del Servicio Exterior. En cualquier caso, parecería ser que el destino la empujaba hacia el mundo del entretenimiento. Como director de iluminación, su padre aprovechó sus contactos para conseguirle un papel ocasional en *General Hospital*, igual que lo había hecho casi 10 años antes con su hija mayor. En noviembre de 2002 Meghan audicionó para un papel como «actriz esporádica» en el que tenía un diálogo de cerca de cinco líneas. Gracias a la influencia de su padre, obtuvo el papel. El episodio se transmitió justo antes del Día de Gracias.

Unas cuantas semanas después estaba en una fiesta de Navidad con amigos, cuando se le acercó un hombre que se presentó como Drew. En lugar de querer salir con ella, lo que deseaba era ser su representante. Un amigo le había pasado una copia de un video estudiantil en el que aparecía Meghan y lo había dejado impresionado, así que la llamó para decirle: «¿Sabes qué?, vas a ganar mucho dinero y yo me llevaré el 10 por ciento. Creo que deberías hacer el intento de seguir con esto».

Pero en ese momento de su vida Meghan no podía seguir con ello. Tenía cursos que terminar en Northwestern y una graduación a la que asistir. Sin embargo, le prometió que regresaría. Según su punto de vista, cuando una puerta se cerraba otra se abría. Si el Departamento de Estado no la quería, quizá Hollywood sí.

———

Cuando regresó a casa después de la universidad, con su diploma en la mano, Meghan se dedicó a audicionar para comerciales, ninguno de los cuales consiguió, pero que fueron buena experiencia. Para ese entonces aquella era una ruta bien conocida, ya que Meghan había asistido a numerosas audiciones cuando todavía estaba en Northwestern. Luego recibió una llamada. Su mejor amiga de la universidad, Lindsay Jill Roth, trabajaba en el *casting* para una película llamada *Muy parecido al amor*, estelarizada por el galán cómico Ashton Kutcher. Le había conseguido una audición a Meghan para un papel en el que diría una palabra.

—¿Puedes decir «Hola»? —preguntó el director.

—Sí —respondió Meghan—. Pero leí el guion y en realidad respondo más a este otro personaje y me gustaría hacer la lectura para ese papel. —Naturalmente, el otro personaje tenía un papel más grande.

El director y el personal del *casting* intercambiaron miradas. «Esta chica tiene agallas», decían sus ojos. Meghan no obtuvo el papel que había pedido, pero sí consiguió aquel para el que Roth la había recomendado. Una vez en el set, el director le permitió improvisar, aumentando sus líneas de una a cinco. En términos de cine, ese era un triunfo.

A continuación consiguió otro pequeño papel en el melodrama legal futurista *Century City*, estelarizado por Viola Davis y Nestor Carbonell, entre otros actores reconocidos. Representó a un miembro del personal y dijo una línea: «Brindo por Tom Montero, quien tuvo la visión de instalar este asombroso asistente virtual». Su escena se concluyó en un día y de nuevo regresó a los llamados de *casting*, a merced del Abominable Hombre de los No. Vivía al día, como viven miles de aspirantes a estrellas de Hollywood.

Un día, de camino a una audición, el botón eléctrico que abría las puertas de su Ford Explorer dejó de funcionar. Intentó sin éxito abrir con la llave. Tratando de no caer presa del pánico, fue a la puerta trasera, que usaba una llave diferente. Por algún milagro pudo abrir. Con el poco tiempo que tenía, no tuvo más opción que arrastrarse por la parte trasera del vehículo y montarse sobre el asiento. Gracias a Dios estaba en buena forma debido al yoga y a que corría. Por suerte, el auto encendió y tenía lleno el tanque de gasolina. Cuando llegó al *casting* dejó su camioneta en una parte desierta del estacionamiento y salió por la misma ruta.

Demasiado pobre como para reparar su SUV, Meghan repitió esta rutina durante meses, estacionándose lejos de los demás autos y esperando que no hubiera moros en la costa antes de salir por la puerta trasera, fingiendo que buscaba un guion o fotografías en la parte de atrás antes de montarse de nuevo sobre su asiento.

Por supuesto que sabía que habría obstáculos; Meghan había estado demasiado tiempo dentro de la industria del entretenimiento como para creer los cuentos de gente que logra el éxito de la noche a la mañana, así que siguió optimista. Su lema era: «Elijo ser feliz» e insistió en seguir siendo feliz, juntándose con sus amigos para comer pizza y beber vino, tomar clases de yoga y salir con tanta frecuencia como se lo permitiera su presupuesto. Una noche su presupuesto la llevó a un antro en West Hollywood que habían popularizado los rebeldes de la industria del espectáculo (jóvenes celebridades ansiosas de desafiar el orden establecido en Hollywood) que querían sentir que se estaban mezclando con la ralea en un auténtico ambiente *beatnik*. Una voz potente con acento neoyorkino atrapó su atención. El dueño de esa voz charlaba con un par de amigos.

Con más de 1.83 metros de estatura, pelo rubio rojizo y ojos azules, Trevor Engelson parecía un surfista o jugador de voleibol, un arquetípico chico dorado de California. Tenía el tono y la apariencia de un Matthew McConaughey menos extravagante, aunque nació y se crio en Great Neck, Nueva York, y era hijo de un exitoso ortodoncista y bisnieto de inmigrantes judíos.

Al igual que Francis Ford Coppola, Trevor había asistido a la Great Neck North High School y, como Coppola, en un principio había querido dirigir películas. «Me di cuenta de que se necesitaba talento para eso, así que la idea salió volando por la ventana», dice con actitud autocrítica. Cuando todavía estaba en preparatoria, se las arregló para que lo contrataran como asistente de producción en una filmación en la ciudad de Nueva York, en la que trabajaba incansablemente los fines de semana y durante los periodos vacacionales de la escuela. La experiencia le redituó y lo aceptaron en la Escuela de Artes Cinematográficas Anneberg, en la Universidad del Sur de California. Se había puesto en marcha para lograr sus metas.

Después de graduarse en 1998, Trevor trabajó en una película de bajo presupuesto titulada *Safe Men,* que es notable solo por la aparición de Paul Giamatti como el personaje con el extraño apodo de Veal Chop. Luego Engelson, a quien le gusta considerarse como un embaucador, fue contratado como asistente de producción para la película *Alerta en lo profundo,* un filme que demuestra de manera innecesaria las consecuencias inevitablemente sangrientas de realizar ingeniería genética con tiburones blancos superinteligentes. Durante el tiempo que desempeñó ese puesto estudió cómo trabajaban sus jefes, los productores de la película. Le gustó lo que veía porque no parecía ser un trabajo muy pesado y, sin embargo, ganaban mucho dinero y conseguían a las chicas más guapas. Abordó a uno de los productores, Alan Riche, y le dijo sinceramente: «Alan, quiero hacer lo que tú haces, quiero producir». Riche le aconsejó que primero trabajara como agente. Una vez concluida la filmación de *Alerta en lo profundo,* Riche le dio al ambicioso asistente una referencia para que fuera a la Agencia de Talentos Endeavor. Inició en el puesto más bajo de la jerarquía dentro de la oficina de correspondencia, trabajando como chofer, entregando guiones y otros paquetes relacionados con la agencia por toda la ciudad.

Trevor era agradable y bien dispuesto; con el tiempo fue subiendo de puesto hasta convertirse en asistente del agente literario cinematográfico Chris Donnelly. Pero luego su ambición implacable le provocó un tropiezo. Mientras Donnelly estaba de vacaciones Trevor envió guiones no encargados, conocidos como guiones especulativos, a actores y directores en un paquete con el membrete de Endeavor. «Pensé que estaba siendo emprendedor», admitió Trevor posteriormente. Aunque no hubo resentimientos de larga duración, sí lo despidieron por excederse de su nivel de responsabilidad. Siendo alguien que no se permitía sentirse derrotado, pronto encontró trabajo como asistente de un compañero exalumno de USC, Nick Osborne, y de su socio, Jeffrey Zarnow, en O/Z Films. Como dice el mismo Trevor: «Necesitaban un embaucador que pudiera llevar comida a la mesa». Después de vender su primer guión, *The Road to Freaknik,* a Fox Searchlight por 25 000 dólares, se dedicó a celebrar de fiesta en fiesta.

Cuando Osborne empezó su propia compañía de cine, Underground Films, Trevor se volvió su asistente y varios años más tarde tomó el control de la empresa. Detrás del chacoteo y las ocurrencias, Trevor era una persona motivada, un joven decidido a dejar huella en una industria inflexible. Cuando Meghan lo conoció esa noche que fue a West Hollywood, le gustó lo que vio y se sintió atraída por la pasión, impulso y ambición de Trevor. Era el típico neoyorkino: descarado, franco, poco dado a inventar mentiras y muy valiente. Sin embargo, a veces era quizás un poco demasiado torpe para una chica sofisticada que elige la clase por encima de la vulgaridad. También era alguien con un aforismo para toda ocasión. «La esperanza es la mejor moneda de cambio que tenemos en este negocio», le dijo a la ingenua aspirante. Sea cierto o no, es una fantástica forma de conquistar a alguien.

Su dicho favorito pertenecía al legendario productor de Hollywood Neal Moritz, el hombre detrás de la franquicia de *Rápido y furioso:* «No le des cinco minutos si no le vas a dar cinco años». Trevor lo decía con tanta frecuencia que, con el tiempo, Meghan empezó a usarlo también, presentando la frase como si hubiera surgido de su propia cabeza. Su versión es más refinada: «No le concedas cinco minutos a menos de que le vayas a conceder cinco años». Pero Trevor tenía aforismos —y desparpajo— para dar y repartir. Como alguna vez le dijo a su excompañero de USC en una entrevista para el podcast *Scripts and Scribes:* «Soy un gigantesco creyente en que toda esta mierda puede terminarse en cualquier instante y que tienes que aprovecharte [de ello]. Soy judío y todo eso, pero pienso que solo tienes una oportunidad en la vida, así que si tengo la posibilidad de divertirme y no estoy haciéndole daño a nadie, y de todos modos puedo seguir ocupándome de lo que tengo que ocuparme, siempre encuentro un modo de divertirme en grande. Eso nunca es un problema».

Era la quintaesencia del joven que quema la vela por ambos extremos, divirtiéndose y trabajando intensamente. Cuba, Palm Springs, Nueva York: tenía el mundo a sus pies, cuando menos hasta que llegara al límite de su crédito. Como dijo: «Si estoy en un avión que va a alguna parte, cuando aterrizo estoy trabajando; en el avión estoy trabajando; cuando bebo, estoy trabajando. Pero siempre me estoy divirtiendo mucho más que la mayoría de la gente que conozco». Un productor sediento de éxito y una actriz ambiciosa: una combinación clásica de Hollywood.

Cuando *Pequeños grandes héroes,* la película de Trevor, inició su producción a principios de 2005, Meghan acababa de conseguir una breve aparición en la comedia *Cuts.* Se trataba de una línea, una mísera línea, pero Meghan sintió que estaba de camino a las estrellas. Después, en un blog anónimo llamado Working Actress, del que se le acredita la autoría, describió esa sensación: «Al principio de mi carrera recuerdo haberme puesto como loca y celebrar que me dieran una línea en un programita de mierda de UPN. En ese tiempo eso era un gran éxito. Eran llamadas telefónicas de felicitación, flores y cenas de celebración con brindis. Era un hito que marcaba la futura llegada de más trabajos y un rayo de esperanza que decía: "Caray, realmente estás haciendo esto"».

Mientras esperaba su gran oportunidad, para pagar sus cuentas sobrevivía trabajando como recepcionista en un restaurante en Beverly Hills; en una tienda local daba clases sobre el arte de envolver regalos, y usaba su otra habilidad, su impecable caligrafía, para ganar dinero. Había aprendido esa habilidad en Immaculate Heart y posteriormente comentó: «Siempre he tenido propensión a escribir muy bien en letra cursiva». En esa época, el único motivo para que la consideraran famosa era por rotular los sobres para la boda del cantante Robin Thicke y la actriz Paula Patton en junio de 2005.

Le llegaban papeles, pero no con la rapidez que le hubiera gustado. En el verano de 2005 la contrataron para un papel en el programa *Love, Inc.,* y más tarde ese año, alrededor del Día de Gracias, para una película televisiva titulada *Deceit,* seguida de una aparición como vendedora de seguros en la comedia de corta duración *La guerra en casa.*

Mientras Meghan iba avanzando de manera lenta pero constante, Trevor pasó del éxito al fracaso con *Pequeños grandes héroes,* que salió en el verano de 2006 y resultó un rotundo desastre. La película familiar de acción, a la que se describió como «un asunto aburrido y carente de gracia», recibió una clasificación de tres por ciento en Rotten Tomatoes. La estrella de la película, Tim Allen, incluso recibió una nominación Razzie como el peor actor.

A Meghan no le iba mucho mejor. Hasta ese momento, 2006 había sido un fracaso tanto para los papeles en películas como en televisión. Sin embargo, la vida social de la pareja recibió un impulso cuando, en agosto, los invitaron a los Hamptons para la Coach Legacy Photo Exhibit. En el evento para celebrar al fabricante estadounidense de bolsas, la pareja se paseó bebiendo champaña y charlando con la alta sociedad y las celebridades menores, pero no les ayudó mucho para ascender por la escalera del éxito en Hollywood.

Los rechazos diarios habrían derrumbado a alguien con menos agallas, pero Meghan sabía que era un juego de números. A medida que las jóvenes caían derrotadas y regresaban a casa, las posibilidades de que ella consiguiera algo aumentaban. Como decía Trevor, «No le des cinco minutos si no le puedes dar cinco años». Y sus cinco años no estaban cerca de terminarse.

Como otras jóvenes que se paseaban por el medio buscando trabajo, ella tenía una bolsa de gimnasio donde llevaba el vestuario esencial para cualquier posible papel para el que la llamaran: rojo para la latina enérgica, colores pastel para la vecina amistosa, amarillo mostaza para la afroestadounidense. Faldas cortas, faldas largas, sacos, bikinis y tops: todo lo necesario estaba en su confiable bolsa. Como ella misma reconoció, su «ambigüedad» étnica le permitía buscar casi cualquier papel. «Tristemente, no importaba», escribiría después para la revista *Elle*. «No era lo bastante negra para los roles negros y no era bastante blanca para los blancos, dejándome en algún punto intermedio como el camaleón étnico que no podía conseguir ningún trabajo».

Un día que rotulaba unos sobres con caligrafía para un cliente, sentada con su ropa deportiva y cubriéndose los antebrazos con tubos de tela para no mancharlos con los aceites de su piel, recibió una llamada de su agente Nick Collins. Collins, quien creció en Boston y se graduó de la Universidad Brown, sabía todo lo que se necesitaba saber sobre la lucha para lograr el éxito en Hollywood; él mismo se había ganado la vida trabajando como mesero en un restaurante de Brentwood antes de que Bob Gersh lo hiciera su asistente en la agencia de talentos que lleva su nombre, así que se condolía de los esfuerzos de Meghan para seguir a flote.

Le había conseguido una audición. Solo que había un detalle: tenía que aparecer en lo que los productores describieron con falsa modestia como «vestimenta consciente del propio cuerpo», lo cual se refería a un bikini, traje de baño, falda corta o pantaloncillos, para que se pudieran dar una idea de cómo se veía su cuerpo. Sí, era una audición abierta para el puesto de chica del portafolio en el popular programa de televisión *Vas o no vas,* pero, como no había ninguna otra oferta, accedió a ir. Después de todo, era solo un corto recorrido desde la casa en West Hollywood que ahora compartía con Trevor, hasta Culver City, donde se estaban llevando a cabo las audiciones. Mientras elegía su falda más corta, no es improbable que se haya preguntado: «¿Y para esto recibí un título en relaciones internacionales?».

5

Faldas cortas, tacones altos

✎◉◎✎

Como tantas otras adolescentes, Tameka Jacobs llegó a Hollywood llena de ilusiones y dispuesta a dejar su huella como modelo y actriz. Con 1.78 metros de estatura, superaba con mucho a la competencia. También era despampanante, con una herencia criolla, noruega, afroestadounidense, francesa y española. Y esos son sus orígenes conocidos.

Antes de presentarse a una audición para el nuevo programa de entretenimiento *Vas o no vas,* presentado por Howie Mandel, se dedicó a modelar. El programa, basado en el original holandés y reproducido en todo el mundo, se basaba en la tensión entre la ambición y la prudencia, lo cual lo hacía un ganador seguro en los *ratings.* Los concursantes elegían entre 26 portafolios que contenían un valor en efectivo que iba desde un centavo hasta un millón de dólares. Durante el juego, el concursante elimina varios portafolios con la esperanza de quedarse con aquel que contenga el millón. De manera periódica un banquero oculto le ofrece un trato al concursante: salirse del juego y llevarse modestas ganancias, u optar por la posibilidad de seguir adelante y obtener el premio mayor. El público siempre quiere verlos arriesgando todo.

Los portafolios estaban en manos de 26 bellas y sonrientes chicas que se colocaban provocativamente frente al concursante. Allí es donde entraba Tameka. Le pidieron ser la portadora del portafolio 21, un sitio que conservó desde el día que inició el programa en diciembre de 2005 hasta su final en 2010.

Cuando la invitaron a participar, Tameka se sentía por las nubes. Era casi todo lo que podía pedir. Recibía 800 dólares por episodio y regularmente grababa siete episodios diarios. Eso significaba que en una buena semana ganaría 5 600 dólares al día y más de 23 000 en total. Aparte estaban los respaldos promocionales y las apariciones personales. Era alcanzar fama y riqueza por pararse durante horas con un portafolio lleno de dinero de mentira, y esa era una ironía que no podía pasar por alto.

Además, era divertido ser una chica del portafolio. Las otras chicas eran bulliciosas, rencorosas y bobaliconas, justo como sería en la casa de una hermandad universitaria. Solo tenían dos enemigos: el frío en el estudio y los dolorosos tacones altos que les pedían utilizar.

Meghan se integró al grupo en 2006 para la segunda temporada, después de pasar con éxito la audición. Junto con la modelo Chrissy Teigen, empezó como respaldo en caso de que una de las chicas regulares se enfermara o no se presentara a trabajar. A la larga obtuvo un lugar de tiempo completo como la chica del portafolio 24, cerca de Tameka. Cuando llegó, Tameka la evaluó simplemente como otra muchacha multirracial. «Fue algo que nunca discutimos entre nosotras», recuerda. «Simplemente nos vimos la una a la otra y supimos». Era un código sobreentendido, un entendimiento compartido en una vida de malentendidos, miradas perplejas y comentarios sarcásticos condensados en una mirada intencionada. Conectaron desde el principio; Tyra Banks, modelo, presentadora de un programa de debate y superestrella por derecho propio, quien además era una leyenda en Immaculate Heart, había tomado bajo su protección a Tameka. Ahora había llegado el momento de que Tameka regresara el favor, contándole a Meghan todo lo que sabía sobre las personalidades, así como a quién y qué debería buscar. La instruyó sobre la rutina diaria y lo que debía llevar al estudio: un par de cómodas botas Ugg después de todo un día en tacones en temperaturas casi congelantes era algo que debía tener consigo. Mientras conversaban, a Tameka le quedó claro que para Meghan este era un escalón para ganar un poco de dinero antes de lanzarse en busca de trabajos más serios en la actuación.

El día promedio en *Vas o no vas* empezaba a las 5:30 de la mañana, cuando Meghan y las demás jóvenes de los portafolios se reunían para estar horas en peinado, maquillaje y pruebas de vestuario de sus reveladores atuendos. Con cambios de vestuario para cada episodio y múltiples episodios que se filmaban durante el día, a menudo tenían que soportar tres pruebas separadas de vestuario. Llegaba un exhibidor con hermosos vestidos largos idénticos para que sin pena ni gloria los despedazaran de modo que las piernas y escotes de las chicas estuvieran a plena vista.

Después de pruebas de largo y forma en general, había una sesión final de vestuario en la que las chicas sumían el abdomen para que les prendieran los vestidos con alfileres. Algunos vestidos eran tan estrechos que las jóvenes no podían siquiera inclinarse para ponerse los incómodos tacones, de modo que siempre había cerca algún asistente que las ayudaba.

Todas las chicas de los portafolios usaban prendas modeladoras Spanx para moldear sus cuerpos y, además, mantenerlas cubiertas en las temperaturas congelantes del estudio. Como toque final, les insertaban los que Leyla Milani, la joven del portafolio 13, solía llamar «filetes de pollo» —o a veces enormes montones de pañuelos de papel— dentro de sus sostenes para aumentar sus senos.

Mientras Meghan estaba parada allí hora tras hora, intentando no temblar, con los pies adoloridos por los tacones corrientes y una sonrisa pintada en el rostro, pensaba en el cheque que le pagarían al final de la semana. Esto no era lo que tenía en mente cuando decidió entrar en la actuación pero, con solo 25 años, estaba ganando más dinero del que había ganado en su vida y el horario de filmación era perfecto: largos periodos de rodaje seguidos por semanas de descanso que le permitían asistir a más audiciones y, también, irse de viaje con el hombre al que juguetonamente llamaba Trevity-Trev-Trev, un sobrenombre que originalmente le había dado el rapero LL Cool J.

Aunque ya había tenido una muestra de los Hampton, había otros sitios que quería visitar, cuando sus horarios lo permitieran: Grecia, México, Tailandia, cualquier lugar del Caribe; estaban todos en su lista. La entusiasta de la comida que llevaba dentro de sí fantaseaba con ir a Bangkok y probar el menú en Chote Chitr, el restaurante que habían presentado en la National Public Radio y en el *New York Times*. Su ambición compartida, al igual que su amor por las aventuras y por treparse en un avión que fuera a algún lugar poco común y muy lejano, eran piezas fundamentales que unían su relación. Con el tiempo, Meghan se ganó una cierta reputación por estar enterada de los restaurantes más novedosos o los hoteles más singulares en extrañas partes del mundo.

Él iría con ella, si tenía tiempo. Ambos eran individuos muy motivados y Trevor siempre estaba tan ocupado o más que su novia. Era notable que, a diferencia de los novios y maridos de sus «hermanas» en *Vas o no vas,* Trevor nunca visitara a Meghan en el estudio. Era tan inusual que las otras chicas lo comentaban. Sin embargo, había multitud de otras celebridades, principalmente del deporte, que llegaban de improviso, algunos con la intención clara de acercarse a las chicas. Había un invitado en particular que causaba escalofríos: Donald Trump, que entonces organizaba el concurso Miss Universo, a quien invitaron para aparecer como el banquero del programa y promover también el suyo, *El aprendiz*. El magnate de bienes raíces, que con frecuencia estaba en quiebra, se paseó por el estudio dándoles su tarjeta a las jóvenes e invitándolas a jugar golf en alguno de sus campos. Tameka Jacobs me comentó: «Era un tipo repelente, sumamente repelente, pero algunas de las chicas se sentían atraídas por el dinero y el poder, y le aceptaban la tarjeta».

Meghan fue una de las jóvenes que trataba de evitar al que sería el futuro presidente. Tampoco se sabe que le gustara participar en cualquiera de los eventos «después del trabajo», ocasiones en las que un grupo de hermosas mujeres, acompañadas por una multitud de escoltas, recorrían los bares de West Hollywood. En vista de que ahora a Meghan se le conoce como una chica de sociedad a la que le gusta beber, es sorpresivo que rara vez, si no es que nunca, haya estado presente en las estrepitosas noches de karaoke y tragos.

Para una joven que terminaría viviendo su vida en Instagram, también es notable que nunca haya posado para una fotografía absurda, tratando de destacar para las cámaras como el resto de sus colegas. Meghan conocía cuáles eran sus mejores ángulos —después de todo, había recibido clases con el mejor: su padre— y siempre posaba con actitud dulce. Si la atrapaban con una copa en la mano, siempre sería de champaña, y nunca se le ha oído decir una mala palabra.

Aparte de las fotos promocionales con el vestuario del programa en el estudio de *Vas o no vas,* el único trabajo promocional de Meghan para el programa fue en su beneficio; en los Premios Emmy de 2006 apareció en una suite de regalos, donde las celebridades reciben productos a cambio de posar para una fotografía junto al logotipo de la compañía; a ella la fotografiaron mirando tapetes de yoga y ropa para vacaciones. La falta de participación de Meghan en los chismes «de oficina» —según recuerda Leyla Milani, siempre estaba estudiando sus líneas para una audición— y en la diversión después de salir del trabajo era apenas una de las razones por las que destacaba. Mientras las demás «chupaban caramelos y comían verduras crudas» entre escenas, Meghan comía pizza o bolsas de papas fritas, aparentemente despreocupada por la inflamación del estómago o el aumento de peso. Y aunque muchas de las otras jóvenes estaban agradecidas con la diosa Fortuna por esa oportunidad, Meghan la veía como algo temporal. Como señala Tameka: «Era muy dulce, adorable y un poco protegida; era una persona sana y con la cabeza bien puesta sobre los hombros. En retrospectiva, era evidente que tenía su propia marca y quería protegerla para una futura carrera como actriz seria». Sabía adónde quería llegar y seguramente no era pasando sus días en *Vas o no vas.*

Durante el descanso de las filmaciones en noviembre, Meghan fue a una audición y obtuvo el papel de una latina sospechosa de asesinato en *CSI: NY,* donde de nuevo la mostraron exhibiendo su físico cuando apareció vestida con un corsé y tirantes. Después tuvo que regresar al frío estudio de NBC en Culver City.

Mientras Meghan trabajaba en *Vas o no vas,* Trevor tuvo una película en producción, una comedia de matrimonios llamada *Licencia para casarse,* estelarizada por el comediante Robin Williams y Mandy Moore. Meghan esperaba en secreto que hubiera un papel para ella, pero los pequeños papeles que podrían haber sido adecuados para ella se dieron a actrices más experimentadas que habían trabajado con el director Ken Kwapis en la serie televisiva *The Office.* Esto se convertiría en una fuente de conflicto para la pareja, ya que Meghan estaba cada vez más decepcionada de que Trevor no hiciera un mayor intento por incluirla en alguna de sus producciones.

Pero no importaba. Tenía la sensación de que ese podría ser su año. Durante la ronda de audiciones en febrero para la temporada de pilotos de 2007, salió animosa de una junta con una de las principales agentes de reparto, Donna Rosenstein. Rosenstein había sido vicepresidenta principal de ABC durante muchos años, encargándose del reparto de series como *Policías de Nueva York, Roseanne* y *Twin Peaks,* y después de eso había establecido su propia compañía. Era la mejor oportunidad de éxito para Meghan.

A Meghan le encantaba el rol que se le había pedido leer, una antigua desnudista y prostituta llamada Kelly Calhoun, rescatada de la mala vida por un policía recién convertido en cristiano evangélico, que se había enamorado y casado con ella.

El programa, llamado *The Apostles,* era en parte un melodrama policiaco y en parte *Esposas desesperadas,* con todo y narración en *off,* que ocurría en una privada en el sur de California, donde todos los residentes eran oficiales de policía con sus esposas. Poco después de audicionar para el papel, Meghan recibió la noticia que anhelaba oír: «Meghan, conseguiste el papel», dijo emocionada su agente. Cuando le contó a su padre, este le escribió una encantadora nota de felicitación, que la actriz conserva en una caja labrada a mano al lado de su cama.

El personaje de Meghan no era la mujer más feminista, pero, en comparación con su papel como chica del portafolio, Kelly Calhoun era cuando menos un paso en la dirección correcta. Su marido afroestadounidense, representado por Keith Robinson, vivía en conflicto, la reprendía por su pasado inmoral, pero se sentía atraído por su personalidad atrevida, aunque vulnerable. En el grupo tan estrechamente unido, Kelly encuentra empoderamiento y amistad con las otras esposas. Al principio las asusta con sus consejos sobre cómo lograr que sus relaciones sigan siendo candentes en la recámara y enseñándoles los trucos de su oficio como *stripper,* mostrándoles cómo desvestirse en forma seductora. El programa le daba a Meghan una buena sensación. Tenía todos los elementos: un elenco fuerte —Shawn Hatosy de *Sospechas mortales,* que se especializa en representar personajes tensos y turbulentos, estaba entre los protagonistas—, una historia sólida, temas feministas y mucho espacio para el conflicto y la tensión en la comunidad de policías.

El piloto, que se filmó como un largometraje completo, se entregó en junio de 2007. Después de varias exhibiciones y de mucho ir y venir, Fox Studios decidió pasar la oportunidad de convertirlo en serie y lo proyectó el año siguiente como película. Fue un verdadero golpe para Meghan, quien albergaba muchas esperanzas en el programa. Cuando menos ahora podría añadir *«stripper»* a su currículum como actriz, lo cual hizo de inmediato.

Mientras trabajaba en *The Apostles,* Trevor estaba en la producción de una comedia con Sandra Bullock y Bradley Cooper llamada *Alocada obsesión,* escrita por dos de sus clientes. Bullock asumió el control de la película como productora, lo cual hizo que Trevor se limitara al manejo de su creciente grupo de escritores y directores.

Trevor siempre estaba en la búsqueda de oportunidades de trabajo para ellos y de nuevos clientes. Cuando iba a las cafeterías entregaba tarjetas de presentación a quien fuera que estuviera escribiendo en su laptop. «¿Qué es lo peor que podría pasar? ¿Que lea algún guion malísimo?», decía entre risas. Leía guiones sin parar, llegando al grado de tener un montón de ellos en el baño de su casa, al igual que una dotación de plumas a prueba de agua para hacer anotaciones.

Trevor seguía sin ofrecerle un papel a Meghan, pero por fortuna no ocurría lo mismo con la agente de *casting* Donna Rosenstein, quien la llamó para leer el papel de Sadie Valencia, la hija consentida del dueño de un casino de Las Vegas, en la historia de la familia de un jefe de la mafia que se esforzaba por volverse decente. Había sólidas expectativas de que la comedia *Good Behavior,* estelarizada también por Treat Williams de *Chicago Fire* como su padre y Catherine O'Hara de *Schitt's Creek* como la matriarca de la familia, fuera correcta —y bastante divertida— para convertirse en serie para la cadena ABC.

Cuando el programa, que se filmó en Las Vegas y Los Ángeles, y en el que también participaba el actor canadiense Patrick J. Adams, se sometió a prueba con una audiencia más amplia, recibió críticas negativas. Al final fue solo otro piloto que terminó proyectándose como película para televisión.

Sin embargo, el trabajo siguió llegando. Ahora con 27 años, y luego de concluir con *Good Behavior,* Meghan fue contratada para representar a Wendy en *90210,* una nueva versión de la longeva serie *Beverly Hills, 90210,* la cual había visto cuando era adolescente. Esta nueva versión intentaba ser igualmente icónica, pero actualizada y más atrevida.

En el estreno de la serie, de nuevo el personaje de Meghan tenía una primera aparición indecente: tenía sexo oral en el auto de un estudiante mientras los demás alumnos se pasaban de un lado a otro afuera de la West Beverly Hills High. Su personaje duró solo dos episodios antes de desaparecer sin ninguna explicación de la trama. No obstante, la serie llegaría a cinco temporadas. Con varias apariciones como invitada en series establecidas, como *El auto fantástico, Sin rastro* y en la comedia de situación *The League,* Meghan se estaba convirtiendo en un rostro conocido para las audiencias televisivas. No obstante, la verdadera fama, o simplemente un salario constante —apenas ganaba lo suficiente para pagar su seguro médico de actriz— seguía evadiéndola. Estaba casi a punto de lograrlo.

Cuando el director J. J. Abrams, quien incluso antes de sus megaéxitos como *Guerra de las galaxias* y *Viaje a las estrellas* recibía elogios como la mente maestra detrás de *Misión Imposible III* y *Lost,* contrató a Meghan para representar a la agente novata del FBI Amy Jessup, en su teleserie de ciencia ficción *Fringe,* de nuevo tuvo grandes esperanzas de que surgiría algo de ello. Apareció en los primeros dos episodios de la segunda temporada y, aunque el director Akiva Goldsman, más conocido por su exitosa película *Una mente brillante,* insinuó que las audiencias podrían ver más de la agente Jessup, nunca regresó a la espeluznante historia de metamórficos y universos paralelos. De hecho, después se le vio alterando su universo personal de un modo más convencional, aspirando un par de rayas de cocaína en la astuta comedia convertida en película de televisión *The Boys and Girls Guide to Getting Down*. Basada en el filme independiente de 2006 que ganó múltiples premios, donde aparecía su compañera modelo de *Vas o no vas* Leyla Milani, el programa trataba sobre los caprichos del mundo de los solteros en Los Ángeles.

En la película sobre sexo, drogas y todo se vale, a Meghan se le muestra como una soltera que se enfunda en un vestido negro superapretado —que rememoraba *Vas o no vas*— antes de lanzarse a una noche de juerga en el ambiente de solteros del centro de Los Ángeles, donde se echa un par de rayas de coca antes de seguir con el desenfreno.

Con amplia experiencia en papeles en los que había inhalado coca, hecho sexo oral y enseñado *striptease,* qué mejores credenciales podría tener que besuquearse en pantalla con el exdrogadicto, comediante y ahora estrella británica de la pantalla Russell Brand. Su apariencia «exótica» le consiguió el papel de Tatiana en *Todo sobre mi desmadre,* que se filmó en la primavera de 2009. Sin ningún diálogo, sigue sin tener crédito en la lista oficial del elenco. Aun así, le fue mejor que a Kathy Perry, la exesposa de Brand, y a la cantante Alanis Morissette, cuyas escenas se eliminaron.

Durante esa época fue su pareja quien recibió los elogios. Por su trabajo como mánager y productor, Trevor fue nombrado por la publicación *Hollywood Reporter* como uno de los «Principales 35 menores de 35» en la Clase de la Siguiente Generación de 2009. Todos esos años de juntas e intentos de congraciarse estaban redituándole —y ya tenía a la linda chica con la que siempre había soñado—. Junto con ese resplandeciente comentario en el *Hollywood Reporter,* el honor le trajo una fiesta en My House, un club hollywoodense famoso por sus cordones de terciopelo y servicio de bar por botella, donde Meghan hizo su mejor esfuerzo por brillar como la hermosa y talentosa, al igual que comprensiva, novia de un auténtico pez gordo.

Ahora Trevor podía darse el lujo de darle a Meghan unas cuantas migajas de su agobiante pila de guiones. Cuando menos eso haría que dejara de fastidiarlo con que le diera un papel en una de sus producciones. Dos clientes, Marcus Dunstan y Patrick Melon, los escritores detrás de las películas *Juego del Miedo IV, V y VI,* habían armado un filme de 90 minutos titulado *The Candidate,* basado en un cuento corto de Henry Slesar. Meghan entró al reparto como la secretaria, en una escena donde exhibía un sobre hermosamente escrito a mano: una broma personal sobre sus habilidades caligráficas.

Luego Trevor encontró un pequeño papel para ella en *Recuérdame,* un melodrama estelarizado por el galán británico Robert Pattinson que abordaba un tema relacionado con el 11 de septiembre. La película, que se rodaría en junio, fue escrita por su cliente Will Fetters y resultó el mayor éxito del productor hasta la fecha, tanto en taquilla como en *ratings.* Podría ser que Meghan sí fuera su amuleto de la suerte.

No es que ella lo haya pensado así. En ese mismo año, en enero de 2010, la joven actriz empezó un blog anónimo al que llamó Working Actress, donde describía con detalles a menudo desgarradores la vida de una actriz que trabaja ocasionalmente. En una publicación escribió: «No voy a mentirles. He pasado muchos días acurrucada en la cama con una hogaza de pan y un poco de vino, regodeándome sola en mi autocompasión. Es horrible y ridículo». Describió cómo se sentía que se eliminaran de una película las pequeñas escenas en las que había actuado, el interminable rechazo, las maliciosas compañeras actrices en las audiciones y los rodajes fallidos. «Lo único que haces es predisponerte para el sufrimiento», comentó acerca de esta, la más demandante de las profesiones. Aunque su blog, que cerró abruptamente en 2012, era anónimo, el *Daily Mail* informó en febrero de 2018 que compañeros blogueros y actores habían confirmado que ella era la autora.

«Sí, definitivamente fue Meghan Markle quien lo escribió», dijo el actor Lance Carter, quien se comunicó con ella antes de reproducir una de sus publicaciones en su propio sitio.

Poco después de iniciar el blog en 2010, Meghan estaba lista para su gran oportunidad. Actuaría junto al comediante Jason Sudeikis en la comedia *Quiero matar a mi jefe*. En su escena de 35 segundos representó a una chica de FedEx que es objeto de los extraños intentos de Sudeikis por conquistarla, diciendo que es demasiado «linda» para ese trabajo. Eso fue todo. Si parpadeas ni siquiera te darás cuenta de su presencia. Sin embargo, sí logró conocer a su ídolo de la pantalla: Donald Sutherland, quien representó a Jack Pellit en la película. «Estaba tan emocionada de trabajar con él», dijo entusiasmada en su blog Working Actress. «La mujer del departamento de peinados me dijo que era una joya y que lo amaría, así que, cuando lo conocí (y a su personalidad tan gallarda), le dije: "Señor Sutherland, me enteré de que me enamoraría de usted antes de la hora del almuerzo". Lo que le dije lo hizo reír y eso rompió el hielo. Y me resistí a la enorme tentación de ponerme a gritar como adolescente».

A pesar de gozar de su momento como fan, tuvo que reconocer que este era apenas otro trabajo de actuación que aprovechaba exclusivamente su aspecto y atractivo sexual. Era tiempo de recalibrar. Se acercaba a los 30, una edad en la que en Hollywood, un sitio tristemente conocido por ser cruel, pronto se le consideraría vieja. Si no tenía cuidado, su agente le estaría lanzando indirectas sobre cambiar su fecha de nacimiento en su currículum.

Otra temporada de *castings* había pasado de largo y su diario no mostraba nada aparte de una serie de audiciones. Era difícil no sentirse desalentada, en especial cuando se enteraba de los éxitos de sus contemporáneas. Aquellos cinco años habían pasado y no había logrado dar ese salto extra.

Era tiempo de buscar entre la colección de aforismos de Trevor. Junto con aquel de «darle cinco años» había otro favorito:

«Este no es un negocio para el que se cansa con facilidad. Terminarás comprándote una isla o exiliado en ella».

Meghan se ajustó la falda, enfocó su atención y entró en la siguiente sala de audiciones. Aún no estaba lista para quedar a la deriva.

Primera sección de imágenes

Arriba: Después de graduarse de la Fairfax High School en Los Ángeles, Doria Ragland (extrema derecha, segunda fila) trabajó para su padre, Alvin Raglan, en su negocio de antigüedades. Después ingresó al departamento de maquillaje de ABC Studios. Fue allí donde conoció a su futuro esposo, Thomas Markle, quien posteriormente fue director de iluminación para la telenovela de larga duración *General Hospital*.

Izquierda: Thomas Markle en su fotografía de preparatoria en 1962, cuando tenía 18 años. Poco después de graduarse se dirigió a las Montañas Pocono, donde trabajó en teatros locales. Después se mudó a Chicago para perseguir su ambición de trabajar en iluminación teatral.

Arriba: El 23 de diciembre de 1979 la demócrata afroestadounidense, Doria Ragland, se casó con el republicano de Pensilvania, Thomas Markle, en el Self-Realization Fellowship Temple en Hollywood.

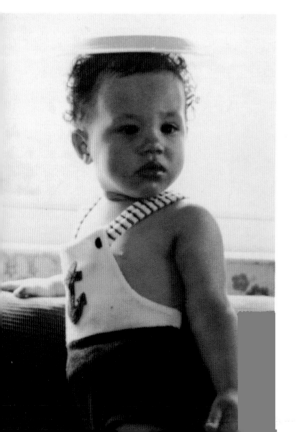

Izquierda: Meghan, entonces una bebé de dos años, fue fotografiada en interminables ocasiones por su amoroso padre. Pero, poco después de que se tomó esta imagen, Doria y Thomas se separaron.

Arriba: Aquí vemos a Meghan, que entonces tenía cinco años, con Doria, quien trabajaba como agente de viajes y que a menudo la llevaba con ella a México y Jamaica.

Abajo: Meghan en brazos de su abuelo, Alvin Ragland, junto a su tía Saundra, en una reunión familiar, mientras Tom Markle, hijo, su medio hermano, tira de su cola de caballo. Sentadas están su madre Doria (izquierda) y su abuela Jeanette (derecha).

Izquierda: Meghan, con cinco años, canta *The Wheels on the Bus* en su escuela particular, la Little Red School House, en Hollywood. La incipiente actriz apareció en numerosas producciones escolares, incluyendo *West Side Story* y *How the Grinch Stole Christmas.*

Abajo: Meghan en la fiesta por el noveno cumpleaños de Ninaki Priddy en 1990. Eran tan buenas amigas que ambas familias las consideraban como hermanas.

Siguiente página, arriba: Meghan, alrededor de los siete años, con su tío Fred Markle (izquierda), ahora obispo presidente de la Iglesia Ortodoxa Oriental; su padre, Tom Markle, y su abuela Doris. Meghan adoraba a su abuela y la visitaba con regularidad en su residencia de retiro en Glendale.

Abajo: Tom Markle, padre, trabajó como director de iluminación para la comedia televisiva *Married... with Children.* Con frecuencia Meghan invitaba a sus amigos, a quienes se ve aquí en una visita al set con David Faustino, protagonista de la serie.

Arriba, izquierda: Meghan en séptimo grado, en 1993, al inicio de su primer año en Immaculate Heart, una secundaria católica femenina del área de Los Feliz, en Los Ángeles.

Arriba, derecha: Meghan en octavo grado en agosto de 1994. Ese año trabajó por primera vez como voluntaria en la Cocina Hippie, pero la experiencia le provocó «mucho miedo». Regresaría allí cuatro años después.

Abajo: La Immaculate Heart High School donde asistía Meghan estaba a unos cuantos minutos a pie de su casa en Los Feliz. Aquí se le ve bromeando con sus amigas de la escuela.

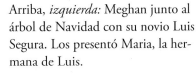

Arriba, *izquierda:* Meghan junto al árbol de Navidad con su novio Luis Segura. Los presentó Maria, la hermana de Luis.

Arriba, derecha: Meghan y su compañera Cecilia Donnellan posan para la cámara en el baile de Navidad del último año en diciembre de 1998.

Izquierda: Durante el tiempo que asistió a Immaculate Heart, Meghan apareció regularmente en puestas en escena y la fotografiaron con frecuencia para los programas y anuarios. En esta imagen porta el distintivo anillo de graduación estilo art déco de Immaculate Heart.

Arriba: Profética fotografía de Meghan y su mejor amiga, Ninaki Priddy, en el exterior del Palacio de Buckingham durante un viaje de verano a Europa en 1996.

Abajo: Meghan y su padre Tom Markle, quien entonces era director de iluminación, disfrutando del sol en un pícnic escolar. Él la adoraba y pasaba horas poniendo las luces del escenario para las muchas presentaciones de su hija.

Arriba: Meghan y sus compañeros actores reciben una ovación de pie de su elogioso público en la St. Francis High School.

Abajo: Meghan, quien protagonizó a Yocasta en la tragedia griega *Edipo Rey*, besa a Edipo, interpretado por Alejandro Santiago Fresquez, en el dramático acto final. La obra, que se escenificó en la Flintridge Preparatory School en La Cañada Flintridge, fue un éxito de taquilla, principalmente debido a que Meghan, la reina del baile de bienvenida, era la estrella.

Abajo, derecha: Meghan, como Yocasta, expresa entre lágrimas su desesperación al darse cuenta de que cometió incesto con su hijo.

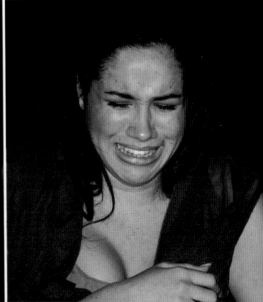

Arriba: Los jóvenes actores toman un descanso entre ensayos. Meghan se monta sobre la espalda de un sonriente Danny Segura, hermano menor de su novio Luis, mientras Brent Giannotta, quien representaba a un pastor, finge atacarlos con su báculo.

Abajo: Meghan, quien fue reina del baile, sonríe de oreja a oreja en el baile de bienvenida de la St. Francis High School. Aquí baila muy acaramelada con Giancarlo Boccato.

Derecha: El día de su graduación, que se llevó a cabo en el Hollywood Bowl en el verano de 1999, Meghan cosechó una multitud de premios de aprovechamiento académico y servicio comunitario.

Abajo: Meghan personalizó su habitación en el campus de la Universidad Northwestern pintando las paredes de colores vívidos. Antes de regresar las llaves, tuvo que volver a pintar los muros con el blanco estándar.

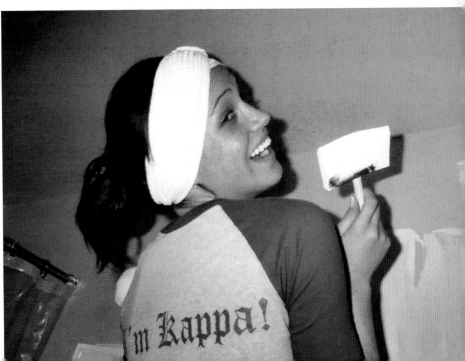

Arriba: Después de que Meghan se graduó de la universidad, ella y su amiga Ninaki Priddy hicieron un viaje por carretera de regreso a Los Ángeles, deteniéndose en el Hotel Bellagio de Las Vegas, escenario de su película favorita, *La gran estafa.*

Izquierda: Meghan tras bambalinas en *Vas o no vas,* con uno de los atuendos menos reveladores y más cómodos que vistió en el programa.

Arriba: Meghan y su esposo, el productor cinematográfico Trevor Engelson, disfrutando de un descanso en una isla griega. Trabajaban mucho y se divertían mucho. Engelson presumía que incluso en el avión estaba trabajando. «Pero siempre me divierto mucho más que las demás personas que conozco».

Abajo: Megan y su marido, Trevor Engelson, disfrutan de una cena a la luz de las velas durante unas vacaciones románticas en la isla de Santorini, situada en el Mediterráneo.

Izquierda: En 2008, cuando Meghan apareció como Amy Jessup, la joven agente del FBI en el melodrama de ciencia ficción, *Fringe*, del director J. J. Abrams, esperaba tener un papel duradero en la serie. El hecho de que apareciera en solo dos episodios fue una decepción que se sumaría a las muchas que enfrentó como actriz incipiente.

Abajo: Los productores de *Suits* contrataron a Gina Torres (izquierda) como la socia fundadora del bufete legal ficticio, a Rick Hoffman como su taimado colega Louis Litt, a Meghan Markle como la sofisticada asistente legal Rachel Zane, a Gabriel Macht como el abogado estrella Harvey Specter y a Patrick J. Adams como el brillante abogado Mike Ross, el objeto de los afectos de Rachel.

Página siguiente: En 2011 Meghan obtuvo su gran oportunidad en el melodrama legal *Suits,* una serie televisiva en la que la ropa de diseñador era tan importante como el guion. La apariencia elegante y sofisticada de Meghan atrajo a un enorme grupo de seguidores. Su pelo era tan importante para el personaje de Rachel Zane que el contrato la obligaba a llevarlo suelto frente a las cámaras.

Izquierda: En la cena de Elle Women in Televisión en enero de 2013, Meghan estuvo acompañada de Nicole Richie, Ellie Kemper y Erika Christen sen para celebrar la labor de las mujeres en televisión.

Derecha: El estilo espontáneo, confiado y elegante de Meghan puede verse en esta imagen mientras posaba frente a los fotógrafos en Toronto, en enero de 2012.

6

Una estrella hecha a la medida

⟨⟨⟨⟨

R achel Zane era una mujer imposible. Era imposible seleccionar a la actriz correcta, era imposible representarla,
era imposible siquiera nombrarla. Sexi pero inaccesible,
Rachel Zane era un personaje creado como heroína romántica
en un nuevo programa que era tan nuevo que ni siquiera habían
determinado el título. Había opiniones divididas. Algunos ejecutivos de la cadena USA, que desarrollaba el programa en 2010,
preferían *A Legal Mind*. Otros pensaban que el título *Suits* estaba
hecho a la medida para una oficina llena de ingeniosos abogados
elegantemente vestidos. Ganó el segundo. Esa fue solo una de las numerosas batallas diarias para darle al programa una identidad propia.
El elenco y la química entre los actores eran esenciales para darle un
toque especial. Patrick J. Adams era perfecto para el papel de Mike
Ross, el genio legal con memoria fotográfica que no había podido
costear los estudios de derecho porque estaba pagando para mantener a su abuela enferma en un asilo costoso. Los ojos del actor fueron la clave para que obtuviera el papel: penetrantes ojos azules con
largas pestañas. Por lo demás, era el chico promedio que podría ser
tu vecino. Combinaba inteligencia con la suficiente deshonestidad
como para encarnar el papel del brillante estudiante universitario
que dejó los estudios y que se gana la vida pasando exámenes de
ingreso a la Facultad de Derecho para otros estudiantes.

Después de varias semanas de audiciones, el 7 de julio habían firmado contrato con la estrella del programa televisivo *The*

113

Others, Gabriel Macht, como el abogado principal Harvey Reginal Specter, al igual que con Rick Hoffman como el engañoso socio Louis Litt, y Gina Torres, quien representaba a la mordaz socia Jessica Lourdes Pearson.

Les faltaba un personaje: el papel de Rachel Zane. Era una asistente legal inteligente, de clase alta y elegante, a la que le tenían tanta consideración en el bufete ficticio como para que tuviera su propia oficina, mientras que varios de los abogados ficticios seguían trabajando en la oficina general. Tenía que ser sexy sin exagerar, segura de su propio poder como mujer, pero con una cierta vulnerabilidad, como lo demostraba el hecho de que no pudiera aprobar el LSAT, que es el examen que determina la elegibilidad para ingresar a la Facultad de Leyes. Los productores del programa buscaban a una mujer que fuera dura y con mucha actitud, pero que al mismo tiempo fuera encantadora.

«Era una pesadilla seleccionar a la actriz adecuada», recuerda uno de los ejecutivos del estudio. «Y entonces llegó Meghan Markle». Como alguna vez la afamada directora de *casting* April Webster le dijo que usara «menos maquillaje y más Meghan» cuando fuera a las audiciones, Meghan se vistió con ropa sexy-profesional-casual para la prueba de cámara para el papel. Un poco tarde se dio cuenta de que la blusa color ciruela con tirantes de espagueti, los *jeans* negros y los tacones altos que llevaba eran más apropiados para una abogada soltera en busca de romance que para una atractiva asistente legal con un conocimiento enciclopédico del Derecho.

Antes de su audición, Meghan entró a toda prisa en una tienda H&M, eligió un simple vestido negro que le costó 35 dólares y regresó corriendo al estudio. Ni siquiera tuvo tiempo de probárselo para ver si le quedaba. Los productores del entonces titulado *A Legal Mind* le pidieron que se probara el nuevo vestido antes de tomar la prueba de cámara. Fueron los 35 dólares mejor gastados. Como le contó Aaron Korsh, creador del programa, al escritor

Sam Kashner: «Nos vimos unos a otros [después de la prueba de cámara de Meghan] como diciendo: "Wow, esta es la correcta". Creo que es porque Meghan tiene la capacidad de ser lista e ingeniosa sin perder la dulzura».

Con la selección de Meghan Markle, el personaje de Rachel Zane cobró vida. Originalmente, la asistente legal inteligente y bella se llamaba Rachel Lane, pero el departamento de autorizaciones sintió que el nombre era demasiado similar al de una persona real. En lugar de ello, eligieron el apellido de la directora de *casting* del programa, Bonnie Zane, como un cumplido de parte de los productores hacia la legendaria profesional de Hollywood por su trabajo en el programa.

La verdad es que Meghan no era una elección segura para el papel. Con 30 años, en teoría era demasiado vieja como para representar a una joven asistente legal, y la multirracial Gina Torres, que representaba a la socia Jessica Pearson, ya cubría la necesidad del programa en cuanto a contar con «diversidad étnica».

La principal rival de Meghan era una actriz canadiense más experimentada, rubia y de ojos azules, llamada Kim Shaw. Para ese momento, Meghan había aprendido a manejar sus expectativas y a no tomar demasiado personalmente los rechazos. Tenía la piel demasiado clara, demasiado oscura, era demasiado delgada o demasiado de una cosa u otra para muchísimos papeles.

Meghan no se sintió muy bien con su audición y desde su automóvil llamó a su agente Nick Collins en la Agencia Gersh. Le dijo que no había podido entender sus líneas. Eran un trabalenguas y esa había sido la peor audición de su vida. «No creo que haya hecho un buen trabajo y necesito regresar», dijo llorando a mares. «De verdad quiero ese papel». Como después le contó Meghan a *Marie Claire,* en 2013, su agente ya había oído esto de muchos de sus clientes y su respuesta siempre era la misma: «No hay nada que yo pueda hacer. Simplemente concéntrate en tu siguiente audición».

De nuevo sintió ese momento de: «¿Por qué me estoy sometiendo a esta tortura?». Tenía un título universitario importante, un currículum impresionante, buenos contactos; no necesitaba someterse a esa presión todos los días. Pero esto tenía una inevitabilidad que a Meghan le costaba resistir. Como alguna vez dijo en una entrevista con Al Norton: «Si creces en un pueblo con minas de carbón, es probable que te dediques a minero. Crecí en la industria y siempre estaba en el estudio por mi papá, así que para mí era natural ser actriz».

A pesar de sus considerables dudas, intentó conservar el optimismo yendo a clases de yoga y meditando para mantenerse firme. Mientras tanto, fue a las demás audiciones, aunque ninguna de ellas le inspiró tanto como *A Legal Mind*. En su corazón sentía que el papel sería perfecto para ella. Y el hecho de que el personaje tuviera su primer nombre, Rachel, añadía ese algo adicional: era el destino.

Meghan no lo sabía; creía que había arruinado la audición, pero detrás de escena los ejecutivos estaban ocupados redactando el contrato para el piloto, si la cadena lo aprobaba. Como ella misma recuerda: «No tenía idea de que […] les había encantado mi actuación. Les encantó mi enfoque de Rachel y estaban armando un trato que proponerme. Fue una buena lección en cuanto a perspectiva. Creo que siempre seremos nuestros peores críticos».

Los mandamases de la cadena USA habían elegido a Markle en lugar de Shaw, seleccionándola formalmente el 24 de agosto de 2010. Como explicó Jeff Wachtel, quien entonces era el copresidente de la cadena USA: «[Shaw] era un poco más tradicional, con ese tipo de chica rubia común; [la decisión] fue difícil porque ambas eran realmente buenas. Meghan tenía un cierto tipo de brillo y era un poco más urbana, un poco más cosmopolita».

El factor decisivo fue cómo querían que se desarrollara la relación entre Rachel y Mike. Como le dijo Wachtel al *Hollywood Reporter* en 2017: «Una de las cosas que necesitábamos al principio con *Suits* era que el personaje de Patrick se presentara como el tipo más deseable de la ciudad: es inteligente, tiene memoria fotográfica y se labra un camino a través de la simulación hasta convertirse en abogado; entonces se topa con una chica que resulta ser el amor de su vida. Necesitábamos a alguien que tuviera una verdadera autoridad para ponerle un hasta aquí y seguir siendo la persona más fabulosa del mundo. Y de inmediato lo lograron. Fue muy divertido».

Meghan seguía acudiendo a audiciones cuando sonó su celular con una llamada de su agente en la que le informaba que la habían incluido en el elenco para el piloto de la serie *Suits* y que empezarían a filmar en otoño en Nueva York. Estaba encantada, pero también cautelosa. Después de todo ya había recorrido antes esa misma ruta, en especial con *The Apostles*. En ese entonces había tenido la confianza de que ese programa sería su gran oportunidad. Luego de ocho años yendo de audición en audición, ¿finalmente había llegado su golpe de suerte? Haber sido seleccionada le consiguió un breve artículo en el *Hollywood Reporter*, en el que señalaban su papel sin crédito en la comedia de 2010 *Todo sobre mi desmadre*.

Cuando inició con una lectura estándar del guion, fue obvio que Meghan y Patrick generaban química, esa cualidad huidiza que en el medio del espectáculo es equivalente a un rayo dentro de una botella. Era vital que hubiera chispa entre ellos, pues los altibajos de su historia de amor serían el arco argumental a lo largo de la serie, si es que la cadena la aprobaba.

En el otoño de 2010 Meghan voló a Nueva York para filmar el piloto de 90 minutos. Luego del momento inicial de euforia por haber ganado el papel, la realidad había cobrado relevancia. Ya había filmado cinco pilotos, uno para ABC con su actual coprotagonista Patrick J. Adams, y ninguno había llegado a nada. Quizás él era su amuleto de la mala suerte. Como después señaló: «[Un piloto] es como tu bebé, y entonces esperas y esperas para ver si lo eligen, y es una cosa difícil de dejar ir. El piloto con el que tenía más apego fue el de *The Apostles,* que fue el primero que hice. Probablemente sea una especie de revisionismo histórico, pero ahora al recordarlo pienso que esa serie hubiera sido maravillosa. Pero ¿quién sabe?».

En su primer día de filmación, la normalmente ecuánime Meghan estaba un poco nerviosa. Aunque había crecido dentro de los estudios y no era ninguna novata en cuanto a producciones televisivas, una cosa era sentarse detrás de escena mirando la acción o pasearse por ahí como una actriz con un papel pequeño, y otra muy diferente era estar en el centro del escenario. No obstante, todas esas horas después de la escuela que pasó en los estudios, observando la interacción de actores y equipo le habían enseñado cómo comportarse en el set. Era encantadora con todos, desde los tramoyistas hasta el director de iluminación. Había cierto grado de interés personal, puesto que Meghan había aprendido de su padre que la colocación de un reflector podía mejorar o deformar ligeramente una cara bonita, y que parte de esa colocación dependía de la buena voluntad de los asistentes.

A Meghan se le recuerda como jovial y cálida, parlanchina pero buena para escuchar a los demás, como alguien que no dominaba las conversaciones en el estudio. Sabía trabajar en equipo e irradiaba una dulce inteligencia, guardándose la parte más firme y ambiciosa de sí misma para las interacciones importantes en escena con Patrick J. Adams.

En un programa que se volvió famoso tanto por la ropa de moda como por su línea argumental, la visión de Jolie Andreatta, la diseñadora de vestuario, acerca del *look* en pantalla de Meghan era crucial. Posteriormente recordaría: «Rachel es clásica en sentido estricto, con un toque de rebelión. Su estilo es discreto y con su bonita figura lo logra a la perfección».

Cuando Meghan regresó de Nueva York, Trevor la llevó a un centro vacacional de playa en Belice para tomar unas vacaciones. Fue allí, en medio de la vegetación tropical y las reconfortantes olas, que le pidió matrimonio a la mujer que había sido su novia durante seis años, al deslizar en su dedo un anillo con un solitario corte princesa. Meghan estaba emocionada. «A los dos les brillaban los ojos al mirarse», recuerda una amiga. «Estaban muy enamorados».

Meghan estaba comprometida con el que había sido su novio desde hacía mucho y estaba en un piloto que tenía buenos augurios. Estaban en pláticas serias de una serie para televisión. Al fin su sueño de Hollywood se estaba volviendo realidad. Como me contó su medio hermano Tom: «Meg estaba ascendiendo, se casaría con un hombre que tenía una compañía productora y ahora ganaba buen dinero».

Todos aquellos rumores en el set se convirtieron en una feliz realidad cuando en enero del 2011 la cadena USA le dio luz verde a la primera temporada. Las filmaciones comenzarían el 25 de abril en Toronto. Al fin, después de años de audiciones que no llegaban a ninguna parte, de papeles que terminaban en el piso de la sala de montaje y, lo que era más descorazonador, de pilotos que nadie elegía, Meghan tenía una serie. El único lado negativo era que tendría que tomar un vuelo de cinco horas si quería ver a su prometido que estaba en Hollywood. Pero como ella y Trevor tomaban aviones como otras personas toman taxis, el sacrificio valdría la pena. Ambos eran jóvenes ambiciosos; en cualquier caso, Trevor estaba más motivado por el éxito que Meghan. Él entendía que esta era una oportunidad que ella no podía perderse.

Sin embargo, su gozo se vio apagado por la pena. Mientras se preparaba para la serie, su madre le telefoneó para informarle que Alvin Ragland, su abuelo de 82 años, se había tropezado con la correa del perro cuando lo sacó a pasear y se había caído. Se golpeó la cabeza contra el pavimento y murió el 12 de marzo a consecuencia de sus heridas. Meghan recordaba a Alvin como todo un personaje: era un entusiasta de las antigüedades que inspiró la fascinación de su nieta por las cosas buenas de la vida. En la repartición de los bienes, Doria heredó su casa de estuco verde de un piso en la zona que se conoce como el «Beverly Hills negro». Estaba cerca de la Universidad del Sur de California, donde, a finales de la primavera, ya como una estudiante madura, Doria terminaría su maestría en Trabajo Social. Su hija estaba eufórica, probablemente más que su madre. En junio, Meghan contempló orgullosa a su madre cuando obtuvo su título sobre un escenario improvisado en una de las muchas ceremonias de graduación que se realizaban en el extenso campus. Considerando las dificultades que había enfrentado su madre, los problemas en su preparatoria luego del terremoto de San Fernando en 1971 y los empleos informales que había desempeñado para ganarse la vida, su logro era un verdadero triunfo personal, una muestra de su inteligencia y determinación.

El primer episodio de *Suits* se transmitió el 23 de junio con críticas favorables en general y, sobre todo, con una audiencia entusiasta. Los protagonistas, el equipo y los inversionistas en la cadena estaban eufóricos, mientras que los productores estaban entusiasmados por el hecho de que su apuesta por contratar a Meghan como contraparte de Patrick hubiera dado un resultado más que satisfactorio, ya que los *fans* del programa estaban encantados con la química de la pareja en la pantalla.

Su química fuera de la pantalla era igualmente notable, casi a un grado incómodo, según los invitados que estuvieron en la boda de Meghan y Trevor, que se llevó a cabo en septiembre de 2011. Era obvio que ambos actores habían desarrollado un lazo de familiaridad que es invariablemente el corolario de trabajar de manera tan personal durante tanto tiempo y con tanta intensidad. Patrick J. Adams tenía otra perspectiva sobre su interacción en esa época. Posteriormente le contó a la escritora Lesley Goldberg: «En cierto sentido, Meghan y yo éramos los más cercanos porque éramos los más jóvenes del elenco y los que teníamos menos experiencia. Crecimos juntos durante el programa».

Patrick podría haber mantenido su distancia si hubiera sabido que la habían contratado para representar a una calculadora asesina en serie en un episodio del simpático programa de crímenes *Castle,* titulado «Había una vez un crimen», que filmó mientras *Suits* estaba en un periodo de descanso. Como la Bella Durmiente, el personaje de Meghan planeaba una compleja serie de asesinatos con temas relacionados con cuentos de hadas. Donna Rosenstein, su eterna defensora, fue quien la contrató para el papel.

Para Meghan, filmar su primera temporada de *Suits* resultó más estresante que organizar su boda. Después de elegir el Jamaica Inn en Ocho Ríos, un sitio idílico con balcones con vista al mar, delegó la organización a una coordinadora de bodas del hotel, quien se encargó de todos los detalles de la celebración. En vista de la frenética vida que llevaban Trevor y ella, eso le salvó la vida. Lo único de lo que tenía que preocuparse era de la lista de invitados, de elegir las flores, acordar cuál sería el menú y empacar uno o dos bikinis. Ah, y de su vestido blanco sin tirantes.

Tres semanas antes de su boda, Trevor se presentó en un podcast poco conocido donde habló de su carrera con dos viejos amigos, Kristian Harloff y Mark Ellis. Su actitud despreocupada y autocrítica —contó una historia sobre cómo lo había regañado uno de los agentes de mayor jerarquía en Endeavor por pararse demasiado lejos del orinal porque temía «salpicarse» su «traje de héroe», un traje Canale italiano que era su favorito— difería mucho de la de su futura esposa, como señalaron las antiguas colegas de Meghan en *Vas o no vas*, quienes la describían como reservada y considerada. El podcast llamado *The Schmoes Know** se transmitía en vivo, lo cual significaba que durante el programa se podía ver a Trevor en cámara bebiendo de un ánfora grabada, que por cierto le había regalado Meghan. Ella le envió un mensaje de texto diciéndole «Baja el ánfora, se ve increíblemente poco profesional». Cuando uno de los *Schmoes* sugirió que trajeran a Meghan al programa, Trevor dijo: «Vete a la mierda, ella es importante». El podcast insinuaba las diferencias en sus personalidades. La personalidad indiscreta, despreocupada y desenfadada de Trevor estaba en agudo contraste con Meghan, que era excesivamente protectora de su marca personal, siempre ansiosa de proyectar un aire de sofisticación y estilo.

Es posible que en ocasiones haya sentido que Trevor tenía una actitud incómodamente relajada e impetuosa, en especial ahora que su fama aumentaba después de que habían elegido a *Suits* para una segunda temporada. Esta era una causa para celebrar, pero también era fuente de incertidumbre, ya que, de nuevo, los recién casados tendrían que viajar grandes distancias, viéndose cada dos o tres semanas, dependiendo de si Trevor tenía juntas o si había hecho arreglos para ver a su familia, que vivía en Long Island. Su boda sería una oportunidad poco frecuente de soltarse el pelo y la pareja estaba decidida a disfrutar del largo fin de semana de fiestas —que incluía carreras de carretillas en la playa—, que culminaría con una ceremonia de 12 minutos que se convirtió en el tema principal de la columna «Hitched, Harched, Hired» del *Hollywood Reporter*.

Con el océano como fondo, la pareja intercambió los votos que ellos mismos escribieron, en los que se juraban amarse y cuidar el uno al otro. Una de las damas de Meghan nos cuenta: «Fue una boda tan conmovedora… empecé a llorar en el instante en que la vi con su vestido». Aunque se casaron oficialmente en Los

* N. de la T.: en español «Los tontos saben».

Ángeles en una breve ceremonia civil, esta era la verdadera celebración para familiares y amigos, completa con un emocionante coro de la tradicional canción judía *Hava Nagila,* cantada mientras la novia y el novio eran levantados en sillas por arriba de las cabezas de los invitados.

Cuando regresaron de su celebración en Jamaica, Trevor y Meghan pudieron pasar juntos más tiempo antes de que iniciaran otra vez las grabaciones en Toronto. También era bueno que pudiera disfrutar de un breve descanso, porque su padre necesitaba su apoyo. Durante los últimos meses Tom había estado atendiendo a su madre Doris, que cada vez era más anciana y que había viajado de su casa en Florida para quedarse con su hijo en Los Feliz. Como su hogar estaba cerca de los estudios de ABC TV, donde trabajaba, Tom podía visitarla durante el día para ver si estaba bien. Tristemente, a medida que su pérdida crónica de memoria se fue transformando en una demencia franca, esta opción ya no fue práctica. La gota que derramó el vaso fue cuando por distracción dejó una sartén sobre la estufa y provocó un pequeño incendio en la cocina. Cuando Tom llegó a casa, encontró al departamento de bomberos y a los paramédicos en la escena.

La única opción era internarla en una institución especializada, por lo que la llevó al Broadview Residential Care Center, un asilo de costo asequible en Glendale, en el área de Los Ángeles. Una vez que concluyó la primera temporada de *Suits,* Meghan la visitaba tanto como podía, conduciendo casi 20 kilómetros desde su acogedora casa en Hilldale en West Hollywood para ver a su abuela. Le leía, le cepillaba el pelo y hacía sencillas artesanías con ella. A medida que ella se fue internando más en el crepúsculo de la demencia, Doris ya no reconocía a su hijo Tom ni a su nieto, Tom hijo. Sin embargo, los ojos le brillaban cuando escuchaba la voz de Meghan y sentía su contacto tranquilizador. «Con su demencia, mi abuela se empezó a comportar extrañamente conmigo y con mi papá, pero siempre estaba bien con Meghan», recuerda Tom, el hermano de la actriz. «Pude ver el lado privado de Meghan como una persona genuinamente atenta y amorosa. Tenía una relación asombrosa con Doris, aunque ella ya no supiera muy bien quién era».

En octubre, Meghan y Trevor caminaron por la alfombra roja en la cena de entrega de premios a la industria del entretenimiento de la Liga Antidifamación en el Hotel Beverly Hilton, que era el evento de mayor nivel al que Meghan hubiera asistido alguna vez. Pero lo más importante es que fungiría como maestra de ceremonias de esa noche. Se vistió, como era de esperarse, con un sencillo vestido de coctel de Stella McCartney, mientras que Trevor, que sonreía orgulloso, se presentó con su estilo habitual ligeramente descuidado. Interactuaron con otras celebridades y Meghan estaba resplandeciente. Iba camino al éxito.

Meghan siguió visitando a su abuela enferma en el asilo. Tom y su hijo solo podían ir los fines de semana, pero Meghan acudía con frecuencia durante la semana. A medida que Doris fue empeorando, Tom padre mandó boletos de avión a sus hermanos para que se despidieran de su madre. Doris murió el 25 de noviembre de 2011, con Trevor y Meghan presentes en su funeral. Fue la primera vez que la mayoría de los Markle se encontraron con el productor de televisión. El hermano de Meghan comentó: «Estaba completamente enamorada y parecía muy feliz cuando los vi juntos, a pesar de las tristes circunstancias. Se veían muy felices juntos».

Estas reuniones familiares fueron pocas y muy distantes entre sí. La última vez que Meghan había visto a su media hermana Yvonne, quien se cambió de nombre a Samantha, fue cuando ella y Tom padre viajaron a Albuquerque para su graduación universitaria. «Era encantadora, muy educada y dulce», me comentó Roslyn, la primera esposa de Tom, acerca de la visita de Meghan. Durante la ceremonia de graduación Meghan se sentó junto a

Noel, la hija preadolescente de Samantha, y entabló plática con la niña; después posó para las fotos, sonriendo y tratando de que todos se sintieran a gusto.

Fue la última vez que Meghan vería a sus parientes Markle y también dejó atrás a Trevor cuando voló a Toronto para establecerse en su nueva vida, rodando durante nueve meses la exitosa segunda temporada del programa. Por supuesto que la pareja conversaba por Skype y Facetime, pero era desgastante estar separados, en especial durante el largo y gris invierno canadiense. Meghan hizo su mejor esfuerzo por darle una vibra de California a su casa rentada en Summerhill, aclarando los colores de las paredes e intentando transmitir una sensación brillante y espaciosa en medio de ese ambiente frío y plomizo. Velas, plantas frondosas y, por supuesto, sábanas blancas estilo hotel con alto conteo de hilos de algodón, ayudaron a darle un toque de Hollywood a Toronto.

Tal vez haya hecho frío afuera, pero en el set se podía sentir el calor en el floreciente, aunque a menudo frustrado, romance entre Rachel Zane y Mike Ross. Esta relación amorosa impulsaba el creciente éxito de *Suits* al mismo nivel que los giros maquiavélicos del argumento acerca del bufete legal y sus clientes. En la pantalla se podía ver cómo volaban las chispas entre Rachel y Mike, cautivando a los espectadores, en especial después del final de la segunda temporada que llegó a su clímax cuando los personajes tuvieron candente sexo en la sala de archivos de la firma legal ficticia. Los fans se habían involucrado realmente en la historia de la pareja ficticia. Adams recuerda un encuentro casual con un excursionista suizo que se había torcido el tobillo mientras viajaba como mochilero por Nueva Zelanda. Cuando Adams, que estaba de vacaciones, se acercó para ayudarlo, el joven se olvidó de sus heridas y le dijo al actor lo mucho que deseaba que Mike y Rachel «resolvieran su situación».

La intimidad en pantalla llevó a especulaciones de que la pareja había caído en la misma trampa que muchas coestrellas: Elizabeth Taylor y Richard Burton, Angelina Jolie y Brad Pitt, Daniel Craig y Rachel Weisz. De hecho, el canadiense Adams se había enamorado de una antigua coprotagonista, Troian Bellisario —hija de los productores Deborah Pratt y Donald P. Bellisario— quien actuó con él en la obra de 2009 *Equivocation*. Se enamoraron, pero luego de un año rompieron y Bellisario siguió con su vida, obteniendo un papel en la primera temporada de *Pequeñas mentirosas*. En una artimaña que Mike Ross, su personaje de *Suits*, hubiera aprobado, Adams ideó un plan para recuperar a la heredera del mundo del espectáculo. En secreto aceptó un pequeño papel en *Pequeñas mentirosas* y luego se encontró con su sorprendida exnovia en el set durante la lectura del guion. Su maniobra funcionó y la pareja se reunió, comprometiéndose en 2014 para casarse finalmente en 2016.

Aunque el romance de «lo harán o no lo harán» entre Rachel y Mike dotaba al programa de tensión sexual, fue el otro hombre en la vida de Rachel Zane, su padre —un poderoso abogado rival, representado por el actor afroestadounidense Wendell Pierce—, quien realmente captó la atención de algunas de las cuatro millones de personas que formaban la audiencia del programa.

A medida que se desarrolla la historia, nos enteramos de que Rachel, para gran decepción de su exitoso y rico padre, está atascada en un trabajo como asistente legal porque simplemente no puede aprobar el examen de leyes, el LSAT. Aunque el personaje tenía conflictos con su padre, fue el origen birracial de Rachel Zane lo que despertó la controversia, con espectadores tanto afroestadounidenses como blancos que estaban confundidos de que una joven que parecía tan blanca tuviera un padre negro. Uno de los fans preguntó si era adoptiva, en tanto que otros se mostraron más hostiles sobre el origen de la asistente ficticia. Aunque el presidente mismo de Estados Unidos era birracial, la decisión de los productores del programa de contratar a una mujer de raza mixta como el equivalente moderno de una mujer blanca convencional de clase alta, ayudó a inclinar un poco la balanza con respecto a los estereotipos raciales y las imágenes tradicionales de la belleza.

Mientras crecía la popularidad del programa, a Meghan y a sus colegas les pidieron que crearan un grupo de seguidores en redes sociales para ayudar con los *ratings*. Aunque nunca había oído de Instagram, Meghan terminó abriendo una cuenta y subiendo fotografías de su vida privada. Lo que inició como una obligación se convirtió en un hábito diario disfrutable y muy adictivo, con el que la actriz llegó a alcanzar un millón de seguidores para el momento en que cerró su cuenta. Su primera imagen del 24 de mayo de 2012 mostraba su guión de *Suits* para el episodio «Break Point»; un ejemplar de *Forbes*, la revista estadounidense de negocios, y el primer libro de la comentarista liberal de televisión Rachel Maddow, *Drift: The Unmooring of American Military Power*, acerca del aumento de la autoridad presidencial y la disminución del poder del Congreso. Con su debut en Instagram, Meghan demostraba ser una actriz inteligente al igual que bella, que se involucra y participa en el mundo que la rodea. Las publicaciones posteriores serían menos directas, presentaría su comida favorita, *selfies* interesantes, viajes al extranjero e imágenes de Toronto. Era una visión muy cuidada y calculada de su mundo privado.

Su participación en el mundo exterior no ocurría solo a través del filtro de Instagram. En febrero de 2012 Meghan formó parte de la campaña de la cadena USA contra el racismo, apareciendo en pantalla en *Characters Unite*, un premiado programa de servicio público que se creó para abordar las injusticias sociales y las divisiones culturales. Con una camiseta que tenía impresa la frase «I won't stand for racism»,* con la que alentaba a la gente a oponerse

---

* N. de la T.: «No toleraré el racismo».

al racismo, compartió sus experiencias de sentirse como convidado de piedra mientras las personas blancas contaban chistes de negros o hacían comentarios prejuiciosos.

En el terreno más personal, la actriz se ofreció como voluntaria para ayudar en un comedor comunitario de Toronto que atendía a los indigentes, el St. Felix Centre, que fue fundado por las Hermanas Felicianas. También preguntó a los productores de *Suits* si, al terminar el día de filmación, querrían donar la comida sobrante del *catering*, el servicio de alimentos para los actores y equipo durante las grabaciones. Estuvieron felices de acceder a su petición y la familia de *Suits* también hizo un donativo sustancial en efectivo a la organización de beneficencia para los indigentes.

También se instó al elenco y al personal para que formaran un vínculo y se volvieran una familia. Un set feliz es un set productivo. El resultado fue un grupo estrechamente unido de personas que visitaban lugares en bicicleta y que salían a tomar unas copas y a cenar, que jugaban juegos de mesa y bebían whisky «hasta altas horas de la noche», como recuerda un miembro del elenco. Los actores también pasaron juntos la fiesta de Acción de Gracias de Canadá y Meghan llevó su superlicuadora Vitamix para preparar sopas y cocteles para el grupo. Fue durante una de estas reuniones grupales que Meghan se sintió inspirada para tomar lo que resultaron ser sus vacaciones favoritas. Durante una conversación casual con su coestrella Gabriel Macht, él le contó que a su esposa y a él les encantaban las vacaciones en una casa rodante. Después de escuchar cómo se explayaba en detalles sobre un viaje a Nueva Zelanda, Meghan decidió seguir su ejemplo. Ella y Trevor rentaron también una casa rodante y pasaron dos semanas viajando por la escasamente poblada South Island de Nueva Zelanda. Fueron de excursión a los glaciares, visitaron las bodegas de vino en Marlborough y rentaron una casa de playa durante unos cuantos días.

Tiene un vívido recuerdo de la extraordinaria noche en que se detuvieron en un campamento en Akaroa, una pequeña villa junto a un volcán extinto. Como recordaba después al hablar con ZM radio en Nueva Zelanda: «Me estaba lavando el pelo y escuché algo, al abrir la cortina había un niño de 13 años que se había colado por debajo de la caseta y estaba tratando de robarme la ropa interior. Tomé mi toalla y, con la cabeza llena de champú, le grité: "¡¿Dónde está tu madre?!"». Encontré a sus padres y por supuesto estaban mortificados. Y hasta la fecha, Dios mío, ese niño estará sentado en su casa diciéndose: «¡Esa es la chica de *Suits* y la vi desnuda!». Por supuesto que ahora podrá presumir que vio en cueros a una princesa de Hollywood. A pesar de su encuentro con este voyerista en ciernes, considera esas vacaciones como uno de los mejores viajes de su vida.

Al regresar a casa, discutió con Trevor la posibilidad de aumentar su familia. Meghan quería un perro, así que un poco antes de Navidad ambos terminaron viendo a un par de cachorros de seis semanas de nacidos en una agencia de adopción de mascotas en Los Ángeles. Acababan de rescatar a los cachorros de que los pusieran a dormir en un refugio para perros. Uno de los dos perros mezcla de labrador era negro y el otro era dorado. Quiso la suerte que David Branson Smith, el guionista que es hijo de Sally Bedell Smith, quien ha escrito biografías de la princesa Diana y del príncipe Carlos, adoptara al cachorro negro, al que llamó Otto; Meghan se llevó al cachorro dorado, al que nombró Bogart. Puede agradecerles a la presentadora del programa de debate Ellen DeGeneres y a su esposa Portia de Rossi la decisión final que tomó. Mientras Meghan establecía una comunicación espiritual con el perrito, Ellen golpeó en el vidrio del área de exhibición de los cachorros y le gritó: «¡Llévate al perro!». Según recuerda Meghan: «Entonces me lo llevé a casa porque Ellen me dijo que lo hiciera». Poco después el adorable Bogart fue lanzado al ojo público en

Instagram, donde el cachorrito invadió las publicaciones en la red social compartida.

En febrero de 2013, Meghan le envió un correo electrónico a David Branson Smith diciéndole que ella y Trevor «siempre se preguntaron si [Bogart] y su hermano se reconocerían. [...] Sería una idea muy dulce». Todos consultaron sus agendas y los dos hermanos se reunieron en una playa de Malibú. Como diría Sally Bedell Smith al *Sunday Times* de Londres: «Otto saltó del auto de David y fue directo hacia Bogart. Durante las siguientes horas corretearon por todas partes como hermanos que no se habían visto en mucho tiempo». Meghan filmó y subió la reunión como una profesional de las redes sociales, exclamando: «Dios mío, qué dulces, ¡realmente tienen el mismo tamaño!». Sería la única reunión entre los perros, pero dos años después, en 2015, a Bogart se le unió otro perro rescatado, una mezcla de beagle al que Meghan llamó Guy («chico»).

Para entonces el otro «chico» de su vida se había ido hacía mucho. Aunque Trevor abrió una oficina en Nueva York —apenas a una hora de vuelo de Toronto— para expandir su negocio y estar más cerca de Meghan y de su propia familia, empezaron a aparecer grietas en su matrimonio. Lo que alguna vez fue encantador ahora era fuente de irritación. Meghan, que según confiesa es una perfeccionista tan quisquillosa como controladora, había tolerado durante años el enfoque disperso de la vida que tenía Trevor. Era tristemente famoso por llegar tarde, con la ropa arrugada, el pelo despeinado y con frecuencia con una nueva mancha en su saco de *seersucker.* «Lo siento, amigo» era su constante estribillo mientras saltaba de una reunión a otra, siempre apenas un poco retrasado.

La casa de Meghan en Summerhill era una visión de orden y perfección, sin arruga alguna. Cuando voló de regreso a su casa de Los Ángeles después de que Trevor había estado viviendo solo durante unas cuantas semanas, el espectáculo que encontró la exasperó todavía más. Aunque Trevor la visitaba de manera consistente, con frecuencia se sentía ajeno y como si su presencia fuera una molesta distracción.

Ya sea que lo admita o no, Meghan, quien alguna vez dijo que no podía imaginar la vida sin Trevor a su lado, se estaba creando un nuevo mundo personal. A medida que Toronto se volvía más su hogar que Los Ángeles, la dinámica de la relación se alteró de manera sutil. Ahora era dueña de sí misma, tenía un ingreso constante y estaba haciendo nuevos amigos dentro y fuera del set, sin depender ya de los contactos de su marido.

Una licuadora Vitamix de 500 dólares simbolizó la creciente distancia entre ambos. Ella insistió en que su electrodoméstico favorito la acompañara a Toronto, empacándola en el asiento trasero de su auto, el cual se trasladaría en un camión hasta Canadá, aunque hubiera sido más fácil comprar una nueva. La colocó sobre el mostrador de su cocina en la casa de Toronto, como recordatorio material de que su hogar ya no estaba en Los Ángeles.

Mientras que la buena suerte de Meghan iba en aumento, la carrera de su esposo estaba tratando de sobrevivir. Durante esa época produjo *Amber Alert,* un *thriller* de bajo presupuesto acerca de un par de concursantes de un *reality show* que detectan un automóvil que lleva a un niño secuestrado. Aunque tenía una premisa interesante, la película tuvo poco éxito en taquilla y obtuvo todavía menos reseñas favorables. Sin nuevos proyectos en puerta y con *Suits* en un descanso, Trevor llevó a Meghan a unas vacaciones en bicicleta por Vietnam. Pero no ayudó que él sufriera una intoxicación alimentaria como resultado de que Meghan quisiera probar platillos locales poco conocidos, como si fuera la versión femenina del trotamundos televisivo Anthony Bourdain. Su escapada a lugares exóticos, que alguna vez fueron el telón de fondo para su amor, ahora solo servía para destacar la distancia entre ellos.

Trevor no era el único que experimentaba la fría actitud de Meghan. Sus amigos de Los Ángeles notaron el cambio en ella ahora que estaba progresando. Ya no tenía tiempo para quienes habían sido sus amigos durante años; cancelaba comidas a última hora o esperaba que hicieran arreglos en sus propios compromisos para adaptarse a la ajetreada vida de la estrella en ascenso. Como experta en formar redes, parecía estar recalibrando cuidadosamente su vida, forjando nuevas amistades con aquellos que podían pulir y hacer avanzar su carrera. Nuevas personas, como la talentosa estilista de modas Jessica Mulroney, que trabajaba con Sophie Trudeau, la esposa del primer ministro de Canadá, Justin Trudeau, y su marido Ben, quien es una personalidad televisiva e hijo del exprimer ministro de Canadá, Brian Mulroney, entraron en su órbita, y ahora Meghan los veía con regularidad en la recién inaugurada Soho House en Toronto. A medida que ampliaba sus horizontes sociales, su círculo de Los Ángeles sentía que los había olvidado. Aunque podría ser que estuviera perdiendo piso, todos esperaban que Trevor la mantuviera con los pies en la tierra.

Sin que nadie se diera cuenta en realidad de ello, la pareja estaba tomando caminos separados. En febrero de 2013 Trevor fue a la entrega de los Oscar sin Meghan, quien había soñado desde niña con asistir al evento lleno de estrellas. Drew, el hermano mayor de Trevor, escribió lacónicamente en su página de Facebook: «Mi hermano esta noche en los Oscar, probando que dejan entrar a casi cualquier vagabundo que llega de la calle». Al parecer, Meghan estaba demasiado ocupada filmando como para acompañarlo.

Unas cuantas semanas después, el 8 de abril de 2013, Meghan adoptó por completo su hogar de medio tiempo cuando asistió para ver el triunfo de los Maple Leaf de Toronto sobre los Rangers de Nueva York en el Air Canada Center. No solo fue a ver el juego, sino que estaba allí para apoyar a su amigo Michael Del Zotto, nueve años menor que ella, que era defensa de los Rangers. Del

Zotto jugó rudo e incurrió en una penalización de dos minutos por golpear con el palo de hockey la parte superior del cuerpo de su contrincante Nazim Kadri.

Dos semanas más tarde, el 21 de abril, Meghan estaba en el Madison Square Garden viendo a Del Zotto y a sus compañeros Rangers derrotar a los Devils de Nueva Jersey, donde la captó el fotógrafo James Devaney vestida de manera casual, con jeans y una mascada gris, y sentada sola. En una serie de publicaciones que subió a Instagram, Meghan documentó sus aventuras en el hockey, publicando en una ocasión una imagen de Del Zotto y de su co-estrella de *Suits* Rick Hoffman. Un año después, Del Zotto llegó a los titulares debido a su relación con la estrella porno Lisa Ann, más conocida por sus parodias sobre la excandidata presidencial Sarah Palin. Según el *Toronto Star,* Lisa Ann se peleó públicamente con él por acosarla para que le arreglara citas con otras mujeres mientras estaba de gira con el equipo. Exhibió su comportamiento en una serie de tuits.

Sin importar cuál fuera la naturaleza de su amistad —representantes tanto de Meghan como de Del Zotto negaron enfáticamente al periódico *Sun* que hubieran tenido una relación— para entonces el matrimonio de Trevor y Meghan se había terminado. La triste noticia, que se dio a conocer en el verano de 2013, pareció venir de la nada. Todos en su círculo de amigos estaban genuinamente sorprendidos, nadie más que los padres de Trevor, David y Leslie, quienes habían aceptado a Meghan como una hija.

Como le contó Ninaki Priddy, la dama de honor de Meghan, a la escritora Rebecca Hardy: «Sabía que a veces peleaban, pero no era nada gigantesco. El único obstáculo era la distancia, porque ella estaba viviendo en Toronto y Trevor tenía su base en Los Ángeles. Pero pensé que lo estaban resolviendo bien. Trevor se llevaba su trabajo a Canadá para estar con ella y manejaba sus asuntos de negocios de manera remota».

Fue tal la sorpresa para Trevor que, a pesar de que solo han pasado cinco años, apenas puede refrenar su enojo; el normalmente afable y desenfadado neoyorkino pasa de su actitud común de «¿Qué onda, cómo estás?» a una intensa furia contenida cada vez que sale a la conversación el nombre de Meghan. «No tengo nada que decir sobre ella», respondía a quien le preguntara. Trevor pasó de adorar a Meghan a, como señalaba uno de sus amigos, «sentirse como si fuera un trozo de algo que se le pegó a la suela del zapato». Un amigo suyo, que es un rico empresario, declaró que el matrimonio terminó en forma tan abrupta que Meghan le envió a Trevor sus anillos de boda y de compromiso por correo certificado. Otro amigo confirmó que la decisión de terminar con el matrimonio la tomó Meghan y que había «venido totalmente de la nada».

Hubo otras consecuencias. El rompimiento también fracturó su amistad de treinta y tantos años con la diseñadora de joyería Ninaki Priddy. Después de escuchar el lado de la historia de Trevor, decidió que ya no quería tener ninguna relación con Meghan. La razón exacta es un secreto que guarda con gran sigilo. Según le dijo al *Daily Mail*: «Lo único que puedo decir ahora es que creo que Meghan es muy calculadora en su modo de manejar a la gente y las relaciones. Es muy estratégica en la forma en que cultiva sus círculos de amistades. Una vez que decide que ya no formas parte de su vida, puede ser muy fría. Es un mecanismo que tiene para cerrarse a los demás. No queda nada por negociar, ya tomó su decisión y eso es todo. […] Por la manera en que manejó la situación, a Trevor le jaló el tapete de debajo de los pies. Estaba dolido».

La actriz Abby Wathen, quien trabajó con Meghan en la película de bajo presupuesto *Encuentros fortuitos* en la época previa a *Suits,* tiene una perspectiva diferente del rompimiento de Meghan. Contó para el documental de ITV, *Prince Harry and Meghan: Truly, Madly, Deeply:* «Ambas pasamos por un divorcio, de modo que también por esa razón establecimos un vínculo. Yo estaba destruida, pero a ella la empoderó. Ella recuperó su poder. No era la relación correcta para ella, así que siguió con su vida».

Libre y sin ataduras, Meghan pasó más tiempo explorando el centro de Toronto. A menudo se le podía encontrar con una copa de vino en la mano en el Bar Isabel, el lugar de tapas donde el pulpo a la plancha y las papas rostizadas con ajo la hacían entrar en un «coma de carbohidratos». También se embelesaba con la pasta de Terroni's, la cadena italiana local de delicatessen de alta gama, y disfrutaba del *poutine,* un platillo que se originó en Quebec en los años cincuenta y que se hace con papas fritas cubiertas de salsa y queso en grano. Según Meghan, el mejor *poutine* chilla cuando lo muerdes. En las noches en que se quedaba en casa, Meghan, a quien le encanta cocinar, hacía sopa de verduras en su amada Vitamix y ponía calabacitas en una olla de cocción lenta con un poco de agua y consomé, hasta que se convertía en lo que ella llama «un puré obsceno y sexi» que ponía sobre pasta.

Su fascinación por la comida le consiguió un trabajo para la revista *Men's Health.* En 2013 filmaron una entrevista para su sitio web, pidiéndole a Meghan que les diera el secreto de una fantástica hamburguesa y filete. Fue una entrevista dulce, franca y muy natural, mientras la chica de California, como ella misma se describe, afirmaba que prefería los tacos de pescado, pero que para una comida rápida «para su hombre» pondría en el asador un filete. También accedió a filmar una versión más atrevida de la misma toma. Este video, que apareció dos años después, muestra a Meghan improvisando en su papel de *Suits,* con el pelo peinado en chongo, lentes oscuros, una falda de cuero corta y un blazer de superejecutiva. Se desabotona la blusa negra transparente para revelar un sostén moteado. «El asado nunca pareció tan candente», anuncia el título de la filmación. A medida que la carne va subiendo de tono, también lo hace Meghan. Pero había cierta vacilación en sus ojos. Estaba representando un papel para la cámara, pero parecía incómoda, consciente de que se estaba presentando a sí misma como un objeto sexual para que los hombres la miraran con lascivia. Pensó que había dejado atrás aquellos días en el set de *Vas o no vas*. En su opinión, ese era un papel que ya no representaría por mucho más tiempo.

Durante el receso de *Suits,* Meghan aceptó el protagónico femenino en un *thriller* de bajo presupuesto llamado *Anti-Social.* El drama policiaco, que se basó en una serie de robos de la vida real realizados por bandas de grafiteros, se filmó en Budapest y Londres. Mientras que los productores querían escenas de desnudos entre Meghan y su coprotagonista Gregg Sulkin, quien es diez años menor que ella, el escritor-director Reg Traviss se mantuvo firme y se negó a explotar a su estrella. Posteriormente explicó: «La historia no lo necesitaba».

El capital y la posición de Meghan seguían creciendo con cada temporada de *Suits,* que ahora era el programa de televisión estadounidense de mayor *rating* en el segmento demográfico óptimo, que es el de las personas de 18 a 49 años. En noviembre de 2013 la invitaron a asistir a la alfombra roja del estreno de *Los juegos del hambre: en llamas,* en la Leicester Square, en Londres. Dos días después, Meghan y el modelo masculino Oliver Cheshire fueron los presentadores de la gala caritativa de alto perfil de la Global Gift Foundation, en beneficio de las organizaciones benéficas Eva Longoria Foundation y Caudwell Children. No es que a ella le encantaran las alfombras rojas, ya que mezclarse en el glamoroso desfile de celebridades le resulta una experiencia desagradable. Como escribió en Working Actress: «Detesto caminar por la alfombra roja. Me pone nerviosa y ansiosa, y no sé hacia dónde mirar. Regreso de nuevo a la época en que era una niña torpe. Lo odio. Salgo de la alfombra y tengo que quitarme la sensación. Suena exagerado, pero realmente me provoca un ataque de nervios».

Por lo que a ella respecta, nunca quiso la fama. La actuación era la oportunidad de tener una «gran vida» jugando a «disfrazarse y trabajando con personas maravillosas».

No obstante, mientras estaba en Londres y por ser una consumada experta en formar redes, Meghan esperaba elevar su perfil público discutiendo los últimos seis episodios de la segunda temporada de *Suits* con los miembros de la prensa. La reportera de *Mail on Sunday*, Katie Hund, no esperaba gran cosa cuando accedió a reunirse con Meghan en una fría noche de noviembre, considerándola simplemente como otra actriz en ascenso que buscaba una o dos menciones en la prensa. Según lo que había leído, la ambición de Meghan había sido convertirse en política y había terminado en la actuación durante unas vacaciones de su trabajo en la embajada estadounidense en Buenos Aires, Argentina.

Mientras tomaban una botella de Prosecco en el bar que está en la azotea del hotel Sanctum Soho, la conversación giró hacia el tema de los hombres y, en particular, a lo que Hind describe como «su entusiasta interés en los británicos de, cómo decirlo, cierta posición». Para sorpresa de la reportera, Meghan sacó su iPhone y le mostró una fotografía de un guapo hombre en su cuenta de Twitter. «¿Conoces a este tipo que se llama Ashley Cole? Es mi seguidor y siempre intenta hablar conmigo en Twitter. Realmente se está esforzando».

Katie se mantuvo reservada y respondió: «Apuesto que sí». Meghan prosiguió haciéndole confidencias de manera entusiasta. «Quiere que salgamos mientras estoy aquí en Londres. ¿Qué piensas? ¿Lo conoces?».

Por supuesto que la reportera conocía su reputación como jugador de futbol de la selección inglesa y del Chelsea, al igual que como marido de la cantante de Girls Aloud, Cheryl Cole; era alguien que había engañado a su esposa con varias mujeres, quienes a su vez habían vendido sus historias a los tabloides. Una vez que

Hind le comunicó la mala noticia, la actriz pareció un poco desanimada, posiblemente por haber anticipado que su visita a Londres podría generar un nuevo romance. «Gracias, te lo agradezco», le dijo Meghan a la reportera del *Mail*, añadiendo: «Algunos de mis amigos también me dijeron que me mantuviera alejada de él. Creo que así dejaré el asunto».

Durante las siguientes tres horas, Meghan continuó bebiendo copa tras copa del espumoso italiano, mientras ella y Katie, ambas de 32 años, discutían las dificultades de las relaciones amorosas en el mundo moderno y de encontrar al tipo correcto. Meghan admitió que estaba recién divorciada —el fallo de divorcio citaba «diferencias irreconciliables»— y ahora estaba soltera y lista para encontrar pareja.

La charla entonada por el alcohol se fue desanimando y las dos se despidieron con un abrazo, mientras que Katie le deseó buena suerte a Meghan. «No es que lo necesitara», comentó irónicamente la reportera mientras observaba que Meghan, quien no podía conseguir un taxi, persuadía al dueño del Sanctum de que la llevara en su coche el par de minutos de distancia hasta su hotel, el Dean Street Townhouse, en medio de la lluvia.

7

¡Eureka!

⚬ᘰᗢᘰᘏ⚬

Sintiéndose inflamada y abotagada, con sus pantalones negros de cuero demasiado apretados, Meghan, quien acababa de regresar de unas vacaciones llenas de carbohidratos, se sentía un poco malhumorada mientras estaba sentada al lado de sus coestrellas de *Suits* en una tarima del Langham, un hotel de cinco estrellas en Pasadena. Miró al mar de críticos de televisión frente a ella y pareció bastante encantada de que sus colegas estuvieran respondiendo las preguntas de la Television Critics Association en la conferencia largamente planeada de enero. Hasta el momento había permanecido en silencio, observando el ir y venir de preguntas, mientras la discusión pasaba al tema del cambio de horario, ya que *Suits* había sido programado para pasar de las diez de la noche al horario de las nueve. «¿Eso afectará el empleo de groserías?», preguntó un crítico, refiriéndose al uso abundante de malas palabras en el programa.

Meghan cobró vida y retomó la pregunta. Miró al creador y productor ejecutivo del programa, Aaron Korsh, y de manera juguetona reformuló la pregunta: «¿Porque estemos a las nueve de la noche dejaremos de usar términos como *mierda* y *carajo*?». «¡Mierda, claro que no!», respondió Korsh. El público soltó la carcajada. Esta era la clásica Meghan: la chica simpática y ligeramente traviesa que podría ser tu vecina, la mujer que se lleva bien con los hombres. Con su intervención se ganó a todos los asistentes. Quería estirar las alas; tenía cosas que quería decir, insistir en asuntos importantes que superaban el formato de preguntas y respuestas, sobre todo lo relacionado con *Suits*. Era una joven que había viajado mucho y que apreciaba diferentes países, cocinas y culturas. Meghan tenía una opinión sobre todo tipo de cosas, desde la política en Medio Oriente hasta el maquillaje. Sentía que su papel en *Suits* era una plataforma de lanzamiento para algo más. Sabía que todavía no estaba aprovechando todo su potencial. Pero, para lograrlo, necesitaba conseguir mayor influencia.

Por ejemplo, su reciente visita a Londres solo le había redituado una pequeña mención en el *Daily Mail* y una fotografía en el diario matutino gratuito *Metro*. Había aparecido en numerosas alfombras rojas desde que empezó a trabajar en la serie, pero lo que comenzó siendo emocionante ahora era una rutina. Era simplemente una cara bonita en la multitud.

Meghan se dio cuenta de que tenía que hacer mejor las cosas, expandir su visibilidad. Desde el momento en que *Suits* consiguió el éxito, podía darse cuenta de que su audiencia joven, en especial las adolescentes, estaban escuchando lo que ella decía. Su grupo de seguidores en Instagram estaba creciendo de manera exponencial, pero las fotos fijas de su vida, lo que comía y de sus perros no le proporcionaban el punto de exposición para sus perspectivas sobre el mundo en general. Tenía un verdadero punto de vista acerca de un caleidoscopio de temas; simplemente necesitaba un vehículo para expresarse.

Apenas unos días después, el 22 de enero de 2014, asistió al evento de Women in Television Celebration de la revista *Elle,* en su tercera aparición desde el lanzamiento de *Suits.* Meghan sintió que había llegado a casa. Le inspiraba estar rodeada de tantas mujeres creativas y estimulantes, como la celebridad de la cocina y del estilo de vida Giada de Laurentiis, y la actriz multipremiada Tracee Ellis Ross, quien, al igual que Meghan, es birracial. A diferencia de Meghan, Ross provenía de la realeza de Hollywood, ya que su madre es Diana Ross y su padre es el agente musical y ejecutivo de la industria Robert Ellis Silberstein.

La carrera de Ross incluía un periodo como modelo, que comprendió recorrer la pasarela de Thierry Mugler, al igual que contribuir como editora y escritora para las revistas *Mirabella* y *New York*. Asimismo, era la estrella de *Girlfriend*, una comedia de situación que duró largo tiempo y con la que ganó varios premios de la NAACP. Su nueva comedia, *black-ish*, en la que representaba a una doctora y madre de cuatro hijos, obtenía entusiastas reseñas. Codearse con Ross y con otras estrellas, escuchar sus historias de éxito, despertó el deseo de Meghan de hacer más. La pregunta era: ¿cómo emprender esa tarea?

La respuesta llegó de manera indirecta e inesperada. En febrero de 2014, la empresa de televisión satelital DirectTV celebró el Súper Tazón con una gigantesca fiesta televisada previa al juego, que llevaron a cabo el día antes del gran partido. El animado partido de tocho bandera con celebridades, al que llamaron DirecTV Celebrity Beach Bowl, se llevó a cabo en una enorme tienda de campaña con calefacción en el Muelle 40 del río Hudson, en los bajos de Manhattan. Para el evento crearon la playa bajo techo más grande del mundo con más de medio millón de kilos de arena.

La banda Paramore estaba programada para entretener a los invitados y la estrella de la Food Network, Andrew Zimmern, se ocuparía de la transmisión en el medio tiempo. Meghan, quien siempre está dispuesta a participar, se integró al juego de playa junto con su antigua compañera de *Vas o no vas*, la modelo Chrissy Teigen, y otras celebridades, que incluían al exmariscal de campo profesional Joe Montana, los comediantes Tracy Morgan y Tom Arnold, y el famoso chef Guy Fieri. El equipo de Meghan ganó el partido.

Después del programa, Meghan ganó mucho más: una nueva e influyente amiga, la leyenda del tenis Serena Williams. Para ese momento Williams había conseguido 17 títulos mundiales y en torneos de singles en Estados Unidos, además de casi la misma cantidad de triunfos en torneos de dobles. Algo más importante es que aprovechó sus 15 años de carrera como superatleta para obtener lucrativos contratos promocionales, incluyendo su propia línea de ropa y hasta algunas oportunidades de actuación. Meghan escribió después: «De inmediato nos llevamos bien, tomando fotos, riendo durante todo el juego de "tochito" en el que ambas participábamos y charlando, no del tenis ni de la actuación, sino de las cosas que siempre hablan las chicas. [...] Y así empezó nuestra amistad».

Algo que también impresionó a Meghan fue la manera en que Serena utilizaba las plataformas en línea para mantenerse conectada con sus seguidores y ampliar su base de fans. Tenía una marca de ropa en Internet, al igual que cuentas en Instagram, Snapchat y Reddit, además de un boletín regular, todo ello interconectado a través del sitio web serenawilliams.com.

Este fue un momento de revelación. Desde hacía algún tiempo Meghan había estado meditando la posibilidad de abrir un sitio web, y ver que alguien tan ocupado y exitoso como Serena controlaba su propio sitio le dio la confianza de que ella podría hacer lo mismo. Su idea se reforzó cuando una empresa de comercio electrónico la abordó para ofrecerle crear un sitio ultranovedoso y con las características más llamativas que llevaría su nombre. Al principio le emocionó la idea. «Será con tu nombre, meghanmarkle.com, y lo manejaremos por ti», le dijeron. En esencia, su nombre atraería clientes al sitio. Aunque tendría cierto contenido creado, la finalidad era vender ropa, de lo cual Meghan recibiría un porcentaje por las ventas. Meditó la oferta y luego dio un paso atrás para pensarlo con más cuidado. Por tentador que sonara, mientras más lo pensaba simplemente no parecía correcto. «Hay tantas cosas más que quiero comunicar», explicó a sus amigos. Meghan quería un lugar desde el que pudiera mostrar su yo más profundo, donde su voz se escuchara y en el que el comercio electrónico, si lo había, sería reflexivo y ético, en lugar de simple *marketing* de las últimas modas y tendencias pasajeras. Quería destacar la importancia de retribuir a la sociedad. No bastaba con lanzarse una cubeta de agua helada sobre la cabeza en la azotea del departamento de Manhattan de su amigo, el golfista Rory McIlroy, para el Desafío de ELA y subir las fotos a Instagram, aunque eso sí sirvió para recolectar dinero por una buena causa: la investigación sobre la enfermedad de las neuronas motoras.

A partir de ese momento dejó que la idea del sitio web fuera madurando en su mente. Durante un descanso en las grabaciones de *Suits* voló a Vancouver, en el oeste de Canadá, para aparecer en una película de televisión para el canal Hallmark, titulada *Un amor verdadero*, en la que representó a Amy, una intrépida reportera a la que envían de regreso a su bucólico pueblo para escribir una historia de interés humano sobre cómo fue crecer siendo la hija de unos fabricantes de fuegos artificiales. Su antiguo novio está por casarse con su mejor amiga de la secundaria, cuando, de pronto, Amy se da cuenta de que quizá la vida en la gran ciudad no lo es todo para ella. Es una nadería agradable y un salario, pero eso es todo. La trama, acerca del difícil regreso a casa, fue exactamente lo opuesto de su siguiente aventura: una visita a su antigua escuela, la Universidad Northwestern.

Si necesitaba mayor prueba de que tenía un público que iba más allá de los confines de *Suits,* lo único que tenía que hacer era ver la fila de personas que serpenteaba alrededor del Ryan Auditorium, mientras 600 estudiantes caminaban lentamente para obtener un ansiado lugar y poder ver a Meghan y al resto de la familia de *Suits.*

Nikita Kulkarni, una estudiante del primer año en Estudios de la Comunicación que esperó cinco horas para el evento, estaba sin aliento debido a la emoción. «No creí que fuera cierto cuando me hablaron de esto. Pensé que me estaban tomando el pelo. ¡Estaba emocionada de que Meghan viniera!».

Meghan disfrutó al máximo de la atención de los estudiantes de Northwestern, comparando experiencias universitarias y discutiendo el desarrollo de su personaje. Le dio a su audiencia un recorrido por la mente de su álter ego, Rachel Zane. «Es un personaje con muchas capas y muy humano; aunque parece confiada, en realidad está llena de inseguridades y vulnerabilidades; yo me relaciono con eso como mujer y creo que los *fans* también lo harán».

Después de la plática, posó para las fotografías y firmó carteles; enseguida ella y su compañero Rick Hoffman, quien representa a Louis Litt, grabaron un video promocional para el Maratón de Baile de la Universidad Northwestern, que es un evento de caridad para recolectar fondos y en el que Meghan había participado cuando ingresó a la universidad.

Esta fue la cuarta parada de siete en la gira universitaria de *Suits,* que incluía a las Universidades de California en Berkeley y Los Ángeles, la Universidad de Arizona, la Universidad de Boston, Harvard y Columbia. Era una apuesta que estaban haciendo la cadena y los productores del programa para recompensar a sus públicos universitarios tan participativos, obsequiándoles un preestreno del primer capítulo de la segunda parte de la temporada televisiva, que se proyectaría en el invierno.

Al regresar a casa, la idea del sitio web pasó ahora al primer plano y se comunicó con un amigo, el fotógrafo Jake Rosenberg. Graduado del Ontario College of Art and Design, Rosenberg había iniciado Coveteur.com seis meses después de graduarse con un título en diseño industrial. Aunque le encantaba la fotografía, también era un entusiasta de la creación y diseño de marca. Durante una sesión fotográfica en 2011, él y su amiga, la estilista de veintitantos años Stephanie Mark, terminaron creando un sitio dedicado a fotografías instantáneas de hermosos clósets y fragmentos

de las casas de las personas que fotografiaban. «Pensamos que sería divertido e interesante ver cómo son realmente las casas y los
clósets de la gente elegante», le dijo Mark a la escritora de *Forbes*,
Susan Price. Hicieron seis sesiones fotográficas y las subieron a
su nuevo sitio, que se colapsó debido a la cantidad de tráfico. De
inmediato se dieron cuenta de que se habían topado con algo que
valía la pena y que podría ser rentable al igual que divertido.

«En el sitio hablábamos de lo que habíamos visto, dónde iban
de compras las personas que habíamos conocido, de cuáles restaurantes y bares hablaba la gente», comenta Mark. «Nos dimos cuenta
de que teníamos todo este contenido». Ampliaron su cobertura y
en 2013 rediseñaron el sitio para abrir espacio a publicidad y pu-
blirreportajes, una mezcla de publicidad editorializada. Rosenberg
escuchó cuáles eran las preocupaciones de Meghan acerca del sitio
que proponía. Mientras comían tapas y tomaban vino, discutie-
ron la visión de la actriz para el sitio, que sería en esencia una guía
de viajes, comida, moda y maquillaje hecha por una persona que
conocía sobre el tema, con una chispa de artículos de opinión más
serios que trataran sobre los problemas de las mujeres. Básicamen-
te, tendría un toque de GOOP, el blog de Gwyneth Paltrow, con
una pizca de *Marie Claire*, sazonado con el propio estilo y enfoque
de Meghan.

Ahora que tenía definida su visión, Meghan declinó la oferta
original que le había hecho la compañía acerca de crear un sitio
comercial de «Meghan Markle» y decidió intentarlo por su lado.
Primero contrató a un diseñador de sitios web. Cuando le presentó los resultados a Rosenberg, su mirada aguda y experimentada le
mostró de inmediato que eso podía ser un problema.

«Te ruego que por favor no sigas por esta ruta; usa a nuestro
diseñador gráfico de Coveteur», le dijo a su amiga. El resultado fue
TheTig.com, que mostraba la elegante caligrafía de Meghan y un
logo que era una gota de vino como punto sobre la «i». Meghan

eligió ese nombre, The Tig, por un vino italiano llamado Tignanello. Es una mezcla de uva sangiovese y es el primer Chianti hecho
sin uvas blancas, un vino nacido del deseo del viticultor de lograr
que su producto se destacara entre un mar de tintos. A Meghan
le gustaba la idea. Destacarse. Era algo por lo que podría brindar.

Para Meghan, el Tignanello tenía un significado más profundo,
ya que representaba ese momento de eureka, cuando finalmente en-
tendió los componentes que formaban un buen vino, para darle su
cuerpo, su persistencia y sus lágrimas. Quería transmitir la emoción del descubrimiento dentro de su sitio web, escribiendo: «The
Tig es un núcleo de información para el paladar exigente: aquel
con hambre de comida, viajes, moda y belleza. Quise crear un espacio para compartir todos estos amores, para invitar a los amigos
a compartir también los suyos, y para ser un semillero de ideas y
entusiasmo: para un estilo de vida con inspiración». Espumoso,
efervescente y divertido, The Tig atrae a su base de seguidores que
reconocen su estilo elegante y su imagen pública con estilo. Al
mismo tiempo, tenía la visión de utilizar The Tig para expresar sus
ideas sobre temas más serios, con especial atención a los problemas sociales y políticos que afectan a las mujeres.

Meghan, la chica común con aspiraciones poco comunes,
había creado un sitio para otras jóvenes elegantes como ella que
quisieran unirse a la fiesta. Con la ayuda de Jake Rosenberg, del
diseñador de modas Wes Godon y de Brett Heymen, diseñador de
la marca de bolsas acrílicas Edie Parker, quien creó para Meghan
una cartera de resina que dice «Ms. Tig», el escenario estaba puesto. Finalmente, también siguió el consejo de su coestrella Gina
Torres, quien le había dicho, utilizando uno de los viejos apodos
de Meghan, «*Nutmeg*,* simplemente ábrele espacio a la magia».

---

* N de la T.: Juego de palabras entre *nutmeg* («nuez moscada») y *nut
Meg* («loca Meg»).

Cuando reiniciaron las grabaciones, los agitados días de Meghan no le dejaban mucho tiempo para la magia. Se despertaba a las 4:15 de la mañana, tomaba una taza de agua caliente con limón recién exprimido y comía un tazón de avena con plátano en rebanadas y miel de agave. Luego dejaba salir a los perros al patio trasero antes de conducir en su camioneta Audi rentada hasta el set, que era una laberíntica réplica de un bufete de abogados, con todo y plumas y pequeños bloques de papel rosa para mensajes en los escritorios de las secretarias, así como con divisiones de vidrio que podían girarse para permitir que las cámaras hicieran tomas desde cualquier ángulo sin que hubiera reflejos. El fondo era la línea del horizonte de Nueva York y las escenas en locaciones se filmaban en Toronto, con tomas de archivo de Manhattan para dar la idea de estar allí. Después de pasar por maquillaje y vestuario a primera hora de la mañana, «conteniendo la respiración» mientras su ropa se modificaba para darle su aspecto ajustado y elegante, Meghan esperaba en su remolque hasta que estuvieran listas sus escenas.

Con el nacimiento de The Tig, Meghan tenía las manos llenas, asegurándose de que el recién llegado tuviera agua, comida y cariño. Era una ocupación de tiempo completo, que la hacía permanecer despierta hasta la madrugada para pasearse por Instagram en búsqueda de ideas de las últimas tendencias, de cosas interesantes y oportunas; escribía todo el contenido breve y conciso ella misma, y persuadía a todo el mundo para lograr que las celebridades respondieran las cinco preguntas que conformaban el formato de Tig Talk («charlas de Tig»). La actriz y cantante Emmy Rossum dio la patada inicial al decir que si solo le quedaran 10 dólares —una de las preguntas estándar— cantaría en las calles pidiendo dinero. Otros, como el gurú de la moda Joe Zee y la modelo Jessica Stam, dieron sus opiniones, mientras Meghan presionaba a la diseñadora de interiores Natasha Baradan para que hablara de su ciudad favorita: Milán. Meghan sabía que los grandes nombres impulsan el tráfico y que atraerían la participación de otros famosos. Una de las primeras personas que quería tener para Tig Talk era la modelo convertida en empresaria, Heidi Klum. Se comunicó con todas las personas que conocía esperando conseguir el correo electrónico o el teléfono de Klum o de su asistente. Al final, Heidi respondió, al igual que «la Reina», quien le informó a la actriz que todo sabía mejor con un trago de vodka. Por supuesto, la Reina a la que se refería era la monarca de la pantalla televisiva Elizabeth Hurley, quien representa a la conspiradora y ocasionalmente cruel reina Helena en el programa de la cadena E! *The Royals*, que es una perspectiva irónica sobre la Casa de Windsor.

Había perfiles sobre sitios estupendos que visitar, restaurantes interesantes y chefs innovadores. Esta última característica la llevó a un nuevo amor. Durante años había estado comiendo en The Harbord Room, un pequeño restaurante en el centro de Toronto que abrió en 2007. Lo manejaba el guapo y reconocido chef Cory Vitiello, quien presumía de cocinar la mejor hamburguesa de la ciudad. La amante de la comida que Meghan llevaba dentro estaba intrigada.

Durante los últimos siete años Vitiello se había hecho de un nombre tanto dentro como fuera de la cocina. Era bien sabido que había tenido una relación con la heredera canadiense y expolítica Belinda Stronach, al igual que con la presentadora de *eTalk* Tanya Kim, antes de dirigir su atención a la reportera de chismes de la televisión canadiense Mary Kitchen. Ahora que tenía The Tig, Meghan contaba con una excusa para poder conocerlo mejor. Mucho mejor. Para la actriz, la vida era color de rosa, pero la situación estaba a punto de dar un vuelco desagradable.

Una noche, Meghan estaba acurrucada con su laptop y una copa de vino en la mano, preparándose para pasar el rato encontrando historias y personas que poblaran The Tig. Su metodología consistía en hurgar en otros blogs de estilo de vida y sitios de noticias en Internet, seguir los vínculos para encontrar inspiración y luego, tal vez, asomarse por Instagram utilizando los *hashtags* que la guiaran a historias que podría usar para su blog. Sin embargo, primero quería darse una vuelta por las páginas de *Suits* en Facebook, Twitter, Reddit y USANetwork.com. El último episodio tenía un argumento que presentaba en primer plano a Rachel Zane y se proyectaría esa noche en Estados Unidos. Tenía curiosidad por conocer la respuesta al devaneo de su personaje con un antiguo novio. Cuando Meghan tomó otro sorbo de vino, casi se atragantó mientras pasaba por los comentarios. «¡Vieja cochina!». «¡Voy a dejar de seguirte! ¿Cómo pudiste engañar a Mike?». «Puta…». Y se fue poniendo cada vez más desagradable a medida que el episodio llegaba a los diferentes husos horarios y se transmitía por todo el país. Meghan borró tanto de su propia página como de Twitter los comentarios más agresivos y bloqueó a los usuarios abusivos. A medida que fue avanzando la noche fueron apareciendo más emojis de cuchillos y pistolas, haciéndola sentir más preocupada y temerosa.

Los fans no estaban simplemente enojados con su personaje Rachel Zane por besar a su antiguo novio Logan Sanders, representado por Brendan Hines; estaban furiosos con Meghan Markle. Creían que la responsable de la trama era la actriz, y no los guionistas. Mientras meditaba en cómo era posible que los seguidores del programa crearan un vínculo emocional tan fuerte con una historia que, después de todo, era ficticia, los comentarios seguían subiendo de tono. Ahora eran amenazas de muerte. «Meghan Markle, te voy a matar. Zorra…». La situación estaba fuera de control, como después le contaría a la escritora Vanessa Pascale de *Miami Living*.

A la mañana siguiente acudió con Aaron Korsh, el creador de *Suits*. «Esto tiene que parar», le dijo, añadiendo que tenían que dar marcha atrás. Los productores y escritores siempre habían sido buenos con ella, incorporando aspectos de su propia personalidad en el personaje de Rachel, presentándola como una amante de la comida porque a Meghan le encantaba cocinar y haciéndola birracial debido a los antecedentes de la propia familia de la actriz. En esta ocasión, las fronteras se estaban desdibujando de manera muy incómoda y los fans no podían distinguir la diferencia entre la verdadera Meghan y la fantasía de Rachel. Además, Meghan no era ese tipo de mujer. El argumento, según se tenía planeado, tendría a Rachel haciendo intentos más activos de seducir a su antiguo novio y dándole la espalda a Mike. Ese desarrollo de la trama no le parecía bien a Meghan por muchas razones, entre las cuales la más importante era que presagiaba una posible salida de su personaje, algo para lo que todavía no se sentía preparada. Como después le contó a la revista *Miami Living*, discutió sus preocupaciones sobre el cambio de dirección de su personaje con el creador del programa, Aaron Korsh.

«Me gusta Rachel. Me gusta interpretar a Rachel, me gusta lo que representa y esto me parece realmente fuera del personaje», le dijo sinceramente. Era un movimiento audaz, decirle al creador del programa que no le gustaba la dirección que estaba tomando el personaje. Pero sentía que debía expresarlo tanto por los fans como por su propia integridad. Además, le habían atemorizado las agresivas críticas en Internet y las amenazas de violencia.

La editora Angela Catanzaro, que había trabajado en la serie desde el inicio, coincidió con Meghan y le dijo a Korsh: «Me encanta Rachel, pero si transmiten esa escena nunca me gustará de nuevo. Ese no es el tipo de mujer con la que me gustaría que trabaje mi esposo».

Korsh se dio cuenta de la sabiduría de sus palabras, así que, en el curso de un episodio, el romance entre Mike Ross y Rachel Zane se corrigió por sí solo y se puso de nuevo en marcha. Había terminado el pánico, cuando menos por el momento.

———

Meghan se quedó mirando incrédula su teléfono. La bandeja de entrada de su correo electrónico se estaba llenando casi con la misma velocidad con la que podía leer las líneas del asunto. Su sitio, The Tig, estaba resultando más popular de lo que nunca pudo haber imaginado. En esta primera etapa todos los correos llegaban directamente a su teléfono móvil y, a medida que la actriz pasaba con rapidez por la lista cada vez más grande, un remitente saltó a su vista: era Naciones Unidas. Quizá sería tan solo una petición para participar en una recaudación de fondos, pero ¿qué importaba? Meghan abrió el mensaje y leyó el contenido con creciente asombro. La Organización de las Naciones Unidas le pedía que considerara participar en su nuevo programa de igualdad de género HeForShe. Cuando Meghan llamó al número telefónico que venía en el correo, la persona de contacto en ONU Mujeres le explicó que habían leído un corto ensayo en The Tig acerca de la independencia de las mujeres, el cual había publicado para que coincidiera con el día de la independencia de Estados Unidos. Empezó ese ensayo diciendo: «Levanten su copa por sí mismas este día; por el derecho a la libertad, al empoderamiento de las mujeres (y de los hombres) que se esfuerzan por conseguirla, y por conocerse, aceptarse, honrarse, educarse y amarse a sí mismas. En este día, y más allá de él, celebren su independencia». Luego prosiguió con una presentación de las ideas de la escritora nigeriana Chimamanda Ngozi Adichie.

Aunque se sentía honrada de que se hubieran comunicado con ella, también quería tener una idea de lo que trataba ese proyecto, en lugar de decir que sí a ciegas. «Tengo un descanso de una semana, ¿podría ir y trabajar como pasante en la ONU en Nueva York?», les preguntó, ofreciéndose a servirles el café y responder los teléfonos. Luego de unas semanas, los sorprendidos funcionarios de la ONU se encontraron explicándole a Meghan en el ir y venir de los animados corredores de la institución con base en Nueva York. En realidad, se trató de algo más que hacer el café. Meghan siguió por todas partes a Elizabeth Nyamayaro, directora del movimiento HeForShe de la ONU, cuyo propósito es alentar a los hombres a apoyar a las mujeres en la búsqueda de la igualdad de género, y a Phumzile Mlanbo-Ngcuka, directora ejecutiva de ONU Mujeres. También pudo ingresar a las reuniones del Banco Mundial, la Clinton Foundation e, incluso, a la sala de mando del secretario general de Naciones Unidas, Ban Ki-moon.

En el lanzamiento público de la campaña se le asignó un asiento de primera fila mientras Emma Watson, la actriz de *Harry Potter* y embajadora de buena voluntad, ofrecía un conmovedor discurso para pedir a hombres y mujeres que se unieran a la campaña HeForShe. Watson señaló que, a la tasa actual de progreso, pasarán 75 años antes de que las mujeres reciban el mismo salario que los hombres por hacer el mismo trabajo, y que tomaría hasta el 2086 para que todas las niñas adolescentes de las zonas rurales de África recibieran educación secundaria.

Durante el lanzamiento de la campaña, Meghan pasó por su propio momento «Tig» cuando observó la interacción entre la expresidenta de Finlandia, Tarka Halonen, y una integrante del personal de Naciones Unidas:

—Señora presidenta, ¿le puedo traer algo? —preguntó la chica—. ¿Quiere agua o una pluma?

—Un lápiz labial —respondió Halonen con una sonrisa.

Fue algo con lo que Meghan se conectó. No veía contradicción entre una mujer que manejaba un país y que de todos modos se ponía lápiz labial —podía ser femenina y feminista al mismo tiempo—; como escribió posteriormente, ser «alguien que se gana el pan en el trabajo y que hornea pan para sus hijos en casa».

En esa época, antes de que Donald Trump entrara a la carrera por la presidencia, uno de sus ídolos era la empresaria Ivanka Trump, quien tenía su propia línea de joyería y ropa. Se emocionó cuando Ivanka estuvo de acuerdo en responder el sencillo cuestionario para Tig Talk. Más emocionada se sintió cuando aceptó la invitación para reunirse a tomar una copa y cenar la siguiente vez que Meghan estuviera en Nueva York.

Meghan habló con entusiasmo en The Tig: «Y ¿qué decir de su colección de joyería?: ya entrada la noche me he paseado por su página en mi computadora, acurrucada en mi cama con una copa de vino, mirando con anhelo sus hermosos diseños, y los zapatos, la colección para el hogar, la ropa y la extensión de su marca con una colección para niños, lo cual es una decisión inteligente ahora que es una orgullosa mamá. [...] Cuando vayamos a tomar una copa me aseguraré de pedir lo mismo que ella, porque esta mujer parece conocer de memoria la fórmula del éxito (y de la felicidad)».

Con la participación de nombres conocidos, como el de Ivanka Trump, su «maquinita que pudo correr», que es el sobrenombre que le dio a su sitio web, estaba ganando mucha velocidad. Estaba justificablemente orgullosa de que su sitio hubiera sido considerado como el mejor de la red, tanto en la revista *Elle* como en *InStyle*.

Sin embargo, necesitaba ayuda para darle mayor impulso a su proyecto. Todo lo que se publicaba en The Tig tenía que aparecer también en Instagram, Pinterest y Facebook para aumentar el tráfico; por suerte, existe una aplicación para eso. Pero, incluso mejor, ahora contaba con una persona: Judy Meepos. En agosto, Meghan le había mandado muchos besos por Internet a Meepos, quien entonces era directora adjunta de la sección «¡Tech, Yeah!» de la revista *InStyle,* porque había escrito una apasionante semblanza de Markle y de The Tig. Meghan decidió contratarla en octubre de 2014.

No solo era responsable de redes sociales, sino que también, como ella misma dice, «escribía y editaba las publicaciones diarias, iniciaba colaboraciones y asociaciones, y fungía como editora de mercado para publicaciones y apariciones en televisión». La popularidad de The Tig y de la cuenta de Meghan en Instagram significó que, después de apenas seis meses, su maquinita estaba lista para tener ganancias propias a través del comercio electrónico. Siguió el ejemplo de Jake Rosenberg y Coveteur, y se asoció con RewardStyle.com, un sitio de comercio electrónico que, de manera bastante general, se definía como «plataforma de monetización de contenido solo por invitación y de extremo a extremo, para *influencers* y marcas digitales de alto nivel en todo el mundo». O dicho en términos simples, una manera inteligente de ayudar a los blogs exclusivos a ganar dinero.

Amber Venz y su futuro esposo Baxter Box fundaron en 2011 el sitio RewardStyle como una manera para que Amber monetizara su blog de modas. Durante un tiempo su sistema funcionó de maravilla. Los blogueros creaban vínculos interactivos desde su contenido que llevaban directamente a páginas de minoristas y marcas. Si un lector hacía clic y realizaba una compra, el bloguero obtenía una comisión, lo cual creaba un flujo semipasivo de ingresos.

Con The Tig en las capaces manos de Meepos, Meghan abordó un avión con destino a Dublín, donde se le pidió participar en la Cumbre One Young World, un foro internacional para los jóvenes líderes del mañana. La conferencia bianual fue la creación de dos ejecutivos del mundo de la publicidad, David Jones y Kate Robertson, con la meta de «reunir a los líderes jóvenes más brillantes de todo el mundo y empoderarlos para establecer contactos duraderos que les permitan crear un cambio positivo». La organizadora Kate Robertson pensaba que Meghan tenía cosas que decir y que sería popular en una audiencia de estudiantes. No solo discutiría temas globales con los jóvenes, sino que se podría codear con humanitarios famosos como Mary Robinson, la primera presidenta de Irlanda, sir Bob Geldof y el ganador del Premio Nobel Kofi Annan. Participó en un foro acerca de la igualdad de género, y estuvo en un panel de gran empuje que incluía a la abogada Sabine Chalmers; a la vicepresidenta senior de General Electric Beth Comstock; a la pionera del mundo digital Michelle Phan, y a la cineasta Maya Sanbar. Al inicio, Robertson, que presidía la discusión, estaba preocupada de que Meghan no pudiera afrontar el foro que seguía un estilo de preguntas y respuestas. Sin embargo, se sorprendió agradablemente con la elocuencia de Meghan: «No era la actriz promedio que se pone a hablar sobre igualdad de género. Era auténtica: muy directa, muy confiada y con una actitud muy poco relacionada con las celebridades». Otros en la audiencia también se impresionaron con su comprensión sobre los derechos humanos y los temas de género, al igual que con su actitud asequible y cálida. La abogada de derechos humanos Phiwokuhle Nogwaza dijo a la revista *People:* «Es realmente afable y cordial. Es amistosa, muy cálida e interesante. No sentí que estuviera hablando con alguien que venía de uno de los programas más importantes de la televisión. Era como platicar con una chica común. Conocía al detalle los problemas, lo cual me resultó increíble. Es sencilla y realmente centrada».

También evidenció una verdadera habilidad para combinar el glamur de la fama con el compromiso con su trabajo humanitario cuando ella y su novio, el chef Cory Vitiello, volaron a Florida a principios de diciembre para el Art Basel en Miami, que es un derivado del original que se realiza en Suiza. El evento, que ahora es anual e inició en 2002, atrae a 77 000 visitantes cada año y en esa ocasión se llevó a cabo en Soho House, que es el sitio donde se acude para ver y ser visto, que se había convertido en territorio conocido para Meghan.

La actriz estaba emocionada. Aunque el arte no era su interés principal, ya que prefería la moda, la comida y el vino, agradeció la oportunidad de establecer redes de contacto con una diversidad de miembros e invitados que llegaban a la Soho Beach House, un clásico hotel reconvertido sobre la playa. Intentó no quedarse con la boca abierta cuando el magnate del rap Russell Simmons y la actriz y activista Rosario Dawson pasaron a su lado, o de poner demasiado interés en Kate Hudson, la hija de Goldie Hawn, que saludaba a sus amigos desde una terraza. Sintió que había alcanzado realmente su objetivo. Había trabajado con ahínco, estaba en un programa televisivo de alto *rating* y su blog se consideraba como uno de los mejores en la web. La Miami Art Week, o cuando menos la versión de la Soho Beach House, sería suya.

Su gran amigo Markus Anderson, director de membresía de Soho House, quien estaba vestido en forma casual, con sandalias y pantalones cortos, se acercó para saludarla e informarle sobre los bailes, cocteles y tratamientos de belleza lujosos que estaban en el programa de los siguientes días. Esta era la vida. Una canasta de regalo de la ginebra Sapphire esperaba a Meghan y Cory en su habitación, junto con un bar totalmente abastecido. La tienda de campaña de las celebridades tendría una selección completa de bebidas de ginebra con temas tropicales y también habría espumosos y champañas…

Markus Anderson es excelente para arreglar contactos. Tiene un instinto para reunir a personas desconocidas que considera que podrían tener vínculos en común. Para el almuerzo, colocó a Meghan junto a la diseñadora de modas nacida en Baréin, Misha Nonoo. En esa época Nonoo era una diseñadora en franco ascenso conocida tanto por su matrimonio con el marchante de arte

Alexander Gilkes, amigo de los príncipes Guillermo y Harry, como por sus diseños audaces. Meghan y Misha se llevaron estupendamente y los tragos del almuerzo se convirtieron en cocteles de la noche. Durante el curso de la tarde se pusieron a platicar sobre la nueva colección de Misha, que se expondría en la semana de la moda de Nueva York. Meghan tendría un descanso en *Suits,* así que estaría allí.

Horas más tarde, Meghan subió de nuevo a un avión, esta vez con destino a España, uno de los cinco países que visitaría en una gira relámpago. Pero en esta ocasión no habría hoteles de lujo ni cocteles elegantes. En lugar de ello, Meghan formaría parte de la gira navideña de la United Service Organizations (USO) que visitaría las bases militares estadounidenses en España, Italia, Turquía, Afganistán e Inglaterra. Junto con Meghan se presentarían la estrella de música *country* Kelly Picker —que es una veterana de la USO, ya que ha colaborado con ella en ocho ocasiones— y su marido, el compositor Kyle Jacobs; el comediante Rob Riggle; la coestrella de *Glee* Dianna Agron; el exdefensa de los Osos de Chicago, Brian Urlacher, y el lanzador de los Washington Nationals, Doug Fister, al igual que el presidente del Estado Mayor Conjunto, el general Martin E. Dempsey, y su esposa Deanie.

Cuando la compañía itinerante, a la que se integraron el presidente de USO J.D. Crouch y su esposa Kristin, se reunió el 5 de diciembre en la terminal de pasajeros de la Base Andrews en Maryland, Deanie Dempsey les dijo a las diversas celebridades: «Abracen esta experiencia. Estarán muy orgullosos de los miembros de nuestras fuerzas armadas y de sus familias». Meghan se sentía emocionada, pero también un poco ansiosa. No solo volaría a bordo del Air Force Two, comisionado especialmente para esta gira, sino que también se reuniría con miles de miembros de las fuerzas armadas y sus familias durante el viaje. Aunque antes había tenido presentaciones con los seguidores del programa, nunca había sido a esta escala y con tal intensidad.

Luego de llegar a Rota, España, Meghan y su grupo de USO visitaron el USS Ross, un destructor equipado con misiles Aegis. Allí actuaron frente a un público de 2000 miembros del personal de las fuerzas armadas y sus familias en un hangar en la base. Meghan, que llevaba una gorra azul, posó con los soldados antes de presentar su rutina. Sabía que tanto ella como Kelly Pickler y Dianna Agron llevaban sobre sus hombros una antigua tradición, siguiendo los pasos de estrellas como Marilyn Monroe, Bob Hope y Jane Mansfield, quienes habían entretenido a las tropas llevándoles una dulce muestra de su hogar como un recordatorio de la razón por la que esos soldados hacían su trabajo. Ahora las cosas eran bastante diferentes. Había mujeres en el ejército y familias en las bases, así que adiós al pastel de queso, y hola a lo sencillo y lo divertido. Sobre el escenario hizo una de sus rutinas, y dio una alegre plática sobre *Suits* antes de exhibir sus tacones de 13 centímetros, mientras Pickler y su banda tocaban su canción distintiva: *Red High Heels*.

El grupo de la gira de USO repitió su acto en Vicenza, Italia, frente a los soldados de la 173ª Brigada Aerotransportada y de las fuerzas del ejército de Estados Unidos en África, antes de dirigirse a la base aérea en Incirlik, Turquía. Aunque la base estaba a varios cientos de kilómetros del campo de batalla en la cercana Siria, la atmósfera era más tensa y la seguridad más estricta. Meghan sonrió y trató de decir algo más que «gracias» mientras repartía *cupcakes* entre los varios cientos de personas reunidas para ver a Pickler y Jacobs interpretar sus éxitos *country*, así como las diversas presentaciones de comedia.

A la mañana siguiente, los artistas de la USO y sus «chaperones» se reunieron en la pista de despegue para dirigirse a su presentación más difícil en el campo aéreo de Bagram, en Afganistán. Este era el puesto de avanzada más remoto y hogar de 40 000 miembros tanto del personal militar como del servicio. «Burócratas, administradores, expertos en logística y miles de contratistas civiles de la International Security Assistance Force viven en la base aérea de Bragram», comentó el fotógrafo británico Edmund Clark. «A menos que salgas a patrullar, solamente vives en la base».

Rodeada por vallas y alambre de púas, reforzada con sacos de arena y con un radar de penetración que se utiliza para asegurarse de que los combatientes enemigos no utilicen túneles para irrumpir en la base de la coalición, Bagram era relativamente segura, excepto por el cohete talibán ocasional que lograba pasar por encima de los muros.

Meghan y los demás artistas se reunieron con los miembros de las fuerzas armadas para disfrutar una comida navideña antes de subir al escenario. Ella dio la espalda al público, se tomó una rápida *selfie* con los uniformados y luego pronunció su discurso motivacional: «Nunca quise ser una dama que se dedica a ir a almuerzos; siempre quise ser una mujer que trabaja [...]».

De nuevo se repartieron *cupcakes* y después, mientras los aviones de combate y los transportadores C-130 rodaban por la pista, Meghan y los demás posaron con los soldados frente a una pared cubierta con malla. Aunque las celebridades lucieron sus sonrisas de cajón frente a las cámaras, las tropas apenas podían obligarse a sonreír entre ellos. A diferencia de los famosos, a los que habían llevado allí por un par de días, ellos todavía tenían por delante varios meses más de aburrimiento intenso, interrumpido por estallidos de acción frenética. Fue una interacción emotiva.

La última parada en Cambridge, Inglaterra, era la mejor manera de liberar tensión. Antes de su último espectáculo, los pilotos de la base llevaron a los miembros de la compañía de artistas de USO a hacer un recorrido para ver los equipos militares bajo su mando, incluyendo los aviones F-15E Strike Eagle y los Osprey CV-22, un híbrido entre helicóptero y avión. Meghan ocupó su tiempo charlando con las familias y prestando especial atención a los niños. Esa noche los Dempsey llevaron a cabo una reunión de agradecimiento para los artistas de USO en un *pub* de Cambridge, The Anchor, donde los artistas también agradecieron sinceramente al matrimonio Dempsey y a la USO por el privilegio de poder entretener a las tropas. Antes de que terminara la noche, el presidente del Estado Mayor Conjunto cantó para el grupo. «¡Si tan solo hubiéramos logrado que hiciera lo mismo en Bagram!», comentó alguien en broma.

Esa fue la primera y última gira de Meghan con USO. Expresó sus sentimientos en una publicación de Instagram, donde mostró una fotografía de la gira con una leyenda muy sincera: «En gratitud hacia nuestras tropas y como oportunidad para agradecerles personalmente por su sacrificio y sus servicios. Fue un honor y me siento muy bendecida».

8

Las dos caras de la moneda

Tenía su pasaporte. Su bolsa de remedios homeopáticos. Sus vacunas, incluyendo las de hepatitis A y B, tifoidea, rabia y tétanos, estaban actualizadas. Tenía un repelente extra fuerte contra mosquitos y una bolsa de ropa ligera de manga larga. Meghan estaba lista para un verdadero viaje de adulta, embarcándose en su primera misión de investigación a nombre de la Organización de las Naciones Unidas. Aunque su visita a Ruanda, que está en el corazón de África, tenía como punto central los temas que rodean a la igualdad de género, también era una oportunidad para que los funcionarios de la ONU hicieran una valoración crítica de la estrella de *Suits* y observaran si era capaz y estaba dispuesta a comprometerse como embajadora de buena voluntad para la organización internacional. Un funcionario de la ONU señaló que la participación de Meghan como defensora de la igualdad de género estaba al nivel de colaboración informal.

A principios de enero de 2015, cuando aterrizó en Kigali, la capital de Ruanda, su primera parada fue para que le presentaran a las representantes parlamentarias de ese país. Se había programado casi una semana de reuniones para discutir el papel de la mujer en la democracia de Ruanda y los retos que enfrentaba esa nación hacia el futuro. Una y otra vez se destacó que solo cuando las mujeres recibieran igual tratamiento en el hogar, la escuela y el trabajo podrían disfrutar de vidas valiosas y satisfactorias, además de retribuir a la comunidad. La baja representación de las mujeres en trabajos de alto nivel, una característica que no solo afecta a los países en desarrollo, sino que ocurre en todo el mundo, era un problema que le preocupaba. La ONU estaba celebrando el hecho de que Ruanda fuera el primer país, y en ese momento el único, en tener una mayoría femenina en el Parlamento, con casi dos tercios de las curules en manos de las mujeres.

Ese era un gran paso hacia adelante y Meghan felicitó al presidente de Ruanda, Paul Kagame, diciéndole: «Necesitamos más hombres así».

Aunque Kagame tenía sus críticos, este era un giro realmente notable para un país que apenas 20 años antes había sufrido un espantoso genocidio. Las cifras eran alarmantes, con alrededor de un millón de personas asesinadas de la manera más brutal con machetes, y dos millones de desplazados en campos de refugiados. Meghan fue al otro lado de Ruanda; la actriz y sus acompañantes del equipo de la ONU viajaron en camioneta hasta el campo de refugiados de Gihembe, el creciente conjunto de chozas que salpican las laderas exuberantemente verdes que ahora son el hogar de 17 000 personas que huyeron de la violencia en la vecina República Democrática del Congo, un país devastado por la guerra. Quería hablar con las mujeres del pueblo, descubrir cómo afrontaban una vida que se suponía que sería temporal, pero que se había vuelto permanente. Inevitablemente, toda visita de una persona famosa, aunque la población local no tenga idea de quién es, atrae una multitud y Meghan posó felizmente junto a docenas de niños curiosos y emocionados de la localidad.

Mientras viajaba sobre un camino de tierra lleno de baches, junto a las cabras que pastaban y los campos de un verde frondoso, consultó distraídamente sus correos electrónicos, sorprendida de que la señal fuera mejor allí que en algunas partes de Toronto y Los Ángeles. En el viaje por esa carretera, se enteró de que la habían invitado a los BAFTA, los premios de la Academia Británica de arte cinematográfico, que se llevarían a cabo apenas unas semanas antes de los premios Oscar.

La empresa que administraba su carrera le dijo que la patrocinaría una lujosa compañía de joyería que la transportaría en un vuelo directo de Kigali a Londres, donde la llevarían a toda prisa a maquillaje y peinado, para luego embutirla en un vestido de noche. «No», le gritó su instinto. Siempre había tenido el sueño de asistir a los BAFTA, pero no podía cambiar de estado emocional con esa rapidez, del trabajo impulsado por un propósito que había estado llevando a cabo toda esa semana en Ruanda al glamur refinado de una entrega de premios. Habría otros BAFTA, otras alfombras rojas. Posteriormente escribiría: «Este tipo de labor es lo que llena mi alma».

Por supuesto, no sería la primera ni la última de las celebridades en debatirse entre reconciliar la superficialidad de Hollywood con la dura realidad de la vida para muchos de los habitantes del mundo en desarrollo. La actriz ganadora del Oscar y enviada especial del Alto Comisionado de Naciones Unidas para los Refugiados, Angelina Jolie, es un ejemplo vívido de una estrella que logra abarcar ambos mundos. Cuanto más participaba en misiones humanitarias, más tuvo que aprender a cambiar de estado de ánimo según la ocasión. Es igual que la actuación, pero en la vida real.

Poco después de su regreso de Ruanda, en febrero, Meghan estaba al frente en la Semana de la Moda en Nueva York. Sentada en primera fila, observaba a las modelos en el desfile de su mentor en moda, Wes Gordon, pero también la fotografiaron admirando la elegante colección de Misha Nonoo. El tema era el grito de angustia de Meghan: el empoderamiento de las mujeres. Nonoo pidió a sus modelos que se arreglaran ellas mismas el pelo, amarrándolo en colas de caballo con un mínimo de producto y con tantos pasadores como quisieran. «Eso marcó la pauta», dijo Meghan muy entusiasmada.

Todavía estaba delirante por la colección cuando apareció en el programa de moda de Joe Zee en Yahoo! Style. Ambos rememoraron el pasado, desde la época en que se conocieron en 2011, bebiendo y charlando hasta altas horas de la noche. Lo que a Joe le gustaba de Meghan era su actitud decididamente contraria a lo que es común en Hollywood: valoraba a otras personas además de a sí misma.

— —

En medio de la ostentación y el glamur, prosiguió con su labor de defensoría en ONU Mujeres y sostuvo reuniones en el Banco Mundial y la Clinton Foundation, aprendiendo más sobre hechos y cifras respecto del sesgo de género en el mundo en desarrollo y, también, en su propio país. Aunque siempre tuvo un lado reflexivo, ahora sus amigos notaban que parecía más considerada, más experimentada y también más consciente de las ventajas que se le habían dado y de la oportunidad que tenía de marcar una diferencia. Aquellos días en los que luchaba por conseguir un punto de apoyo en la resbalosa escalera del éxito, no ocupaba su tiempo en causas sino en interminables audiciones, tratando simplemente de ganarse la vida. Aparentemente esos tiempos habían quedado atrás cuando se graduó de Northwestern. Pero ahora su éxito como actriz, junto con su voz en The Tig, le abría puertas y eso le traía recuerdos de aquella niña que había escrito cartas para quejarse de la publicidad sexista y de la joven mujer cuya meta era conseguir un empleo en el Departamento de Estado.

Viajó a Londres para apoyar a Emma Watson en su iniciativa HeforShe, cuando la actriz de *Harry Potter* llevó a cabo un evento en vivo en Facebook para atraer a sus seguidores a la campaña. Entonces llegó el turno de Meghan de subir a la palestra frente a un público amigable, pero intimidante. Meghan respiró profundamente y se enfocó. Estaba a punto de alcanzar un hito personal. Su madre y sus amigos estaban presentes para apoyarla frente a luminarias mundiales como el secretario general de Naciones Unidas, Ban Ki-moon; la directora ejecutiva de ONU Mujeres, Phumzile Mlambo-Ngcuka; la actriz Patricia Arquette; su propia mentora de Naciones Unidas, Elizabeth Nyamayaro y Hillary Clinton. (Irónicamente, ese mismo día Clinton eclipsó la aparición de Meghan con sus comentarios sobre el polémico uso de su servidor privado de correo electrónico durante su cargo como secretaria de Estado.)

El 10 de marzo, un día que siempre estará en su recuerdo, Meghan estaba a punto de hablar ante Naciones Unidas como la recién nombrada defensora de ONU Mujeres para el liderazgo y participación política de las mujeres.

Como es comprensible, la voz de Meghan sonaba un poco aguda cuando la actriz normalmente controlada inició su discurso: «Estoy orgullosa de ser una mujer y feminista, y esta noche estoy sumamente orgullosa de pararme frente a ustedes en este importante día, que sirve como recordatorio para todos nosotros sobre lo lejos que hemos llegado, pero en medio de la celebración está el recordatorio del camino que nos falta por andar...».

Narró su historia sobre los disturbios de Los Ángeles, su salón de clases, el líquido lavatrastes Ivory y los niños machistas de su escuela; habló de cómo escribió a Procter & Gamble, a la abogada de los derechos de las mujeres Gloria Allred, a la periodista Linda Ellerbee y a Hillary Clinton. La presunta candidata presidencial sonrió ante esa mención. Meghan habló de forma inspiradora sobre cómo su carta había logrado provocar una diferencia y cómo se sintió de haber ayudado, en la medida de sus posibilidades, a lograr un cambio.

Se enfocó en la débil representación de las mujeres en los congresos políticos del mundo, citando datos que mostraban que el número de legisladoras había aumentado en apenas 11 por ciento desde 1995. «11 por ciento en 20 años. Vamos. Esto tiene que cambiar», señaló antes de que la sala estallara en aplausos.

Cuando Meghan concluyó, Ban Ki-moon, el secretario general de la ONU, fue el primero en iniciar una ovación de pie. Fue una absoluta confirmación que resonaría cada vez que su discurso se proyectara en numerosas aulas en Estados Unidos y en todo el mundo, inspirando y provocando a una nueva generación de niñas para que hagan la diferencia.

«Meghan Markle ha ayudado a despertar la atención global frente a los problemas de igualdad de género», dijo una vocera de ONU Mujeres. «ONU Mujeres confía y espera que en su nuevo e importante papel público siga utilizando su voz y su visibilidad para apoyar el progreso hacia la igualdad de género».

Parecía tenerlo todo: era una joven y elocuente defensora con un sitio web de buen gusto y de última moda, además de actriz con una exitosa carrera en televisión. Curiosamente, su discurso frente a ONU Mujeres pareció el punto máximo en su participación con la organización internacional. Una vez que la nombraron oficialmente como defensora, parece ser que su labor benéfica en nombre de la ONU se redujo considerablemente.

No obstante, ahora las invitaciones para presentar los temas que eran importantes para ella y discutirlos en programas de entrevistas comenzaron a llegar en grandes cantidades. En consecuencia, fue de lo más natural que le pidieran fungir como anfitriona en el almuerzo emblemático de Women in Cable Telecommunications en 2015. Maria E. Brennan, directora ejecutiva de WICT, explicó esta decisión: «Meghan es un excelente ejemplo de alguien que no solo representa un personaje femenino fuerte, sino que también lo es en la vida real».

Larry King, el presentador del programa de entrevistas, la invitó de nuevo —antes había ido con Patrick J. Adams para hablar sobre *Suits*— a discutir su papel como defensora de los derechos de la mujer. Meghan probó sus habilidades en la diplomacia al desviar hábilmente la pregunta de Larry King sobre cual país tenía el peor récord en cuanto a igualdad de género, al decirle que tenemos que tomar en cuenta el contexto cultural.

Junto con su labor humanitaria aparecían también los beneficios de ser una glamorosa estrella de televisión. A medida que se elevaba su estatus de celebridad, también aumentaba su precio. Estaba aprendiendo que podía cobrar una tarifa por presentarse. Kruger Cowne, una agencia de oradores, creación de marca y presentadores con oficinas principales en Chelsea, en el centro de Londres, y representación en Santa Mónica, fue la que se ocupó de potenciar las oportunidades de Meghan.

La agencia, que se fundó en 1999, representa a toda una gama de famosos, como el dueño de Virgin, Richard Branson; Cher, y sir Bob Geldof, al igual que a instituciones benéficas como One Young World, a la que Meghan había representado. Clarins, la línea de productos para el cuidado de la piel, y la poetisa paquistaní Fatima Bhutto también eran clientes que la actriz mencionaba con frecuencia. ¿Cuál era la tarifa de Meghan? De 20 000 dólares en adelante por aparición.

Había entrado en un mundo prestigioso y dorado acerca del que ya había escrito en su blog anónimo Working Actress, al señalar el veloz cambio en su existencia cotidiana. «Trabajo muchas horas. Viajo para ofrecer conferencias de prensa y mi mente memoriza. Mi mente gira. Mis días se confunden unos con otros. Mis noches son intranquilas. Mi pelo está arreglado y mi rostro está maquillado, reconocen mi nombre, mi nivel como estrella va en ascenso, mi vida está cambiando».

En marzo, justo antes de su discurso ante Naciones Unidas, estaba en la isla de Malta en el Mediterráneo. La visita, patrocinada por la revista *Elle*, era una oportunidad para que descubriera un poco más acerca de sus raíces —y para que disfrutara algo de la cocina fabulosa, aunque a menudo poco reconocida de la isla—. Malta tenía un sitio especial en su corazón; su tatarabuela Mary Merrill, hija de Mary Bird, una antigua sirvienta de la familia real británica, y de un soldado británico, había nacido allí y Meghan ansiaba saber más.

Viajó en transbordador hasta la diminuta isla de Gozo, donde disfrutó del delicioso quesito Goz (un platillo tradicional de pan relleno de queso) y luego, después de regresar a la isla principal, exploró la Casa Rocca Piccola en La Valeta y pudo admirar las pinturas de Caravaggio en la Concatedral de San Juan. Durante su estancia de una semana, se enamoró de la cocina maltesa. Meghan se lanzó de lleno a una lección de cocina con la chef Pippa Mattei, el equivalente de Martha Steward en Malta, en su casa en Attard. Como a Meghan le gustaba enfatizar que, al ser una chica de California, su experiencia sobre la cocina que utiliza productos que vienen directamente del campo está inscrita en sus genes, aquí tenía la oportunidad de ver la versión maltesa. Mattei la llevó a comprar productos agrícolas y al mercado local de pescado; luego le dio una lección sobre cómo hacer pasta y *pastizzi,* seguida de una comida en el jardín de Mattei.

Para una chica que tramó The Tig a partir de su bebida favorita, no era posible que una visita a Malta estuviera completa sin una amplia degustación de vinos, por lo que la actriz visitó el viñedo Meridiana una tranquila tarde para saborear afrutados tintos y sabrosos blancos. Como el vino de Malta nunca, o rara vez, llega a Estados Unidos, este fue un auténtico deleite. No descubrió mucho más acerca de sus antepasados malteses, pero cuando menos sus papilas gustativas se dieron unas vacaciones memorables.

Su visita a Malta fue un viaje en solitario, aunque su novio chef se inspiró con la variedad y peculiaridad de la cocina local. Al igual que Meghan, estaba muy ocupado, pues estaba a punto de iniciar una nueva empresa: FLOCK Rotisserie and Greens, un restaurante especializado en pollo asado y ensalada. El chef admitió que había estado usando a Meghan como sujeto de prueba de una buena cantidad de pollo asado, y trabajaba prácticamente las 24 horas del día administrando tres restaurantes.

También estaba frente a la cámara, grabando episodios de *Chef in Your Ear* para la Food Network de Canadá, los cuales se transmitirían en diciembre de 2014. Siguiendo el ejemplo filantrópico de Meghan, se prestó como voluntario para Kids Cook to Care, un programa dirigido a jóvenes en el que los chefs famosos les enseñan a cocinar comida casera. La idea era despertar su comprensión acerca de las técnicas de la cocina y sobre la importancia de servir a la comunidad.

Por sus compromisos de grabación y sus restaurantes no pudo acompañar a Meghan en su siguiente excursión exótica a Estambul, donde ella, junto con el actor Eddie Redmayne, el protagonista de *Cincuenta sombras* Jamie Dornan y la cantante Paloma Faith se disponían a celebrar la apertura del último enclave de Soho House.

Fue otro interludio glamoroso en el año más exitoso y ocupado de toda su vida. El impulso que su discurso ante la ONU le dio a su perfil se acompañó de una invitación para convertirse en el rostro de Reitmans, uno de los minoristas más antiguos y respetados de Canadá. Es más, la cadena, que tenía 90 años de existencia, quería que Meghan se ocupara de seleccionar su línea de ropa. No solo se trataba de que su rostro apareciera en los anuncios espectaculares y en la televisión de todo Canadá, sino que influiría en cómo se vestirían las mujeres.

Era una oportunidad maravillosa, aunque cuando les mencionó la propuesta a sus amigos más conocedores, estos se burlaron de la idea de que se involucrara con una tienda minorista tan anticuada. «Ahí mi mamá compraba sus jeans en los ochenta», dijeron a coro. Meghan no estaba tan segura. Como era estadounidense no tenía la misma reacción impulsiva de sus amigos canadienses hacia esa venerable cadena de tiendas. En reuniones con los ejecutivos, Meghan aportó una perspectiva fresca. «Hay algunas prendas que son tan geniales que, si van a revitalizar la marca, estaré encantada de formar parte de ella», le comentó a la escritora de modas Jeanne Beker. Planearon una campaña publicitaria estelarizada por Meghan, quien vestiría la ropa más estilizada, ajustada y moderna de Reitmans. En un comercial se filmó a Meghan entrando a un restaurante refinado en donde dos señoras que están almorzando la miran de arriba abajo. Una exclama: «¡Tan elegante!», mientras que la otra pregunta qué lleva puesto. Luego tratan de subirse por encima de su asiento para mirar de cerca la marca de su blusa. Descubriéndolas en el acto, Meghan sonríe y les dice: «Señoras, es Reitmans». Otro comercial muestra a Meghan muy dueña de sí misma, con tacones altos estilizados y jeans ajustados, andando por la calle y hablando por celular. Mientras la cámara la sigue por la avenida ella se mira en un aparador de la tienda. Su encantador álter ego en el reflejo se arregla el pelo y se contonea para la cámara antes de lanzarle un beso a su otro yo. Entonces aparece el eslogan de la marca: «Reitmans. En serio».

No solo fue la embajadora de la marca, sino que se esforzó mucho en una colección limitada que se lanzaría en la primavera de 2016. Meghan estaba entusiasmada. Recordaba cuando era niña y se sentaba con su madre en su tienda de ropa, A Change of a Dress, en la zona de La Brea, en Los Ángeles. En esa época Doria llevaba a su hija a las bodegas de telas, donde recorría los pasillos de rollos de tela. Ahora tenía la oportunidad de crear su propia línea de moda. Meghan y el equipo de diseño plasmaban sus ideas en bocetos, jugaban con muestras de telas, examinaban los cierres y ajustaban las piezas de muestra. Como después señaló: «Estoy muy involucrada con el proceso de diseño y estoy segura de que los vuelve locos. Pero ¿cómo podría ser de otro modo? Lleva mi nombre».

Lo primero que desfiló por la pasarela en la Colección Meghan Markle fueron cuatro vestidos diferentes: Velada, Noche Romántica, un maxivestido al que llamaron Atardecer, y «un pequeño vestido blanco», el Terraza. Una vez que aprobó los diseños, la actriz cruzó los dedos, ansiosa de que sus fans y el público en general apreciaran sus esfuerzos. Como escribió en su blog: «Me esforcé con los diseños y estampados, compartí mis ideas acerca de todo y terminé con una colección limitada de piezas que reflejan facetas de mi estilo personal que creo que les encantarán».

Todos los vestidos se vendían por menos de 100 dólares cada uno, revelando la naturaleza consciente del presupuesto de su creadora, quien presumía de ser el tipo de mujer que compra en el exhibidor de ofertas. «Siempre he sido la chica que revuelve los ganchos tratando de encontrar la mejor oferta».

Por supuesto que eso no es del todo cierto. Cuando la diseñadora Misha Nonoo, su amiga, la invitó a acompañarla a los premios CFDA/*Vogue* Fashion Fund de 2015 en Nueva York, a principios de noviembre, estuvo encantada de ponerse una de las piezas de la colección de Misha. Era un vestido corto en fluida tela metálica que se combinaba con un profundo cuello en V para convertirlo en una sensación. Los fotógrafos clamaban por una toma de la estrella televisiva.

Aparte de esto, la señorita Markle también era el personaje central de una novela de literatura juvenil para chicas, *What Pretty Girls Are Made Of,* escrita por su mejor amiga de la universidad, Lindsay Roth, quien visitaba con tanta frecuencia su casa en Toronto que el cuarto de huéspedes adquirió el nombre de «Cuarto de Lindsay». Roth requirió de cinco años, y de abundantes copas de vino, para escribir la desenfadada novela que relata las aventuras de su heroína, Alison Kraft. Desde que era niña, Alison siempre había soñado con convertirse en actriz. Era una pena que después de años de audiciones no tuviera la carrera estelar que anhelaba, así que después de meditar profundamente, busca otros empleos y termina trabajando con una gurú del maquillaje.

Por supuesto, este era un retrato apenas disfrazado de Meghan durante sus años de lucha en los malditos noventa. Lindsay tenía todo el material de investigación que necesitaba, no solo de boca de Meghan, sino por el blog Working Actress, acerca de los altibajos de la vida de una aspirante esforzada. Entre 2010 y 2012 empezó a acreditarse a Meghan la autoría de ese blog. A Meghan le encantó el libro, así que publicó en Instagram efusivas fotografías del insustancial tomo. Como es natural, estuvo en la fiesta veraniega del lanzamiento, luego de lo cual llevó a su amiga a un juego de hockey. Lindsay no solo le agradeció a su amiga actriz por ayudarle a explorar «lo que significa ser "bonita"», sino que le envió un ejemplar de su simpática nadería a Kate Middleton en el Palacio de Kensington, acompañada de una tarjeta que le informaba a la duquesa que, según la opinión de la autora, Kate era la definición misma de «hermosura».

Después, Lindsay publicó orgullosamente en línea la nota de agradecimiento que envía rutinariamente la oficina de la duquesa de Cambridge. Nunca, ni por un segundo, contempló la posibilidad de conocer a la futura reina en el Castillo de Windsor luego de que su mejor amiga se casara con el príncipe Harry. Si le hubiera sugerido esa estratagema a sus editores, se hubieran reído de ella en sus oficinas en Nueva York.

De hecho, Meghan *estaba* a punto de casarse, pero no era ni con el príncipe Enrique ni con su novio Cory Vitiello. Caminaría al altar con el tremendo abogado Mike Ross en el final de la temporada cinco de *Suits*. La filmación estaba programada para el 13 de noviembre, antes de que el programa cerrara para las vacaciones de Navidad. Al leer el guion, Meghan pensó que, si estuviera por casarse, cuando menos ella —o Rachel—, querría dar su opinión sobre el vestido de boda. Como le contó posteriormente a la revista *Glamour,* se comunicó con la encargada de vestuario de *Suits,* Jolie Andreatta, y con su amiga, la estilista de novias Jessica Mulroney, para que la inspiraran. Las tres mujeres se reunieron en la sucursal de Toronto de Kleinfeld's, la tienda de novias de la ciudad de Nueva York. La tienda, que presume de contar con 2787 metros cuadrados de ropa nupcial en Manhattan y que incluso tiene su propio programa de televisión: *Vestido de novia,* tenía una representación mucho más pequeña en La Bahía de Hudson. «Necesito algo cómodo y que no se arrugue, que sea clásico y como de cuento de hadas», explicó Meghan. Jessica sacó un vestido de Anne Barge, con falda completa y cuello en V, hecho con tul *plumetti.* Meghan se lo probó y exclamó:

—¡Esto es Rachel de pies a cabeza!

—Necesitamos el vestido en dos días —dijo Jolie—. ¿Podemos lograrlo?

En el guion original, Mike y Rachel finalmente iban a darse el sí. Sin embargo, después de que el productor Gabriel Macht y el creador de la serie Aaron Korsh revisaron el argumento, decidieron que lo más plausible sería que Mike fuera a la cárcel y que le dijera al personaje de Meghan, una llorosa Rachel Zane, que no podía casarse con ella, por lo menos no por el momento. Este sería el final de suspenso de la quinta temporada de la serie, que se proyectaría en marzo de 2016.

Después de filmar sus emotivas escenas, Meghan voló a un sitio tan frío o más que Toronto. La chica de California se dirigió a Islandia para ver la aurora boreal, descubriendo al mismo tiempo Álfabærinn, el pueblo de los elfos, donde no pudo resistir la tentación de subir una fotografía a su sitio de Instagram. Después de haber reconocido lo poco que sabía sobre el funcionamiento de Internet, ahora Meghan era una adicta de las redes sociales, donde publicaba lindas *selfies,* comentarios irónicos —sus propósitos de Año Nuevo fueron correr una maratón, dejar de comerse las uñas, dejar de decir groserías y reaprender francés—, al igual que ensayos inteligentes en sus florecientes cuentas de redes sociales.

En los 18 meses desde que lo lanzó, Meghan utilizaba asiduamente The Tig para promover lo que consideraba importante y bello: una encantadora fotografía de Doria en el día de las madres, una receta de pasta de betabel con *pesto* de arúgula, su lista de lecturas sugeridas, su foto favorita del artista Gray Malin o una toma de ella misma comiendo erizo de mar crudo mientras estaba parada entre las cálidas olas del Caribe. Meghan era implacable, diligente y disciplinada acerca de la creación de contenido diario. Invitó a escritores, como a la gurú de las relaciones públicas Lucy Meadmore, para que escribiera sobre un viaje a Costa Rica; a su profesor de yoga, Duncan Parviainen, y a su coestrella en *Suits*, Abigail Spencer. Sin embargo, había un serio apuntalamiento para todo este entramado; en un ensayo titulado «Campeones del cambio», Meghan escribió apasionadamente sobre las relaciones entre las diferentes razas, y volvió a narrar la contrariedad que sufrió su familia durante un viaje por carretera de Ohio a California. «Eso me recuerda lo joven que es nuestro país», dijo a sus lectores. Con una combinación de seriedad y frivolidad, de feminidad y realismo descarnado, The Tig proyectaba la imagen de una revista femenina sofisticada, pero con la distintiva voz de Meghan. Como señaló: «Es mi punto de comunicación para expresarme con mis propias palabras y para compartir todas esas cosas que me resultan inspiradoras y emocionantes, pero también alcanzables». De igual manera, representaba una fuente de ingresos. Ahora estaba ganando dinero por sus vínculos con sitios de compras en línea y la promoción de marcas como Birchbox, que es una marca de productos de belleza que se venden por suscripción. «Nunca pondría anuncios», señaló. «Ni vendería una vela por 100 dólares. Es ofensivo».

Había veces en que tenía que recordarse de no ceder ante la compulsión de fotografiar y compartir cada detalle de su vida. Debía acordarse de disfrutar de la vida real a medida que ocurría. Como dijo Warren Beatty acerca de Madonna cuando era su novio y ella estaba haciendo el documental *En la cama con Madonna:* «No quiere vivir lejos de las cámaras y mucho menos hablar». Hizo ese fulminante comentario antes de que las redes sociales corrieran desenfrenadas. Ahora Meghan formaba parte de una generación que, si no tenía cuidado, solo definiría su existencia a través de las redes sociales.

Sin embargo, el mundo real seguía marcando su vida. En febrero de 2016 la actriz voló de nuevo a Kigali, Ruanda, para emprender obras de beneficencia.

Antes de ir celebró el día de San Valentín sin Cory, pero con amigos, en el West Village de Nueva York. Esto se había convertido en un patrón, ya que ambos eran personas ambiciosas y ninguno estaba dispuesto a ceder el tiempo —ni hacer el esfuerzo— de nutrir una relación significativa. Él estaba inmerso en su cadena de restaurantes y en su carrera televisiva como chef famoso, en tanto que Meghan vivía en su mundo como actriz, humanitaria y personalidad de la moda. Para cuando Meghan abordó el avión a Kigali era evidente que había señales de advertencia en su relación de dos años.

Esta vez su visita a África no la dispuso la ONU, sino World Vision Canadá, una institución cristiana evangélica de asistencia humanitaria. Su organización hermana, World Vision, cuya oficina principal está en Estados Unidos, había llegado a los titulares el año anterior por su decisión de no contratar cristianos que estuvieran casados con personas del mismo sexo. Era una posición política que pronto rechazaron sus independientes vecinos canadienses. La declaración de la misión humanitaria dice: «Motivados por nuestra fe en Jesucristo, World Vision actúa al lado de los pobres y oprimidos como una demostración del amor incondicional de Dios hacia toda persona. World Vision atiende a todas las personas, sin importar su religión, raza, origen étnico y género».

En apariencia era una elección extraña, en especial porque Meghan se había mantenido ligeramente al margen del trabajo de ONU Mujeres y no tenía nada programado en relación con su papel como defensora de la ONU. No obstante, World Vision Canada estaba muy dispuesta a aprovechar su estatus como celebridad para promover su labor en el mundo en desarrollo, en particular llevando agua potable a los pueblos rurales. Sin importar las dudas que pudo haber tenido, aceptó la invitación para observar su trabajo en Ruanda. Fue un acuerdo entusiasta, según recuerda Lara Dewar, jefa de *marketing* de WVC. «Es notablemente accesible. Se mostró muy abierta a una conversación sobre las causas que la motivaban y sobre cómo le gustaría enterarse de más cosas al respecto».

Esta visita fue muy distinta a su viaje patrocinado por la ONU, cuando conoció a las representantes del Parlamento y discutió con ellas cómo podían promover de mejor manera los temas de la mujer en un país primordialmente rural. En esta ocasión, su gira tuvo que ver más con la caridad tradicional y vertical: Meghan observó la terminación de un pozo en una pequeña población y luego ayudó a abrir el mecanismo que hizo brotar el agua a la superficie. Mientras tanto, su amigo, el fotógrafo de modas Gabor Jurina, capturó las escenas.

Aunque su visita no se enfocó directamente en la igualdad de género, con gran rapidez Meghan captó el concepto de que el acceso al agua potable en una comunidad mantiene a las niñas en la escuela, porque no tienen que caminar durante horas para encontrar agua para sus familias.

Tras participar en una lección de baile, visitó una escuela en la región de Gasabo y conoció a 25 estudiantes a los que el acceso a una tubería de agua potable, que instaló World Vision Canada, había transformado sus vidas. Se sentó junto a los niños que usaban acuarelas con agua extraída del pozo, para pintar imágenes con sus dedos sobre sus sueños y su futuro.

Cuando regresó a Toronto organizó una venta de arte con fines benéficos utilizando las pinturas de los niños en lo que ella denominó el Proyecto de Acuarelas. El acto, al que se asistía solo por invitación, se llevó a cabo el 22 de marzo en la galería LUMAS, en el centro de Toronto, con la presentación a cargo de Meghan. En él se recaudaron 15 000 dólares, dinero suficiente para llevar agua limpia a toda una comunidad rural. Aplaudida como la recién nombrada embajadora mundial de World Vision, informó a un público de más de 70 personas: «El acceso al agua potable permite que las mujeres inviertan en sus propios negocios y comunidades. Promueve el liderazgo de las bases y, por supuesto, refuerza la salud, así como el bienestar de niños y adultos. Cada elemento implicado se encuentra muy interconectado y el agua potable, esta particular fuente de vida, es la clave de todo ello».

Ahora Meghan era el rostro oficial de la organización; apareció en una serie de videos cortos y concisos que se presentaban en el sitio web de la institución de beneficencia en la sección sobre su estado financiero, así como en su material promocional y su perfil en línea. A diferencia de la ONU, donde era una entre muchas celebridades que trabajan para promover temas importantes dentro de la organización, aquí Meghan era la representante principal de esta organización cristiana, una de las más grandes de Canadá.

Meghan giró para posar frente a un fondo blanco, mientras su amigo Gabor Jurina tomaba multitud de fotografías. También se estaba tomando video en el que se capturaba la acción detrás de escena mientras la actriz modelaba cuatro vestidos de su colección limitada para Reitmans. Luego corrió a casa para escribir el material promocional de la colección que subiría a The Tig.

Se explayó eufórica acerca del maxivestido inspirado en Los Ángeles y se emocionó con el lindo vestido negro tan al estilo de Rachel Zane, sin dejar de lado su entusiasmo por el vestido blanco con volantes y bastilla asimétrica. El vestido bermellón Cita Romántica hacía que Meghan se sintiera «muy a la moda y muy afrancesada». El día anterior al lanzamiento de su colección, que sería el 27 de abril, Meghan se apresuró a llegar a Nueva York para la grabación del final del Fashion Fund, un evento patrocinado por la revista Vogue donde los diseñadores compiten para obtener el patrocinio y financiamiento para su línea. Allí se encontró con las luminarias de la moda, lo cual sería la perfecta punta de lanza para el lanzamiento de su propia colección. Meghan también viajó sola. La noticia, que no sorprendió a ninguno de sus amigos, era que ella y Cory habían decidido separarse. No obstante, el rompimiento sí tuvo un efecto en ella; una amiga de Meghan señaló que la actriz se sentía triste, vulnerable y herida por la separación. Aunque había indicios de que Cory salía con otras mujeres, la raíz del problema era el simple hecho de que ninguno de los dos estaba dispuesto a comprometerse.

Pero, sin importar eso, al día siguiente puso buena cara y disfrutó de una copa de champaña cuando asistió a la develación de su primera colección de modas en la tienda principal de Reitmans en Toronto. Fue un éxito inmediato.

La colección se vendió prácticamente en un día, lo cual seguramente provocaría un ataque de envidia a Kate Moss. Meghan estaba muy emocionada, en especial porque la compañía estaba tan entusiasmada con las ventas que su segunda colección limitada, que saldría en el otoño de 2016, se consideraba un hecho consumado.

La actriz apenas tuvo tiempo para acabarse su copa de espumoso antes de participar como celebridad invitada en un almuerzo en honor de 10 mujeres innovadoras menores de 25 años. Meghan, junto con atletas olímpicas y exitosas fundadoras de empresas emergentes de Internet, fue nombrada mentora de las finalistas en el 59º aniversario del College Women of the Year. Ahora como una venerable decana, se le preguntó acerca de las ideas equivocadas más comunes que tienen las jóvenes universitarias. «Te das cuenta de que hay mucha más profundidad y una cantidad increíble de inspiración, y que las jóvenes están pensando fuera del encuadre convencional de un modo que nunca hemos visto antes. Esa es la mayor señal de que estamos en buenas manos, de que nuestro mundo estará bien y de que estas son las mujeres que participarán en lograr un cambio».

Un par de semanas después ya no tenía tanta confianza en el futuro cuando accedió a aparecer en Comedy Central e integrarse a un panel de discusión en *The Nightly Show* de Larry Wilmore.

Con la elección presidencial apenas a seis meses de distancia y con los candidatos republicanos que caían como moscas, Donald Trump parecía ser el puntero. La noche en que se presentó, los interminables ataques de Trump contra la presentadora de noticias de Fox News Megyn Kelly —la llamaba «enferma» y «sobrevaluada»— suscitaron finalmente una respuesta de la cadena televisiva, cuya inclinación siempre había sido republicana. En una declaración en apoyo a Kelly expresó: «Los virulentos ataques de Donald Trump contra Megyn Kelly, así como su obsesión exagerada y enferma con ella, son algo que está por debajo de la dignidad de un candidato presidencial que quiere ocupar el máximo puesto en el país».

Wilmore preguntó a sus invitados: «¿Creen que el impulso que mueve al señor Trump pueda detenerse?». Meghan se unió al chacoteo con el presentador y los demás invitados, riendo burlonamente y diciendo: «Este es el momento en que me voy; filmamos *Suits* en Toronto y bien podría ser que me quede en Canadá. Es que, ¡vamos!, si esa es la realidad de la que estamos hablando, ¿qué se puede decir? Eso lo cambia todo en términos de cómo funcionamos dentro del mundo».

Unos cuantos minutos más tarde intervino para expresar otras opiniones. «Claro, por supuesto que Trump causa divisiones. Piensen simplemente en las mujeres votantes. Creo que fue en 2012 cuando el Partido Republicano perdió el voto femenino en 12 puntos porcentuales. Esa es una cifra enorme». Prosiguió llamando «misógino» a Trump y sugirió que votar por Hillary Clinton se había vuelto más fácil debido a la calidad moral del hombre contra el que competía. «Trump facilitó que te des cuenta de que no quieres el tipo de mundo que él propone», argumentó.

No pasaría mucho tiempo antes de que la enorme sombra de Trump afectara su vida de maneras que nunca pudo haber imaginado.

9

Cuando Harry conoció a Meghan

⚜

A veces el momento oportuno lo es todo. Si Meghan Markle hubiera conocido dos años antes al hombre que ahora estaba frente a ella, vestido de manera informal y con la mano extendida para saludarla, es probable que le hubiera sonreído, platicado en forma amistosa con él y seguido adelante. El príncipe Harry no la habría impresionado, excepto como una anécdota para contarle a sus amigos.

Por supuesto que habría notado su pelo y su barba de color rojo —su padre, su medio hermano y su exmarido Trevor Engelson tienen el pelo rubio rojizo—, y con una estatura de más de 1.85 metros no está muy lejos de alcanzar a su padre, aunque es más delgado y está en mejor condición física, además de que tiene el caminar larguirucho y de grandes zancadas de un joven que ha pasado mucho tiempo inmerso en la naturaleza. Pero Meghan habría considerado al Harry de antes como una persona difícil, una especie de alma perdida.

En retrospectiva, Harry sería el primero en admitir que, en la época en que apenas superaba los 20 años, su vida se había sumergido en el «caos total» y en la lucha por procesar la negra nube de pena que había rodeado su vida desde el momento en que, en el verano de 1997, lo levantaron de su cama en Balmoral y le dijeron que su madre, Diana, la princesa de Gales, había muerto en un accidente automovilístico.

Aunque se vertieron millones de lágrimas cuando la gente vio al príncipe —quien entonces tenía 12 años— caminar detrás del ataúd de su madre en el funeral televisado, Harry tuvo que lidiar por su cuenta con las consecuencias. Ni siquiera su hermano, el príncipe William, que es tan sereno, pragmático y sensato, pudo en ocasiones entablar una comunicación con él.

Sin su mamá, sin una influencia estabilizadora y cariñosa en su vida, Harry se había desviado del camino. Se volvió tristemente famoso por ser un borracho enojado que daba tumbos fuera de los clubes nocturnos londinenses, listo para atacar a los odiosos *paparazzi* que seguían con obstinación cada uno de sus pasos. Durante años lo protegió cuidadosamente una serie de profesionales muy bien pagados de las relaciones públicas, que suavizaban sus correrías. Pero, en febrero de 2004, cuando Harry, debido a sus diabluras nocturnas, recibió el apelativo de «vergüenza nacional» y «joven horrible» de labios de la influyente columnista Carol Sarler, entró en acción Paddy Harverson, el director de comunicaciones del príncipe Carlos.

Harry viajó a Lesoto y lo fotografiaron con un pequeño huérfano llamado Mutsu Potsane; luego, expresó su profunda conmoción acerca del impacto del sida en el país. En el viaje lo siguieron los ayudantes de la casa real que amablemente publicaron una carta que Harry les escribió a los pacientes de una unidad hospitalaria que se dedica a atender a víctimas de violación y abuso sexual. Era un clásico ejercicio en relaciones públicas que utilizaba las evidentes cualidades personales del príncipe —su actitud relajada, su decencia fundamental y su sentido del humor—, junto con el legado humanitario de su madre, para proyectar una narrativa diferente sobre un joven más conocido por su afición a los clubes nocturnos.

Durante muchos años este fue el patrón que seguiría el príncipe, en el que sus indiscreciones nocturnas se compensaban más que bien con su labor caritativa y su vida como soldado de carrera, al haber cumplido con su servicio en Afganistán antes de capacitarse para volar helicópteros Apache. En el mundo del príncipe

Harry siempre había alguien que limpiaba lo que el dejaba tirado. Cuando se vistió con un uniforme nazi para una fiesta de disfraces de Colonizadores y Nativos poco antes del Día del Holocausto en 2005, sus escoltas aceptaron que había sido una «mala elección de disfraz», pero insistieron en que no había malicia en su decisión. De manera similar, cuando lo atraparon en video hablando de un compañero cadete de Sandhurst como «nuestro amiguito paquistaní» y diciendo que otro parecía un *«raghead»* (que es un término peyorativo para un árabe que usa turbante), de nuevo Paddy Haverson, el encargado de sus relaciones públicas, entró al rescate.

Si Meghan hubiera conocido su vida en aquel tiempo, no le hubiera impresionado su racismo casual. Tampoco impresionó a otros. «Es un joven que está muy perdido», me comentó un exoficial real. «Harry está profundamente perturbado y es infeliz e inmaduro; está imbuido con la serie de ideas racistas sesgadas y silenciosas que son típicas de su clase y origen».

Tal vez el punto más bajo en la vida fiestera de Harry haya sido lo que ocurrió en 2012, cuando le tomaron imágenes retozando desnudo en un cuarto de hotel en Las Vegas durante un juego de billar nudista con un montón de desconocidos, algunos de los cuales tenían teléfonos con cámaras y muy amablemente subieron las payasadas de Harry para que todos las vieran. «Demasiado ejército y no suficiente príncipe», fue su arrepentida respuesta.

A pesar del tumulto, en general el príncipe conservó el afecto del público, que instintivamente se compadeció de las dificultades emocionales por las que habían atravesado él y su hermano durante el amargo divorcio de sus padres y la muerte prematura de su madre. La diferencia entre ellos era que Guillermo tenía un temperamento más centrado y, posteriormente, tuvo el apoyo de una esposa sensata y estable para acompañarlo en las oscuras noches del alma. El hermano menor encontró un curioso alivio de sus demonios y un sentido de propósito durante su época en el ejército.

No es el primero ni el último joven que encontró dirección y disciplina dentro de la milicia.

Hubo un episodio en particular que tuvo un profundo impacto en el curso de su vida. Al final de su primera misión en 2008, en el vuelo de regreso de Afganistán, viajó con el ataúd de un soldado danés muerto, que fue subido a bordo por sus amigos, y con tres soldados británicos, todos ellos en coma inducido, a los que transportaban junto con las extremidades que habían perdido envueltas en plástico. Ese vuelo lo dirigió hacia una trayectoria que culminó en los Juegos Invictus.

«La manera en que veía el servicio militar y el sacrificio cambió para siempre», recordaría en su discurso de apertura de los Juegos Invictus de 2017.

«Sabía que mi responsabilidad era usar la gran plataforma que tengo para ayudar al mundo a que comprenda y se inspire con el espíritu de quienes portan el uniforme».

La idea del príncipe era combinar sus contactos en la realeza, su perpetuo interés en las fuerzas armadas y su pasión por las causas humanitarias en un solo evento enfocado. Los Juegos Invictus son un festejo internacional en los que compiten soldados, hombres y mujeres que están enfermos, heridos o lesionados en una diversidad de deportes, desde remo bajo techo hasta baloncesto en silla de ruedas. En septiembre de 2014, después de un año de planeación y reuniones, se llevaron a cabo en Londres los primeros juegos, en los que participaron 300 miembros de las fuerzas armadas de todo el mundo. Los juegos fueron un triunfo que le dio un nuevo enfoque e ímpetu al príncipe, quien dejaría el ejército en 2015. Estaba totalmente comprometido con utilizar su posición única para ayudar y alentar a aquellos que enfrentaban las durezas de la guerra moderna: veteranos que sufrieron daños y lesiones, pero que estaban preparados para seguir luchando, aunque fuera en una cancha de baloncesto o de tenis. Los Juegos Invictus fueron obra de Harry. «Desde entonces se convirtió en el hombre que es hoy», asegura un miembro de la corte. «No ha sido un proceso fácil. Se ha vuelto más abierto y su desarrollo lo llevó a convertirse en una persona a la que le interesan de manera genuina los problemas sociales».

La experiencia detonó algo en Harry y es cada vez más frecuente que se muestre encantado de hablar de sus esperanzas y sueños personales. Sus conversaciones, tanto públicas como privadas, estaban salpicadas de charlas sobre el principesco problema de encontrar una pareja, sentar cabeza e iniciar una familia. Era evidente que había llegado a una encrucijada en su vida y que sus días de correrías habían terminado. A medida que el resto de sus amigos se casaban e iniciaban sus familias, parecía que el príncipe Harry estuviera en peligro de convertirse en el último soltero. Veía cómo su hermano disfrutaba de las alegrías simples de la vida familiar y también quería vivir esa experiencia.

En una fiesta de cumpleaños en febrero de 2016, le contó a la presentadora de televisión Denise van Outen: «No estoy saliendo con nadie y por primera vez en la vida quiero encontrar esposa». Ese se volvió el tema familiar. Tres meses después, mientras estaba en Orlando, Florida, para los Juegos Invictus, de nuevo sacó a relucir el tema del amor y el matrimonio en una entrevista con el *Sunday Times*. «Por el momento mi atención está colocada principalmente en el trabajo, pero, si alguien entra en mi vida, eso sería absolutamente fantástico. No estoy poniendo al trabajo por encima de la idea de la familia y el matrimonio. Es simplemente que no he tenido muchas oportunidades de salir y conocer gente».

La dificultad de encontrar a alguien «dispuesta a soportarme» era un tema que siempre tenía en algún sitio de su mente cada vez que conocía a alguien nuevo. ¿Qué les atraía, él o su título? Como señaló uno de sus amigos: «Tienes que ser un tipo muy especial de mujer para querer ser princesa».

Al tiempo que Meghan Markle se acomodaba en su asiento para aterrizar en el aeropuerto de Heathrow, el amor y el matrimonio estaban en su mente. La actriz regresaba de un largo fin de semana en la isla griega de Hidra, que alguna vez fuera hogar del melancólico poeta y cantante Leonard Cohen. Habían sido varios días de vino, salmonete, garbanzo e increíbles movimientos de yoga, mientras Meghan, su mejor amiga de la universidad Lindsay Jill Roth y las damas de honor de Lindsay discutían sobre vestidos de novia, velos, flores, así como el pasado y el futuro. La relación de Meghan con el conocido chef Cory Vitiello había terminado hacía poco, marchitándose antes de siquiera florecer a medida que sus vidas se fueron llenando cada vez más de compromisos; en esta ocasión Meghan disfrutaba de un tiempo lejos de Toronto y de la casa que ambos habían compartido.

Como dama de honor de Lindsay, quien desde que dejó Northwestern se había embarcado en una carrera como productora de televisión y novelista, Meghan tomó su papel con mucha seriedad, organizando una fiesta de soltera en esa hermosa isla griega, en lugar de hacerlo en un estridente club del centro de la ciudad. «Hay algo muy catártico en poder desconectarte; bañarte al sol sin que nadie te mire, nadar, comer enormes cantidades y brindar por el mero hecho de ser», escribió en The Tig. Las minivacaciones fueron un triunfo, como lo fue su invitación sorpresa en la que le pidió a Lindsay que fuera a Toronto, donde Meghan arregló que le probaran un vestido de novia en la elegante boutique nupcial de Kleinfeld en la Bahía de Hudson (donde antes había comprado el vestido de boda de Rachel Zane), con ayuda de otra de sus grandes amigas, Jessica Mulroney, quien trabajaba en relaciones públicas de la tienda. Lindsay, que se casaría con un actuario británico, terminó enamorándose de un vestido de la novedosa diseñadora libanesa Zuhair Murad, quien había vestido a muchas de las estrellas de la élite de Hollywood, incluyendo a Taylor Swift, Beyoncé y Katy Perry.

Después de cumplir con sus deberes como la impecable dama de honor, Meghan llegó a Londres para un poco de autopromoción —y unos cuantos días de diversión—.

Con más de seis millones de seguidores en Twitter, un programa matutino y una plétora de amigos famosos con altos perfiles, el príncipe de los medios de comunicación, Piers Morgan, era un buen partido como contacto para una actriz emergente que buscaba ver su nombre en los titulares. Después de todo, su visita de una semana a Londres era principalmente para promover la siguiente temporada de *Suits* y para impresionar con su elegancia en Wimbledon, frente a su patrocinador Ralph Lauren.

Como ambos ya eran amigos en Twitter después de un vigoroso intercambio, Meghan se comunicó con Piers el 29 de junio mientras estaba sentada en las gradas en Wimbledon viendo a su amiga, la leyenda del tenis Serena Williams. Meghan le sugirió que se reunieran y quedaron para tomar una copa por la noche en su *pub* local, la Scardsdale Tavern en Kensington. Piers era un entusiasta de *Suits*, pero esta era la primera vez que veía a «Rachel Zane» en vivo. Piers le comentó al *Mail* en línea: «Se veía como una absoluta superestrella de Hollywood: muy delgada, con largas piernas, muy elegante e imposiblemente glamorosa». O como dijo el dueño del lugar: «despampanante».

Mientras ella daba sorbos a un *martini* sucio, charlaron sobre *Suits* y sus orígenes, sus tiempos como chica del portafolio, el control de armas en Estados Unidos, su pasión por la caligrafía, los derechos de las mujeres y la ambición que tuvo alguna vez de ser presentadora de televisión. Piers se sintió debidamente halagado e impresionado. «Es fabulosa, cariñosa, divertida, inteligente y muy entretenida», recordaría después. «También me pareció una persona muy real; no como una de esas actrices falsas tan comunes en California».

A las ocho de la noche se fue a una cena que tenía programada en el club privado del 5 Hertford Street, entre una oleada de mensajes de texto en los que señalaba que había recuperado la soltería recientemente, que estaba «fuera de práctica» con el asunto de las citas amorosas y que intentaba defenderse de los hombres «persistentes».

¿Meghan salió de su reunión con el príncipe de los medios para conocer al príncipe de verdad? Aunque Piers tenía antecedentes como cupido de las celebridades —yo estuve en el almuerzo en el que presentó a Paul McCartney con Heather Mills, con quien después se casó—, es dudoso que una mujer tan cuidadosa en términos sociales y siempre lista para lucir ante las cámaras, se hubiera tomado un par de *martinis* antes de conocer al nieto de la reina.

Profesionalmente, la razón para su visita a Londres era, en primer lugar, promover la nueva temporada de *Suits* y al diseñador Ralph Lauren. Su gran día sería el 30 de junio, así que tenía que estar espabilada, llena de energía y lista para otra tarde de sonrisas deslumbrantes, junto con la ocasional copa de champaña.

Dispuesta a aumentar sus redes de contactos, Meghan trabajaba estrechamente con Violet von Westenholtz, una ejecutiva de relaciones públicas de Ralph Lauren, quien había organizado su «Día de *Suits*» y sus esfuerzos de mercadotecnia en beneficio de la marca. «¿Cuánto más podría adorar a esta joya?», escribió una efusiva señorita Markle a su nueva «mejor amiga». Vale la pena destacar que Violet no es solo una experta bien conectada en el mundo de la moda, sino que su padre, el barón Piers von Westenholz, un sofisticado diseñador de interiores, es amigo del príncipe Carlos, mientras que su hermana Victoria se consideró alguna vez como posible pareja para el príncipe Harry.

Durante años, Violet y Victoria acompañaron a los príncipes Carlos, Guillermo y Harry en su viaje anual de esquí a Suiza. Aunque es modesta en cuanto a sus habilidades como casamentera —«Dejaré que otros decidan si es así», le comentó al *Daily Telegraph*—, parece probable que ella haya arreglado la famosa cita a ciegas entre Meghan y Harry, programada para coincidir con el regreso del príncipe de la conmemoración de la Primera Guerra Mundial que se llevó a cabo en Francia.

Meghan siempre ha sido muy cuidadosa en enfatizar que se conocieron en julio, insistiendo en que la revista *Vanity Fair,* que publicó un halagador artículo sobre ella, incluyera una fe de erratas cuando afirmó que la pareja se conoció inicialmente en Toronto en mayo del 2016.

Si Violet tenía conexiones con la realeza, entonces el amigo de Meghan, el canadiense Markus Anderson, que era embajador de marca para la exclusiva Soho House y que acababa de regresar de unas vacaciones en Madrid con Meghan, estaba disponible para arreglar con gran rapidez un salón privado en el club para una cena íntima lejos de las miradas entrometidas.

El escenario estaba dispuesto, la flecha de Cupido temblaba en el aire y las estrellas, como señaló Harry en la entrevista por su compromiso, se conjuntaron. No es que Meghan haya tenido alguna opinión sobre el hombre al que estaba a punto de conocer. Cuando le preguntaron durante una entrevista en televisión si elegiría entre Guillermo o Harry, pareció desconcertada y el presentador tuvo que insistirle en que eligiera al príncipe que seguía soltero. Al parecer, Meghan parecía preferir en todo caso al actor Dennis Quaid.

Entonces, en apariencia, a Harry le quedaba mucho trabajo por hacer. Dicho esto, Meghan conocería a un Harry muy diferente del joven que acostumbraba dar tumbos al salir de los bares.

El primero de julio acababa de regresar de Francia donde estuvo con el entonces primer ministro David Cameron, el príncipe Carlos, los duques de Cambridge y otros dignatarios en una ceremonia para conmemorar el centésimo aniversario del inicio de la Batalla del Somme, la más sangrienta en la historia británica. En una vigilia por los caídos, Harry leyó *Before Action,* un poema escrito antes de entrar en combate por el teniente W.N. Hodgson, quien murió en el primer día de esa batalla. El evento era un sombrío y conmovedor recordatorio de la enormidad de ese día y Harry regresó de allí con actitud circunspecta.

Meghan conocería a un hombre adulto, enfocado y determinado, con una idea clara de quién era y lo que podía lograr. Antes de conocerlo, Meghan les preguntó a sus amigos si Harry era amable y agradable; la respuesta estuvo en sus ojos azules. Como dicen en las películas, «fue amor a primera vista». De inmediato se mostró sensible hacia él, consciente de que este era un hombre que, más allá de los chismes y del parloteo superficial, buscaba encontrar un puerto seguro. La pregunta que se hizo a sí misma después de esa primera reunión embriagadora fue: ¿sería capaz de darle a Harry lo que buscaba y de todo lo demás que eso implicaba?

Ambos se sentían hipnotizados. Harry estaba embelesado con la belleza, sofisticación y perspicacia de la actriz; ella lo veía como un hombre, no como un título nobiliario. En esa sutil ventaja de una primera cita, él se dio cuenta de que, aunque su abuela fuera la reina, Meghan había pronunciado un discurso ante un foro de las Naciones Unidas. Como confesó después, se dio cuenta de que tenía que mejorar para ponerse a su altura.

Al final de la noche se despidieron y tomaron caminos separados: él hacia Nottingham Cottage en el Palacio de Kensington y ella hacia la Dean Street Townhouse en Soho. Ambos estaban agitados. Al recordar aquella noche, quizá Meghan se preguntaba si no se habría mostrado demasiado dispuesta al aceptar la invitación del príncipe para volver a verse al día siguiente. Conserve el estilo, señorita Markle.

Como Harry confirmó después, la pareja disfrutó de dos citas seguidas, haciendo que cada minuto contara antes de que ella regresara a Toronto el 5 de julio para seguir promoviendo la nueva temporada de *Suits*. La actriz, que normalmente es muy reservada, estaba embelesada. Incapaz de refrenar sus sentimientos, su cuenta de Instagram evidenció algo de ellos; el 3 de julio subió una imagen de dos dulces «Love Hearts» que llevaban el simple mensaje de «Bésame». A continuación publicó: «Corazones de Amor en Londres».

Incluso ella misma se sorprendió. Cuando Harry le preguntó si querría acompañarlo a un safari durante unos cuantos días en agosto —a unas semanas de su primera cita—, se descubrió respondiendo que sí, claro. Se consultaron las agendas, se acordaron las fechas y se hicieron planes. Tenía que pellizcarse a sí misma para saber que no estaba soñando. Estaba a punto de viajar al otro lado del mundo para pasar cinco días en un campamento en medio de la nada con un hombre al que había visto dos veces. Este era un lado de sí misma que acababa de descubrir.

El último día completo que estuvo en Londres lo pasó en Wimbledon, donde se sentó en el palco de jugadores junto a la editora de *Vogue,* Anna Wintour, y la sobrina de esta. Mientras observaba a su amiga Serena Williams derrotar a la rusa Svetlana Kuznetsova, empezó a llover. Meghan llevaba un sencillo pero costoso vestido de gamuza negra de Ralph Lauren, de modo que Anna, como la *fashionista* que siempre ha sido, le ofreció su cárdigan de lana a la actriz para que la gamuza no se arruinara por el agua mientras esperaban que el techo se cerrara. Una vez que se reanudó el juego, Anna recuperó su cárdigan y Serena pasó a los cuartos de final.

Aunque ocultaba el mayor secreto de su vida, Meghan estaba enfocada en la acción, y se levantaba para aplaudir el extraordinario juego de su amiga. Los fotógrafos al lado de la cancha estaban más enfocados en Anna y en Pippa, la hermana de Kate Middleton, que en Meghan. Una agencia fotográfica la colocó dentro del rubro de «asistentes incidentales». Pero no continuaría así por mucho tiempo.

«Estoy destrozada por dejar Londres», le contó Meghan a su ejército de seguidores en Instagram antes de abordar su vuelo a Toronto. Pasarían algunos meses antes de que incluso sus amigos cercanos se percataran exactamente de por qué su salida de Londres había sido tan agridulce. Mientras tomaba una copa de champaña a bordo, habría tenido tiempo de meditar en el absurdo curso que tomaba su vida. Pero no por largo tiempo. Horas después de aterrizar, su vida continuó al paso vertiginoso acostumbrado. Apenas tuvo tiempo de jugar con sus perros, Bogart y Guy, y de comunicarse con el equipo de diseñadores de Reitmans para hablar sobre la próxima colección limitada para la temporada invernal, cuando esta mujer inagotable ya estaba de nuevo rumbo a Nueva York y Boston para seguir con la gira promocional de *Suits*.

En Boston posó para los fotógrafos e hizo un video para la revista *Good Housekeeping*, mientras que en el programa *Today* de la cadena NBC habló de su receta para una ensalada César a la plancha antes de charlar sobre los avances en la trama de la nueva temporada.

Durante la gira promocional se dio cuenta de lo poco que sabía sobre el país de origen de su novio. El 12 de julio participó en un interrogatorio desenfadado en el programa Dave TV. Había intentado responder sin gran éxito una serie de preguntas sobre Gran Bretaña. Cuando le preguntaron qué significaba «manzanas y peras» en *cockney*, el rítmico caló de los nativos de Londres, se quedó completamente perpleja. (La respuesta es «escaleras»).

También la sorprendió averiguar cuáles eran los animales emblemáticos de Inglaterra, Escocia y Gales, y hasta se quejó diciendo: «¿Se supone que sepa eso?». Incluso señaló al camarógrafo británico, quien tampoco parecía saber que el león era el animal emblemático de Inglaterra. «No sabes eso», le dijo la actriz.

Le encantó descubrir que el animal emblemático de Escocia es el unicornio y dijo: «¡No! ¿De verdad? Hay que mudarnos a Escocia». Y cuando se enteró de que la mascota de Gales es un dragón, señaló: «¿Ahora los dragones son reales? Es un dragón. Leones, unicornios y dragones, válgame Dios».

El 4 de agosto estaba en Nueva York para su trigésimo quinto cumpleaños y se hospedó en el St. Regis, un hotel de cinco estrellas en el centro de la ciudad, en preparación para la boda de su amiga Lindsay. «¡Feliz cumpleaños para la más gentil, generosa y maliciosamente inteligente y hermosa (por dentro y por fuera) #damadehonor que una chica pudiera tener!» publicó Lindsay en Instagram. Es interesante que, para su cumpleaños, le llegara a su suite del hotel un ramillete de peonías, que son sus flores favoritas. ¿Acaso fue un regalo principesco?

Ciertamente algo estaba sucediendo en el corazón de Meghan. «Me siento increíblemente dichosa en este momento», escribió en The Tig. «Tan agradecida y complacida que lo único que podría desear es tener más de lo mismo. Más sorpresas. Más aventuras».

De ninguna manera le faltaban aventuras. A mediados de agosto, después de la boda de Lindsay, dejó atrás el elegante servicio de mayordomo en el elevado St. Regis de Nueva York y voló a Roma, donde se encontró con su amiga Jessica Mulroney. Planeaban adoptar *la dolce vita* con algo de estilo, hospedándose en el igualmente elegante hotel Sirenuse, en la costa de Amalfi, Italia.

Con espectaculares vistas a la bahía de Positano, es difícil no sentir que se está en la antesala del paraíso. Era típico que Meghan anunciara cada detalle de su estancia de cuatro días, marcando incluso las vacaciones con la etiqueta #MJxItaly. Descansaron al lado de la piscina, se pasearon por la plaza del mercado y tomaron fotografías que compartieron con el encabezado: «Comer, rezar, amar». Meghan, que había tenido un par de semanas para reflexionar sobre el inminente safari con el príncipe Harry, dio una pista de sus sentimientos románticos al sostener un libro forrado de rojo, titulado *Amore Eterno,* y fotografiarlo bajo la luz de la luna llena. Según dijo, se lo regalaron sus amigos como buen augurio.

Al final de su estancia le dio un beso de despedida a Jessica, una de las pocas entre su grupo de amigos que conocía el secreto de su próximo destino, y se preparó para su vuelo de 36 horas hacia Johannesburgo.

—— --

Puede ser que unas cuantas cejas se hayan levantado ligeramente dentro de los palacios reales cuando se corrió la noticia de que el príncipe Harry llevaría a otra novia a un safari en Botsuana.

Aquellos que siguen este tipo de noticias se habrán percatado de que esta sería la séptima vacación en Botsuana con la cuarta acompañante que se encontraría con él para pasar unas cuantas noches románticas bajo las estrellas en ese rincón secreto del sur de África. Con toda seguridad el joven tenía estilo.

Y este no era el primer príncipe del reino en enamorarse por completo de los deleites del continente africano. Otro Harry, su tío abuelo y duque de Gloucester, disfrutó de una tórrida aventura con la famosa aviadora Beryl Markham, que en aquel entonces estaba casada, durante una visita a Kenia en 1928. El hermano mayor del duque, el príncipe de Gales y posteriormente breve rey Eduardo VIII, llevó a su amante, lady Thelma Furness, a un safari, mientras que su esposo acampaba en un lugar cercano. «Este era nuestro Edén y estábamos solos allí», escribió jadeante lady Thelma. «Sus brazos que me rodeaban eran la única realidad; sus palabras de amor eran mi único puente con la vida».

Hay algo muy especial en las vastas planicies, los interminables cielos, la lucha diaria por la vida que parecen despertar la pasión y espiritualidad en un príncipe. El príncipe Carlos ha transmitido este aprecio más místico por el sur de África a sus dos hijos. Su mensaje para Guillermo y Harry fue que la exploración del mundo exterior permitía un involucramiento más profundo con el mundo interior, una oportunidad de buscar la verdad en el ambiente circundante.

De hecho, Carlos tuvo como guía al filósofo sudafricano Laurens van der Post, quien instó al futuro rey a encontrar la paz en la vasta monotonía natural del desierto de Kalahari. Durante una visita en marzo de 1987, Carlos y Van der Post viajaron al desierto en un Land Rover, durmieron bajo una lona y charlaron alrededor de una fogata, escuchando los sonidos del desierto al tiempo que se maravillaban con el brillante cielo nocturno. Al tercer día se toparon con una manada de cebras que caminaba en fila abarcando el horizonte. Era una maravilla tan magnífica e imponente que Carlos se conmovió hasta las lágrimas. En ninguna otra parte del planeta se tiene un recordatorio tan vívido del ineludible ritmo de la vida y de la muerte que en las planicies africanas.

Quizá con estos pensamientos y reflexiones en la mente, el príncipe Carlos invitó a Harry para que fuera con él a una visita de cinco días a Sudáfrica, Suazilandia y Lesoto. Habían pasado apenas dos meses de la muerte de la madre del príncipe Harry en un paso a desnivel en París y el niño luchaba por aceptar su pérdida, por lo que su padre pensó que un tiempo lejos de Inglaterra le ayudaría en el proceso de duelo.

A Harry, que entonces tenía 13 años, lo acompañaba su «mamá sustituta», Tiggy Legge-Bourke, quien había sido acompañante oficial del niño durante la separación de sus padres; entre los invitados también estaban Charlie Henderson, un amigo de la escuela, y Mark Dyer, un anterior ayuda de cámara del príncipe de Gales. Mientras el padre de Harry se ocupaba de sus compromisos oficiales, llevaron al joven príncipe a su primer safari sudafricano. Ese fue el inicio de un amor para toda la vida.

Luego de pasearse por algunos de los famosos campos de batalla, como Rorke's Drift, de la famosa guerra zulú de 1879, el príncipe conoció al primer presidente negro, Nelson Mandela, y a las Spice Girls, quienes estaban entonces en la cima de su popularidad y que habían viajado a Sudáfrica para ofrecer un concierto de beneficencia.

Eso ocurrió seis años antes de que realizara una visita de regreso, cuando el príncipe, que entonces tenía 19 años, pasó dos meses de sus vacaciones escolares en el empobrecido reino de Lesoto, un país en el interior del continente que sufría una de las tasas más altas de infección por VIH/sida en todo el mundo. De inicio, muchos consideraron que este era un cínico ejercicio de relaciones públicas para restaurar la manchada reputación del príncipe. Pero para Harry no era así. Conmovido por la terrible situación de los niños, y teniendo en su mente la memoria de su madre, Harry unió fuerzas con Seeiso, el príncipe de Lesoto, quien también había perdido a su propia madre. En 2006 fundaron una organización de beneficencia llamada Sentebale para ayudar a los niños con sida a llevar vidas satisfactorias y productivas. La fundación Sentebale —cuyo nombre significa «nNo me olvides»— ganó popularidad y, gracias a la participación del príncipe se volvió tan conocida fuera de ese país que se amplió a la cercana Botsuana. Harry la ha apoyado con gran energía desde entonces. En 2008 reclutó a su hermano para que hicieran un viaje de más de 1 600 kilómetros a campo traviesa por Cabo Oriental en Sudáfrica, con el fin de recolectar fondos para Sentebale y otras organizaciones dedicadas a apoyar a los niños desvalidos. «No es un paseo tranquilo por el campo; estamos seguros de que tendremos varios percances», le contó Harry a la BBC antes de partir.

Además de sus visitas para ayudar en los proyectos de conservación, y su trabajo filantrópico para Sentebale y sus deberes oficiales, Harry convirtió África en su destino favorito para vacacionar, en especial cuando intentaba impresionar a una novia. Antes de Meghan había llevado de safari a la presentadora de noticias deportivas en televisión Natalie Pinkman, a la nativa de Zimbabue Chelsy Davy y a la actriz Cressida Bonas. Botsuana era su destino preferido. Como señaló su biógrafa Penny Junor: «África es el único lugar del mundo donde el príncipe Harry puede ser realmente él mismo. Describe a Botsuana como su "segundo hogar". No es un príncipe cuando está bajo los cielos africanos. Es simplemente Harry».

El problema con estos romances era que, al regresar a Gran Bretaña, el título de Su Alteza Real se interponía con la posibilidad de establecer un compromiso sincero y factible. Las últimas relaciones serias de Harry con Chelsy Davy y Cressida Bonas fracasaron porque ellas no pudieron afrontar estar en el foco de atención. La primera novia en serio de Harry, Chelsy, atrajo la atención poco grata de los medios de comunicación durante siete años. A lo largo de su relación, que inició y terminó en múltiples ocasiones entre 2004 y 2011, a menudo se describió a la enérgica rubia como el amor de su vida.

Se volvió prácticamente parte de la realeza y la invitaron a las bodas del príncipe Guillermo y Kate Middleton, y de Zara Phillips, la hija de la princesa Ana, con el jugador de rugby Mike Tindall. La abogada en ciernes admitió que le resultaba difícil manejar la presión. «Era tan intenso: enloquecido, atemorizante e incómodo», reveló después durante el lanzamiento de una gama de joyería en junio de 2016. «Era difícil ser perseguida por la calle por los fotógrafos. Intentaba ser una chica normal y eso era horrible». Hoy disfruta de una vida «tranquila» haciendo joyería.

La actriz Cressida Bonas contó una historia parecida. Tuvo que poner su carrera en receso durante el romance de dos años con el príncipe. Aunque nerviosa por los *paparazzi,* accedió a encontrarse con él en un evento público de caridad en la Arena Wembley, en el norte de Londres. En un intercambio revelador, sintió que, como actriz, la estaba definiendo estar con «un hombre famoso», en lugar de sus propios logros. «Sí, creo que es ese asunto de que te encasillen», se quejó durante una entrevista en el programa *Woman's Hour* en Radio Four. «Especialmente en este país [Gran Bretaña], hay personas muy dispuestas a meterte en una cajita o arrinconarte en una esquina».

Hubo otras novias, como la modelo de lencería Florence *Flee* Brudenell-Bruce, exnovia del campeón de Fórmula Uno Jenson Button, que parecía disfrutar de los reflectores, pero no de las miradas de Harry hacia otras mujeres. Por su parte, él se quejaba, como todos los príncipes a lo largo de los siglos, de la dificultad de encontrar una pareja que lo quisiera por él mismo. Como señaló uno de sus amigos al *Sunday Times:* «Siempre está receloso cuando las mujeres se le lanzan para hacerse de fama. Y aquellas que sí lo aman independientemente de su título, no quieren vivir los siguientes 50 años dentro de la pecera que es la familia real».

Sin embargo, a pesar de los obstáculos, no parece haberla pasado tan mal, ya que el príncipe gozó de romances, confirmados o presuntos, con una verdadera galaxia de hermosas y exitosas mujeres, entre las cuales están las actrices Sienna Miller y Margot Robbie, la presentadora de televisión Poppy James, la aristócrata brasileña Antonia Packard y la modelo alemana Anastasia Guseva. De ninguna manera esta lista es exhaustiva. Apenas unas cuantas semanas antes de conocer a Meghan, se le vio bailando sensualmente con un par de morenas y tomando tragos en el bar Jak's en el este de Londres. Aunque sus payasadas ya no llegaban a los encabezados de los diarios, su madurez era reciente y no podía estar exenta de cierta dosis de travesura.

10

Al corazón de África

୶ତ⨶ତଡ

En el mes de agosto, lo único que sabían el público y los medios era que Harry haría otro viaje a África. Se tenía programado que el príncipe pasara varias semanas en Malawi, ayudando a proteger a los elefantes de la caza furtiva, antes de viajar a Botsuana para trabajar en las medidas para salvar a la menguante población de rinocerontes. El año anterior ya había formado parte de un esfuerzo similar en Namibia. Además de realizar su labor en obras benéficas, estaba invitado a la boda de su primo George McCorquodale con Bianca Moore, la cual se llevaría a cabo el 6 de agosto en Netherwood, un salón de bodas en KwaZulu-Natal, Sudáfrica. Por desgracia, el evento social terminó eclipsando su buena obra, ya que el periódico *Sun* informó que, según se decía, el príncipe y sus amigos, totalmente borrachos, desnudaron a un joven primo durante una sesión de barbaridades alcohólicas que duró hasta altas horas de la madrugada. Bajo el encabezado «Borracho con Jägermeister, Harry desnuda a invitado de boda», citaron a un compañero de parranda que dijo: «Harry se comportó muy bien durante la boda, pero después se puso bastante salvaje. Todos reían y pasaron un buen rato».

A pesar de todo el chacoteo y las bromas, Harry tenía algo más significativo en la mente. Ese mismo mes, después de trabajar con las manadas de elefantes en Botsuana, tenía programado reunirse con Meghan en el aeropuerto de Johannesburgo en Sudáfrica, para tomar ambos un vuelo al aeropuerto de Maun en el norte de Botsuana. El último tramo de su viaje sería un trayecto accidentado por una serie de caminos de tierra sobre un resistente todoterreno. En un control carretero, la pareja tuvo que descender del vehículo y caminar sobre un tapete con desinfectante, que es una precaución para evitar que entren enfermedades del mundo exterior a la vasta reserva de animales. Cuando llegaron al exclusivo campamento de tiendas de campaña que se conoce como Meno a Kwena, o «dientes de cocodrilo», los recibieron los imponentes paisajes más allá de las oscuras aguas azules del cercano río Boteti, que recorre el valle que estaba a sus pies. Era un magnífico paraíso natural, con manadas de elefantes, cebras y ñus que se refrescan en esas aguas. Un visitante casual nunca sabría que durante cerca de 20 años el río estuvo seco y que volvió a la vida en 2008, cuando millones de litros de agua descendieron a través del delta del Okavango debido a un cambio en las placas tectónicas.

Situado a la mitad entre el delta y la espectacular reserva de fauna del Kalahari central, el campamento tiene nueve lujosas tiendas de campaña que incluyen un baño dentro de la suite equipado con regaderas de agua caliente y fría.

Lo maneja el conservacionista David Dugmore, un viejo amigo no solo de Harry, sino también de su hermano y de su padre. Él y su hermano Roger, quien organiza los safaris móviles, fueron invitados a la boda de Guillermo y Kate en 2011. Debido a que está a la vanguardia del conflicto entre la vida silvestre y los ranchos ganaderos, las perspectivas de Dugmore han ayudado a moldear el pensamiento de los príncipes en cuanto a la conservación. Tiene un plan radical para convertir Botsuana en el mayor proyecto de conservación en el mundo, creando un parque transfronterizo por el que los animales puedan migrar libremente entre el Okavango y el Kalahari.

Sin duda habrá discutido los últimos avances con el príncipe, al mismo tiempo que seguramente le hizo una introducción al tema de la conservación a la novia estadounidense de Harry.

Pero no habían viajado miles de kilómetros para aprender sobre conservación. Sus días y noches bajo una lona en medio de la nada fueron una oportunidad para conocerse sin ninguna distracción. Eso significó que, entre el 21 y el 28 de agosto, por primera vez en mucho tiempo, la efusiva y parlanchina señorita Markle mantuvo silencio en sus redes sociales.

Las conversaciones debieron ser increíbles. Harry estaba en su patria; era un experto en los asuntos de África, incluso había expresado su deseo de ser guía de safaris. Quizás impresionaría a Meghan con sus conocimientos sobre la selva, las relaciones dinámicas entre las comunidades indígenas, la flora y fauna locales. Después de todo, ¿quién podría resistirse a un hombre que pasa sus vacaciones salvando elefantes y rinocerontes?

Aunque Meghan había estado en Ruanda a nombre de World Vision Canada, nunca había experimentado algo tan remoto y sencillo. Tomar una copa de vino tinto decente junto a la alberca de Le Sirenuse en Positano simplemente no tenía comparación con observar las grandes manadas que pastan en las planicies mientras se toma un coctel al anochecer.

Cuando el sol finalmente bajó, y luego de una cena de estofado de pollo o carne silvestre, bebieron bajo la brillante coraza de las estrellas que cubría sus cabezas. Y cuando se retiraron a sus habitaciones, durmieron al arrullo del gorjeo de las gangas de garganta amarilla y el llamado melancólico de las cebras en la orilla del agua. Al amanecer, Meghan despertó con el parlanchín coro de aves, más ruidoso de lo común, ya que era su época de apareamiento.

Durante el día, la pareja pudo elegir entre los paseos a pie o los safaris que penetraban en el desierto del Kalahari. A lo largo de la ribera del río, los cocodrilos son un espectáculo común, mientras que los visitantes más observadores podrán ver ocasionalmente a leones y guepardos. Después de un polvoso safari, la pareja pudo relajarse en la piscina de roca natural que está sobre una colina que mira al río, sin cocodrilos.

Fue allí, en este idilio de la naturaleza, donde la pareja afirmó su relación, ya que ambos se dieron cuenta de que habían encontrado algo especial. Como dijo posteriormente Harry: «Fue absolutamente asombroso poder conocerla con la rapidez con la que lo hice».

A pesar de las inminentes dificultades de la distancia y de las ocupadas agendas, para el final de esos seis días mágicos ambos sabían que su floreciente aventura amorosa era demasiado preciosa como para desperdiciarla. Como en otro momento le comentaría Meghan a la BBC: «Creo que desde el principio nos dimos cuenta de que nos íbamos a comprometer el uno con el otro; sabíamos que teníamos que invertir el tiempo, la energía y lo que fuera necesario para lograr que esto se concretara».

Por suerte tenían un modelo a seguir: Lindsay Roth, la amiga de Meghan, quien había sido capaz de coordinar la producción ejecutiva del programa *The Real Girl's Kitchen* para el Cooking Channel de Nueva York mientras salía con David Jordan, que vivía en Londres pues era actuario de la firma Ernst & Young. La relación a larga distancia prosperó e incluso llegó al altar, como había ocurrido con muchos otros en el círculo de Harry.

No obstante, con el debido respeto para los amigos varones de Harry, ninguno de ellos tiene las características para ocupar el puesto de uno de los solteros más elegibles del mundo. Harry sí ocupaba ese lugar —junto con todo lo que eso implica en términos de la fascinación que los medios y el público tienen por conocer su vida—. Y por compleja que fuera una relación a larga distancia, tenían otras consideraciones en las que debían meditar. La principal entre ellas era conservar el secreto. Meghan y Harry necesitaban que su romance fuera privado, por lo menos el tiempo suficiente como para que ambos decidieran sinceramente si su relación tendría éxito a largo plazo, o si era un febril amorío de verano que no toleraría los fríos del invierno y las inevitables ausencias.

Enfrentaban obstáculos que simplemente no existen en la mayoría de las relaciones. Meghan tenía que preguntarse si estaba enamorada del hombre o de su posición, y si estaba enamorada del hombre, ¿podría encarar su posición? Quizá fuera una actriz popular, acostumbrada a que la reconocieran en público, pero eso no se comparaba en nada con el escrutinio al que se sometería si decidiera llegar hasta las últimas consecuencias con Harry. Una cosa eran los novios que tenían una celebridad intermedia, como el chef Cory Vitiello, y otra muy diferente la realeza. ¿Podría tolerarlo? Y en tal caso, ¿podrían hacerlo su familia y amigos?

Por su parte, Harry se había enamorado de una divorciada de California, birracial y ligeramente mayor. No necesitaba ningún recordatorio del caos y amargura que había provocado la última estadounidense que se casó con un miembro de la familia real. Cuando el rey Eduardo VIII se enamoró de Wallis Simpson, la mujer de Baltimore que tenía dos divorcios en su haber, abdicó al trono en lugar de dejarla a ella.

Mucho después de que Eduardo VIII se fuera a un exilio auto-impuesto, el divorcio siguió siendo algo muy reprobable dentro de la familia real. Durante la década de 1950, la tía abuela de Harry y hermana de la reina, la princesa Margarita, accedió, luego de muchas presiones por parte de la Iglesia y los políticos, a abandonar su relación con otro divorciado, el capitán Peter Townsend, quien había sido ayudante del difunto rey. La vida de Margarita nunca volvió a ser la misma.

Por supuesto, su padre, el príncipe Carlos, se casó con su amante Camilla Parker Bowles en Windsor en 2005, luego de dejar pasar un lapso decente después de las muertes de Diana y de su abuela, la reina madre, quien reprobaba la unión y que murió en 2002. Ese matrimonio señaló el alejamiento permanente de la postura moral a la que se había aferrado la familia real durante las amargas vísperas de la abdicación.

Había mucha historia que Meghan tenía que aprender y absorber, ¡y que iba mucho más allá de los dragones, los unicornios y los leones! Aunque por instinto quería protegerla, Harry deseaba que Meghan entendiera claramente en qué se estaba metiendo y que tomara sus propias decisiones, pero tenía la esperanza de que estas fueran a su favor. Su actitud era la de un pretendiente ansioso, preocupado de que la fama pudiera costarle su futura felicidad. Entrar a su mundo era algo parecido a lanzarse a la piscina sin calefacción en el campamento Meno a Kweno, así que era mejor que Meghan lo hiciera «paso a pasito».

El truco estaba en la planeación y en la elección del momento adecuado. Muchas parejas a distancia aplican la regla de supervivencia de 21 días: se aseguran de poder verse cuando menos cada tres semanas. Harry y Meghan lograron verse cada 14 días. El *jet lag* —y no los *paparazzi*— se volvió su principal enemigo. Era frecuente que Meghan llegara a Toronto y fuera directamente al set de *Suits* para empezar a grabar. Como recordaría después en la entrevista por el compromiso de la pareja: «Creo que pudimos tener mucho tiempo solo para conectarnos y nunca pasamos más de dos semanas sin vernos; aunque obviamente nuestra relación era a larga distancia, logramos que funcionara».

Al comparar agendas antes de separarse era claro que, en cualquier caso, Meghan era la que estaba más ocupada ese otoño, ya que tenía sus compromisos con la filmación del programa de televisión, la promoción de su nueva colección de ropa para Reitmans, su blog y su trabajo humanitario. Incluso antes de que Harry entrara en su vida, a menudo se la pasaba en Internet hasta las altas horas de la madrugada buscando inspiración para The Tig. Ahora tendría que estirar su tiempo todavía más.

Al regresar a Londres, Harry se dedicó a su rutina como miembro de la realeza. Después de celebrar su cumpleaños número 32 el 15 de septiembre en la propiedad de la reina en Balmoral, en las zonas altas de Escocia, se abocó a sus compromisos en Aberdeen a beneficio del Diana Princess of Wales Memorial Fund, la organización benéfica establecida a nombre de su madre que reconoce a los jóvenes que han marcado una diferencia en sus comunidades.

Mientras tanto, en el último fin de semana de septiembre, Meghan viajó a Ottawa, la capital de Canadá, para asistir a su segunda cumbre de One Young World. La organización sin fines de lucro tenía el absoluto respaldo de Meghan: «Son delegados que se expresan en contra de las violaciones a los derechos humanos, las crisis ambientales, los problemas de igualdad de género, la discriminación y la injusticia. Ellos son el cambio». Meghan, quien había presentado una ponencia en la conferencia de Dublín en 2014, se reunió con otros consejeros inspiradores, entre los que destacan Mary Robinson, la expresidenta de Irlanda; el primer ministro de Canadá, Justin Trudeau, al igual que la actriz Emma Watson y sus compañeros clientes de Kruger y Cowne, incluyendo al exsecretario de Naciones Unidas Kofi Annan, la poeta y activista Fatima Bhutto y la cantante Cher. Como indicio de su prestigio, el fotógrafo de *Vanity Fair,* Jason Schmidt, le pidió a Meghan que posara al lado de Mary Robinson, Fatima Bhutto y la activista Loujain Alhathloul, con el edificio del Parlamento de Ottawa como telón de fondo.

En el centro de conferencias, y sin notas para su discurso, Meghan habló sobre la igualdad de las mujeres, de la época en que confrontó al creador del programa televisivo *Suits* sobre el hecho de que los guionistas estaban incluyendo demasiadas escenas que iniciaban en el momento en que su personaje, Rachel Zane, salía desnuda de una ducha, cubierta solo con una toalla. Era sexista, innecesario, y dejó de ocurrir. Su queja llegó años antes del movimiento #MeToo, que criticaba la manera en que se trataba a las mujeres en Hollywood tras el escándalo de Harvey Weinstein. A pesar de todas sus dificultades profesionales, admitió sentirse humilde, nerviosa y bastante emocionada cuando presentó a la activista Luwam Estifanos, que había escapado con valentía de una vida de esclavitud en Eritrea y ahora trabaja para terminar con esa práctica, patrocinada por el gobierno de su país natal.

La visibilidad de Meghan en la conferencia era un recordatorio para Harry, si acaso lo necesitaba, de que estaba saliendo con una mujer muy especial. Como dicen por allí, Meghan era un buen partido.

Meghan llegó poco después a Londres para reunirse con el príncipe. Debido a que buscaban privacidad, se quedaron en la modesta casa de Harry que forma parte de las propiedades de la familia real en los terrenos del Palacio de Kensington. Más recordado por ser el sitio donde miles de personas depositaron flores en el verano de 1997 en memoria de la princesa de Gales, es probable que el Palacio sea la villa más exclusiva de Gran Bretaña; aquí reside una variedad de miembros de la realeza, incluyendo al duque y la duquesa de Cambridge y sus hijos, miembros de la corte y personal jubilado. Como todo pueblo pequeño, se alimenta de una dieta de chismes y rumores, pero en su mayoría lo que sucede en Kensington se queda en Kensington.

Si Meghan esperaba dormir en un Palacio, la decepcionaron; la casa de Nottingham Cottage donde vive Harry es más pequeña de lo que era su propia casa en Toronto —y con techos más bajos—. Había sido hogar de los príncipes Guillermo y Kate mientras se renovaba su espacioso departamento en el 1A de Clock Court, la antigua residencia de la difunta princesa Margarita. Acogedora y limpia, la cabaña, a la que sus residentes llaman «Notts Cot», tiene dos dormitorios, dos baños, dos salones de recepción y un pequeño jardín. En verano pareciera estar en el corazón de un pueblo rural inglés, lo cual quizás explica por qué lo primero que hizo Harry al mudarse allí fue instalar una hamaca en el jardín.

Asimismo, tiene la virtud de ser privada y segura, ya que las entradas y salidas están vigiladas las 24 horas del día por policías armados. Fue en este sitio donde Meghan y Harry comenzaron una vida juntos, de manera discreta, tranquila y en secreto, siempre que lo permitieron sus compromisos. Meghan recuerda: «No creo que nuestra relación fuera un torbellino. Era obvio que irían apareciendo distintos niveles: qué tan público sería todo cuando ya habíamos estado juntos unos cinco o seis meses en privado, lo cual fue asombroso».

Por fortuna para Meghan, el Palacio también está en el centro de un amplio parque, lo cual significó que la actriz podía salir a correr —meditación móvil, como ella le llama— por las avenidas bordeadas de árboles o a caminar por la calle principal de Kensington para ir de compras. Sin duda debe haberle divertido saber que cuando entraba a Whole Foods, la cadena de supermercados estadounidense que comparte un edificio con los periodistas del grupo de periódicos *Mail,* estaba operando fuera del radar.

No es que el Palacio de Kensington se haya vuelto su hogar lejos de casa. Era un choque cultural, no solo por la seguridad, sino por la manera más bien utilitaria en que viven los miembros de la realeza. Tomemos por ejemplo su comida. Como norma, la familia real come para vivir en lugar de vivir para comer, cuidando tanto de su dieta que conservan la misma figura y peso. «Malditos productos orgánicos», le dijo un día el príncipe Felipe al chef de Palacio, Darren O'Grady, cuando se topó con una canasta que tenía verduras cultivadas por su hijo mayor.

Mientras Harry crecía, era un gran deleite que su madre lo llevara a McDonald's a comer una hamburguesa. La mayor parte de su vida se le crio con comida institucional en los internados donde estuvo y luego, durante su carrera militar, se alimentaba con cualquier cosa disponible, en especial cuando estuvo en Afganistán. Se crio en una familia donde, por tradición, incluso en ocasiones formales —cuando los chefs de Palacio sacan a relucir los mejores platillos—, todo el mundo dejaba de comer cuando la reina había terminado. Cuando ella bajaba sus cubiertos era señal de que se levantaran todos los platos. Difícilmente se disfruta de la comida en esas condiciones.

Aunque todos los miembros de la familia real tienen sus peculiaridades dietéticas, ninguno parece disfrutar del acto de cocinar —aunque al príncipe Felipe sí le gusta hacer parrilladas cuando está en Balmoral—. Por su parte, Meghan proviene del otro extremo de la cadena de los comelones; le encanta cocinar, probar nuevas comidas y experimentar con sabores nuevos. Durante los primeros meses de su romance The Tig se llenó de entusiastas comentarios de recetas de fondue de calabaza, brócoli con especias y estofado de semillas de cáñamo, pera escalfada en naranja, galletas Anzac con espelta y chocolate caliente con vino tinto. Como le gusta probar todas sus recomendaciones, seguramente Harry habrá sido su principesco conejillo de Indias.

Meghan también ensalzaba las virtudes de un «servicio holístico de comida vegetariana a domicilio», con todo y embajadores de marca que eran «expertos, *influencers* y líderes en el mundo del bienestar». Tal vez no convenga informarle de eso al príncipe Felipe.

Al mismo tiempo que Meghan lo alentaba a disfrutar de nuevas aventuras culinarias, también cambió en forma notable el contenido del refrigerador de Harry. Meghan nunca sale de casa a menos de que tenga garbanzo, zanahorias, jugo verde, almendras y pudín de semillas de chía en su refrigerador. Cuando California se topó con Kensington, solo podría haber un ganador en esa contienda dietética. Como señaló un observador: «A las estadounidenses les encanta cambiar a sus hombres de muchas maneras pequeñas».

Sin embargo, de ninguna manera eran prisioneros en el Palacio. Si la madre de Harry había podido mantener en secreto su romance con el cardiólogo Hasnat Khan durante largo tiempo, entonces él podría hacer lo mismo con Meghan. Disfrutaron de una tranquila salida para ver el musical *El Rey León* y visitaron a la princesa Eugenia, hija de la duquesa de York, y a Jack Brooksbank, quien se convertiría en su prometido, en el departamento de la princesa en el Palacio de St. James.

«Eugenia y Meghan se han vuelto muy amigas, han establecido un lazo porque comparten su amor por el arte, los perros y las cenas de macarrones con queso en la madrugada», reveló después un amigo de la pareja. «Eugenia adora a Meghan y cree que es perfecta para Harry». El príncipe también presentó con gran cuidado a su novia con sus mejores amigos, particularmente Hugh van Cutsem y Rose Astor, así como con su compañero de escuela Tom *Skippy* Inskip y su esposa, la pelirroja Lara Hughes-Young. Uno de los primeros en pasarle revista a la última conquista de su hermano fue el príncipe Guillermo; además, Harry y Meghan visitan con frecuencia a los duques y a sus hijos, el príncipe Jorge y la princesa Carlota, en su casa en el Palacio de Kensington, donde son vecinos.

También visitaron el *gastropub* The Sands End, en el sudoeste de Londres, que es propiedad del «segundo padre» y mentor de Harry, Mark Dyer. Este último estaba totalmente encantado de que Harry hubiera encontrado una «buena mujer» después de tantos años de deambular y de su ocasional comportamiento disipado. Es probable que también haya ayudado el hecho de que Mark está casado con la heredera texana Amanda Kline, quien pudo darle a Meghan una serie de recomendaciones mundanas, pero vitales para una actriz, como peinadores, salas de manicura y salones de belleza.

«Meghan la adoró desde el principio», indicó una amiga de los Dyers. «Es una compatriota y es extraordinariamente amable y alegre, además de que Harry confía mucho en los Dyer».

Un fin de semana, Harry y Meghan se dirigieron a los Cotswold para alojarse en la Oxfordshire Farmhouse que maneja Soho House. Es un lugar sumamente distinguido para los *hipsters* metropolitanos que quieren probar sus botas de diseñador. Todas las noches, un carrito de cocteles visita las diversas habitaciones y cabañas de madera, sirviendo *martinis* y, en el caso de Harry, whisky escocés añejado. Mientras se hospedaban en la Soho Farmhouse, Nick Jones, quien fundó el club, presentó a Meghan con el músico Richard Jones, esposo de la cantante Sophie Ellis-Bextor, a quien Meghan había conocido en 2015 en la apertura de la Soho House en Estambul. Como entusiasta piloto amateur, Nick le dijo a Meghan: «Déjame mostrarte cómo se vuela un avión». Según le contó posteriormente al *Daily Mail:* «Meghan se apuntó de inmediato. Fue conmigo y le encantó. Es fantástica, tiene un talento natural para eso y volamos sobre las montañas Cotswold».

El 11 de octubre abordó un transporte bastante más grande que el monomotor de Richard Jones y voló de Londres a Atlanta, Georgia, donde sería oradora invitada en una conferencia sobre blogueo dirigida específicamente a las mujeres millennials que querían construir redes de contactos y aprender a utilizar mejor el espacio digital. En una discusión de 30 minutos sobre el escenario, junto con la fundadora de Create and Cultivate, Jaclyn Johnson, transmitió sus propias perlas de sabiduría sobre Internet y dejó en claro que planeaba expandir The Tig. Para ese momento su bebé había empezado a aprender a caminar y necesitaba alimentarlo constantemente. Su marca, que ella describió como la de «una chica común con aspiraciones», necesitaba ayuda; requería de alguien que supiera de manera instintiva cómo canalizarla a ella y satisfacer el creciente apetito de The Tig. Era claro que quería equilibrar su sitio con su vida privada, pero todavía no había pensado seriamente a qué grado su romance real cambiaría las cosas.

Durante la conversación grabada, también le abrió una ventana a su ferviente público para que pudiera ver el torbellino que era su mundo, admitiendo que acababa de llegar de Londres la noche anterior y que, después de la conferencia, volaría a Toronto para filmar tres episodios de *Suits* para la sexta temporada del programa. Su charla dejó impresionado a su público por su candidez e inteligencia. «Encantadora, inteligente y sin temor a bajar la guardia, Meghan es la definición de la mujer moderna», comentó Jaclyn Johnson.

Una vez que Meghan terminó de filmar, era el turno de Harry de visitarla en Toronto. A diferencia de Meghan, que normalmente es la chica que está lista para las cámaras, sentada en clase ejecutiva con *jeans* o pantalones casuales y un saco negro a la medida, con una bufanda de cachemira sobre los hombros, y que lee tranquilamente *The Economist* mientras escucha a Petit Biscuit o a Christine and the Queens en sus audífonos de diseñador, Harry es el joven de boina que viaja con la cabeza baja y evita el contacto visual. Por fortuna, a diferencia de Londres, París y Nueva York, no hay una cultura de *paparazzi* en Ontario, por lo que la pareja pudo continuar con su relación lejos del escrutinio del público y de los medios.

Aparte de una camioneta con policías vestidos de civil que estaba estacionada discretamente en la arbolada calle de un vecindario próspero en Seaton Village, donde ahora vivía la actriz, no había señal evidente de que un miembro de la familia real estuviera de visita.

Con sus pisos de madera y muros claros, esta propiedad de espacios abiertos provoca la sensación de estar en el sur de California, un truco que es difícil de lograr en las grises tardes de octubre en Toronto. A diferencia del interior relativamente utilitario de Nottingham Cottage, la propiedad rentada de Meghan es adecuadamente lujosa, con sala de cine, una cocina con desayunador y con todas las características de alto nivel, tres dormitorios y dos baños. Sus perros, Bogart y Guy, tienen control absoluto de la casa y, a pesar de tener una casita afuera, es frecuente que duerman en la cama king-size de Meghan. Cuando Harry fue de visita, sin duda Meghan vistió a sus perros con suéteres con la bandera del Reino Unido para divertir a su novio.

Meghan también hizo parrilladas para los amigos que estaban enterados de la situación, como Jessica y Ben Mulroney, en una pequeña plataforma en su jardín, con quienes también irían por una copa a Soho House.

Ubicado en un elegante edificio georgiano al oeste de la ciudad en la calle Adelaide, el club proporcionaba los rincones acogedores y bares íntimos donde la pareja podía escapar con los amigos de Meghan. Allí podían disfrutar de la cocina italiana o aventurarse a la terraza que está en el techo para disfrutar de las vistas panorámicas del paisaje nocturno.

Pero casi siempre solo pasaban el rato, mientras ella le cocinaba al príncipe, sirviéndole principalmente pasta y su clásico pollo asado. En Halloween, la víspera de que la colección de Meghan llegara a las tiendas de Reitmans, se reunieron con la princesa Eugenia y con Jack Brooksbank, quienes estaban de vacaciones en Canadá, para cenar en Soho House, antes de que Harry se pusiera una máscara y acompañara a su novia a pedir dulces.

Fue una noche divertida y sin preocupaciones, pero sus días de secrecía y privacidad estaban llegando a su fin. Meghan y Harry estaban a punto de ser desenmascarados.

11

Un romance muy público

❧✦❧

En un día muy frío, pero con cielos azules, a fines de octubre, Camilla Tominey, reportera británica encargada de cubrir a la realeza para el periódico *Sunday Express*, animaba desde las gradas a su hijo Harry durante un partido dominical de la liga de futbol. Para gran deleite de su madre, el joven Harry, que tenía seis años, había anotado un tanto en el marcador.

Unas horas antes, su madre también había metido un gol al revelar la más sorprendente historia de toda su vida en cuanto a la realeza. Bajo el encabezado «Romance secreto de Harry con estrella de televisión», y anunciada como una exclusiva del mundo de la realeza, informó a los lectores que el príncipe Harry estaba «saliendo en secreto con una despampanante actriz, modelo y defensora de los derechos humanos estadounidense». Su noticia entraba en detalles sobre el romance entre el nieto de la reina y la actriz de *Suits*, Meghan Markle. Citaba a una fuente que había dicho que Harry estaba más feliz de lo que había estado en años.

Su editor, Martin Townsend, estaba igualmente feliz, tan entusiasmado con la exclusiva real que la compartió con el *Daily Star Sunday*, diario hermano del *Sunday Express*.

La historia valía oro y Camilla confiaba por completo en su fuente. Por primera vez el diario tomó la decisión de no hacer una llamada de cortesía a la oficina de prensa del Palacio de Kensington, ya que temían que este emitiera una declaración, con lo cual arruinaría la exclusiva.

Era como en los viejos días de Fleet Street, que alguna vez fue la capital de los periódicos en Gran Bretaña. Normalmente, los diarios dominicales han establecido un acuerdo de caballeros según el cual intercambian sus primeras ediciones, de modo que, si un competidor desconoce una historia, tiene oportunidad de ponerse al corriente en ediciones posteriores. Pero eso no ocurriría esa noche. Townsend decidió demorar deliberadamente la impresión de la primera edición del periódico para que ninguno de sus rivales estuviera en posición de igualar su exclusiva. En las últimas horas del sábado los periodistas llamaban frenéticamente al Palacio de Kensington cuando se corrió la voz de que el *Express* había conseguido «la noticia del día». Los agitados competidores de Camilla se toparon con un «sin comentarios» de parte del encargado de prensa. De manera extraoficial, el director de comunicaciones del príncipe Harry, Jason Knauf, quien es un agresivo estadounidense, admitió con renuencia que el artículo decía parte de la verdad.

Minutos después de que el *Sunday Express* divulgara la historia, las redes sociales se colapsaron a medida que los blogueros, entusiastas de la realeza, fans de *Suits* y diarios en línea de todo el mundo difundían la noticia. De la noche a la mañana, Meghan Markle pasó de ser una actriz moderadamente conocida a convertirse en una de las personas más famosas del planeta.

Cuando la historia se hizo pública, Harry se estaba quedando con ella en Toronto. Luego de recibir una llamada de Jason Knauf para informarle que su secreto se había revelado, él y Meghan se sirvieron una copa de vino y brindaron el uno por el otro. Pero la celebración llegó con la advertencia de tomarse las cosas con cautela porque, según le dijo Harry a Meghan: «Nuestras vidas nunca serán las mismas».

Por lo menos no tenían que seguir ocultándose del mundo, y Meghan tampoco perdería su travieso sentido del humor debido a este dramático desenlace en su vida. Apenas horas después de que salió a relucir la historia, publicó una críptica fotografía en Instagram de dos plátanos acurrucados «de cucharita» y un texto que decía: «Que duermas bien, abrazos». La fotografía atrajo miles de *likes* de sus seguidores, quienes rápidamente se dieron cuenta de a qué se refería. Un usuario publicó: «Princesa Meghan Markle», mientras que otro escribió: «¿Es un mensaje para tu príncipe pelirrojo?».

Más adelante publicó otra fotografía graciosa, en la que mostraba una taza de té *English breakfast* y un rompecabezas, indicando quizá cómo pasaba el rato con su pareja cuando estaban en casa. Pero su actitud desenfadada no duró mucho tiempo.

———

Hay una famosa escena en la película *Un lugar llamado Notting Hill* en la que Julia Roberts, quien encarna a una glamorosa actriz estadounidense, abre la puerta de la casa de su novio librero, interpretado por Hugh Grant, y se enfrenta con una multitud de fotógrafos y reporteros. Roberts cierra la puerta de golpe y corre a esconderse. Es probable que así se haya sentido Meghan cuando, cubierta con un largo abrigo, boina y lentes oscuros, se arriesgó a salir por la puerta y logró atravesar entre la multitud de periodistas hasta una camioneta Dodge, que entonces la llevó a su trabajo en el set de *Suits*. De algún modo, Harry había logrado escapar más temprano y tomar un vuelo de regreso a Londres.

Es posible que Meghan haya sido una veterana en eso de los paneles, foros y podios de promoción, pero nada pudo haberla preparado para recibir el golpe de esa explosión sónica, esa onda de choque de la publicidad.

En el curso de unos cuantos días, muchos de los medios impresos y digitales la presentaban como una «cazafortunas», cuyas «tórridas escenas de sexo» en *Suits* se subían a los sitios de pornografía. Una historia sugería que el príncipe Harry era responsable de romper la relación de Meghan con el chef Cory Vitiello, en tanto que otra señalaba que el príncipe la había inundado con mensajes de texto hasta que ella accedió a salir con él.

Bajo el encabezado de «La chica de Harry en Pornhub», un periódico amarillista informó que la actriz aparecía en el sitio pornográfico, donde se le podía ver «desnudándose y gimiendo» montada sobre su coestrella Patrick J. Adams en una oficina, al igual que teniendo relaciones con él en un sofá. «También incluye acercamientos de su entrepierna y de su sostén de encaje, y ha tenido más de 40 600 visitas». Otro sitio porno colocó la cabeza de Meghan sobre el cuerpo de una modelo erótica.

Los comentaristas aprovecharon al máximo la situación. La columnista Rachel Johnson, hermana del secretario de Relaciones Exteriores del Reino Unido, Boris Johnson, describió a Doria, la madre de Meghan, como «una señora afroamericana peinada con rastas que venía del lado pobre de la ciudad». Continuó diciendo: «Si su supuesta unión con el príncipe Harry produce hijos, los Windsor espesarán su delgada y acuosa sangre azul, la pálida piel y rojo cabello de los Spencer, con un poco de ADN rico y exótico». Otro artículo afirmaba: «Podría ser que el príncipe Harry se case con la realeza de los mafiosos: su nuevo amor proviene de un vecindario lleno de delincuencia en Los Ángeles». La historia sugería que la madre de Meghan vivía en un vecindario con altas tasas de criminalidad, rodeada de «sangrientos robos y violencia inducida por las drogas».

Las historias funcionaron como la trompeta que convoca a una cacería para que se desatara un torrente de abuso racista de parte de los troles en línea. En cuestión de días, Meghan experimentó un nivel de racismo y sexismo que superaba con mucho cualquier cosa con la que se hubiera enfrentado antes. Aunque durante los últimos años había estado discutiendo y escribiendo sobre estos temas, nada se acercaba a ese violento asedio. No era agradable, ni preciso, y a Meghan, la defensora, la humanitaria y la mujer, se le redujo a una caricatura bidimensional. Como escribió el biógrafo Sam Kashner: «Las críticas hacia Markle están llenas de esnobismo, racismo y desinformación».

De algún modo este suceso recordaba el horror con el que se recibió el romance del príncipe Andrés con la actriz estadounidense Kathleen *Koo* Stark, cuando se reveló que esta había estelarizado un filme erótico que implicaba una tierna escena lésbica en la ducha. Pero en aquel entonces no había Internet y ahora Twitter, Facebook, los foros en línea y las secciones de comentarios daban a todo el mundo, y a su peor lado, una plataforma para «entrar en la conversación».

Aunque Meghan compadecía a su madre, que terminó acosada por los fotógrafos cada vez que salía, así como a sus confundidos amigos, que se preguntaban qué debían decir a los medios, otros miembros de su propia familia se sumaban al tumulto.

Su media hermana Samantha (antes llamada Yvonne) parecía especialmente dispuesta a compartir el primer plano. Aunque no la había visto en años, describía a Meghan como una persona «egoísta» y como una arribista social superficial con «predilección por los pelirrojos». Samantha, quien sufre de esclerosis múltiple y está confinada en una silla de ruedas, llegó a decir en una entrevista con *The Sun* que el comportamiento de su media hermana «no era propio de un miembro de la familia real», reprendiéndola por haber evitado a su familia después de volverse famosa. Señaló que su media hermana había cambiado por culpa de Hollywood, antes de anunciar que escribiría un libro sobre Meghan y su familia con el título de *Diario de la hermana de la princesa prepotente*.

Luego, Tyler Dooley, el joven sobrino de Meghan e hijo de Tom Markle Junior, entró al quite al anunciar que Meghan estaba dichosamente feliz, pero que se sentía «herida» y «lastimada» por las acusaciones de Samantha. En todo caso, estos comentarios dispersos hablaban de disfunción en el núcleo familiar de Meghan.

La cobertura mediática era la peor pesadilla de Harry convertida en realidad. Meghan había cometido el error de enamorarse de él. Ahora ella, su familia y sus amigos estaban destinados a sufrir. A lo largo de toda esta situación, ni Harry ni Meghan habían hecho ningún comentario. El Palacio de Kensington también guardó silencio. Pero el manicomio que eran los medios de comunicación no podía seguir así por mucho tiempo. Quizá la historia decisiva fue la que apareció bajo el encabezado de «¿Se te antoja una patinadita, Meg?», en la que se sugería que el matrimonio de Meghan con Trevor Engelson se había colapsado porque ella se volvió muy cercana a la estrella canadiense de hockey, Michael Del Zotto. Aunque Del Zotto y su agente negaron en forma categórica la sugerencia, Harry decidió actuar. Se comunicó con su hermano, quien había enfrentado una histérica cobertura noticiosa similar durante su cortejo con Kate Middleton. Meditaron el problema y, aunque Guillermo se mostraba cauteloso ante la idea de emitir una declaración, en especial porque eso confirmaría que Meghan era la novia de Harry, este último sentía que el asunto había llegado demasiado lejos como para quedarse callado. Guillermo y Harry no son de la antigua escuela monárquica de su padre, aquella que se rige bajo el principio de «nunca te quejes, nunca des explicaciones». Se sabe que han utilizado de manera enérgica las leyes para equilibrar la situación contra los fotógrafos entrometidos y otros medios de comunicación que invaden su vida privada. Harry llegó al grado de sugerir que se contratara a un oficial retirado de Scotland Yard para brindar protección a Meghan, quien consideró que la idea era «encantadora, pero innecesaria». Eso no detuvo a los productores de *Suits* de contratar a sus propios vigilantes para proteger a su valioso activo, aumentando la seguridad en el set, y para acompañarla a su casa y al trabajo.

En medio del histrionismo mediático, su secretario de comunicaciones, Jason Knauf, preparó una extensa declaración que respondía a las preocupaciones y quejas de Harry. No se ocultaban el enojo y la angustia que llenaban el boletín, donde se expresaba el sentir de un joven que trataba de proteger a la mujer que amaba y preservar su futuro como pareja. El 8 de noviembre, el Palacio de Kensington dio a conocer formalmente la extraordinaria declaración. Reconocía que era normal que la vida privada del príncipe generara curiosidad, pero que la semana anterior «se había cruzado una línea».

Su novia, Meghan Markle, ha estado sometida a una ola de maltrato y acoso. Parte de ello se ha vuelto muy público: las calumnias en las primeras páginas de un diario nacional, el trasfondo racista de los artículos de opinión, así como el evidente sexismo y racismo de los troles en redes sociales y de los comentarios en los artículos en la red.

Parte de ello se le ha ocultado al público: las batallas legales nocturnas para impedir que noticias difamatorias salieran en los periódicos; el hecho de que su madre tenga que luchar para atravesar entre los fotógrafos a fin de salir de su casa; los intentos de reporteros y fotógrafos para tener acceso ilegal a su casa y las consiguientes llamadas a la policía; los sustanciales sobornos ofrecidos a su exnovio; el bombardeo dirigido a casi todos sus amigos, compañeros de trabajo y seres queridos.

El príncipe Harry está preocupado por la seguridad de la señorita Markle y está profundamente decepcionado por no haber podido protegerla.

No es correcto que, después de unos cuantos meses de relación con él, la señorita Markle tenga que someterse a una tormenta de ese tipo.

Sabe que los comentaristas dirán que este es «el precio que ella tiene que pagar» y que «es parte del juego».

Discrepa de manera enérgica. Este no es un juego: es la vida de la señorita Markle y la suya propia.

Aunque la declaración del príncipe ayudó a tranquilizar la histeria, su confirmación formal de que Meghan sí era su novia implicó que todos los medios informativos, no solo los tabloides británicos, consideraran ahora a la joven como una posible futura esposa real. Los editores de fotografías de todo el mundo buscaron en sus archivos para encontrar tomas de la última aspirante a miembro de la realeza. Una fotografía en la que modelaba un vestido de novia para una escena de *Suits* se convirtió en maná caído del cielo.

Su proximidad oficial con la familia real se volvió el nuevo orden del día y varios diarios informaron incorrectamente que Meghan había ayudado a Harry a celebrar su trigésimo segundo cumpleaños en Balmoral y que, durante esa época en las tierras altas de Escocia, incluso había conocido al príncipe Carlos, quien la consideraba «encantadora».

Aunque la historia era incorrecta, tenía la inclinación adecuada. De hecho, ahora a Meghan se le aceptaba como parte del mobiliario real, como descubriría el periodista Richard Kay, amigo cercano de Diana, cuando el 10 de noviembre del 2016 salió de su oficina para comprar un sándwich para comer.

Mientras caminaba tranquilamente por la concurrida calle principal de Kensington, apenas podía creerlo cuando detectó que Meghan caminaba por la avenida sosteniendo dos bolsas llenas de verduras de la tienda de Whole Foods Market.

La siguió de regreso al Palacio de Kensington y la vio pasar por la valla de seguridad hacia el complejo. Era señal obvia de que la relación entre la actriz y el quinto en la línea de sucesión iba «en serio». Kay señaló: «El momento de la visita de la señorita Markle es inmensamente significativo, en particular porque parece ser que estaba en el Reino Unido cuando Harry declaró públicamente su amor por ella».

Algo que fue todavía más revelador fue el hecho de que Meghan hubiera pasado solo dos días con Harry antes de regresar a Toronto para reanudar las filmaciones de *Suits*. Ahora *era* un compromiso y la actriz se tomó el trabajo de ver a su novio antes de que este se embarcara en un viaje oficial de dos semanas por el Caribe.

En ese viaje, Harry representaría a la reina en las celebraciones por el aniversario de la independencia de Barbados, Guyana y Antigua. Era una prueba de su entereza —y sabía más que bien que su abuela estaría vigilando su progreso, ya que era una de las primeras giras al extranjero para representar a Su Majestad—. Esa resultaría ser una gira oficial de mayor trascendencia de lo que él se percató en ese momento.

Entre muchas otras actividades se hizo una prueba de sida con la superestrella Rihanna en Barbados, guardó un minuto de silencio por Fidel Castro en San Vicente y jugó *cricket* en Santa Lucía.

Harry logró mantenerse tranquilo cuando, en una recepción para 300 huéspedes, el primer ministro de Antigua, Gaston Browne, sugirió que él y Meghan regresaran a la isla para su luna de miel. Se informó que el primer ministro le dijo: «Creo que estamos esperando la pronta llegada de una princesa y quiero que sepa que serán muy bienvenidos para regresar aquí en su luna de miel». Posteriormente le presentaron a Harry a un grupo de modelos ligeras de ropa, diciéndole: «Lo que suceda aquí, se queda aquí, así que no se preocupe». El príncipe no respondió nada, pero después les dijo a sus ayudantes que el incidente le había resultado «de bastante mal gusto».

No quiere decir que Meghan estuviera preocupada. Él estaba en constante contacto con ella a través de Skype, informándole sobre los avances de su visita en solitario. Los medios que seguían sus pasos le otorgaron altas calificaciones y la periodista Camilla Tominey comentó: «Con el entusiasmo que le ha dado su novia estadounidense Meghan Markle, sería justo decir que el príncipe Harry nunca ha estado en mejor forma. […] Cómodo consigo mismo y completamente relajado con sus deberes oficiales como representante de la reina en el exterior, realmente ha madurado».

Aunque los medios dedicados a asuntos de la corte recibieron la información de que el príncipe regresaría a Londres, esta era una pista falsa. En lugar de ello, Harry se desvió más de 2 700 kilómetros para pasar unas cuantas horas encerrado en la casa de Meghan en Toronto. Los seguidores de Meghan tuvieron el primer indicio de que Harry iba en camino cuando ella publicó una fotografía suya con un collar con las letras «M» y «H», al igual que una instantánea de su beagle Guy vestido con su suéter con la bandera inglesa. Por primera vez, una gran pasión real se desarrollaba ante los ojos del mundo a través de las redes sociales. Pero tal acceso no duraría mucho tiempo.

Luego de 48 horas, el príncipe volaba de regreso a Londres. Apenas tuvo el tiempo suficiente para darse un baño antes de aparecer en la City de Londres,* donde respondió teléfonos y bromeó con las personas que llamaban para la colecta anual de fondos destinados en esa ocasión a su organización benéfica Sentebale.

Posteriormente Harry se encontró con sus amigos para un fin de semana de cacería en el castillo Oettingen en Baviera, Alemania, antes de reunirse con Meghan, quien llegó para quedarse una semana en Nottingham Cottage a principios de diciembre.

Compraron su primer árbol de Navidad juntos y el personal de Pines and Needles del parque Battersea les regaló un manojo de muérdago para la buena suerte. La mayor parte del tiempo la pareja logró esquivar a los vigilantes *paparazzi,* ya que llevaban boinas azules iguales para ocultar sus rostros. Caminaron por el distrito teatral, donde vieron una comedia bufa titulada *Peter Pan Goes Wrong* y posteriormente la inteligente puesta en escena de *El Curioso caso del perro a media noche,* basada en la novela de Mark Haddon.

---

* N. de la T.: Se refiere a la zona de alrededor de 2.5 kilómetros cuadrados que es centro histórico del área metropolitana de Londres.

Por mucho que les hubiera gustado pasar juntos la Navidad, la tradición real puso freno a sus planes. Todos los años la familia real completa se reúne en Sandringham, la propiedad de más de ocho hectáreas que tiene la reina en Norfolk. No están incluidos novios ni novias.

Sin embargo, sí pudieron recibir juntos el Año Nuevo en Nottingham Cottage, antes de viajar el 2 de enero al remoto pueblo de Tromsø en el norte de Noruega, al borde del círculo polar ártico, para ver las asombrosas e impresionantes auroras boreales.

Pero incluso si la feliz pareja no estaba del todo lista para comprometerse formalmente, otras personas alrededor de ellos sí tenían que anticipar el futuro. El creador de *Suits*, Aaron Korsh, decidió que la vida privada de Meghan estaba eclipsando a su personaje de Rachel Zane. Era mejor escribir una salida del personaje dentro de la exitosa serie. Como posteriormente le dijo a la BBC: «Tenía que tomar una decisión porque no quería entrometerme y preguntarle: "Oye, ¿qué está pasando y qué vas a hacer?". Entonces, junto con los escritores decidimos arriesgarnos a suponer que estas dos personas estaban enamoradas y que todo iba a marchar bien». Como había descubierto Cressida Bonas, la anterior novia actriz de Harry, había un alto precio profesional que se tenía que pagar por salir con un príncipe. Si el romance de Harry y Meghan se hubiera acabado, Meghan se habría quedado sin trabajo. Era un romance con apuestas altas, cuyas consecuencias para su profesión aumentaban con cada semana que transcurría.

De hecho, ¿por cuánto tiempo más podría verse a una potencial princesa acurrucada con Patrick J. Adams, su amante en la pantalla, con la mano colocada sugerentemente sobre la rodilla de él? Cuando un seguidor de la serie le preguntó a Adams cómo se sentía «besarse en la pantalla con una posible futura princesa de Inglaterra», él respondió inmutable: «Igual que antes de que fuera una posible futura princesa».

Dicho esto, para ese momento tanto Meghan como Adams habían aparecido en más de 100 episodios del exitoso programa. En lo que se refería al actor, era momento de dejar su papel en *Suits*. Aunque Meghan hubiera pensado del mismo modo, su vida personal le quitó esa decisión profesional de las manos.

Como posteriormente le dijo Adams al *Hollywood Reporter*: «Había esta sensación natural de que nos había llegado el momento a los dos. No fue algo que se expresara de manera abierta y simplemente nos divertimos mucho en los últimos episodios que pudimos grabar. Los dos sabíamos que ya no volveríamos. Eso hizo que cada una de nuestras escenas fuera mucho más especial. Pasamos un tiempo maravilloso. Pudimos reírnos todo el tiempo. Incluso las cosas que podrían habernos frustrado acerca del programa se convirtieron en situaciones graciosas, y pudimos comparar impresiones sobre la locura en que todo esto se había convertido».

Pero mientras ella estuviera en el programa, los productores estaban más que dispuestos a usar sus contactos con la realeza y elevar sus *ratings* gracias a su celebridad recién descubierta ese febrero, Meghan alcanzó un cuarto sitio en la clasificación de las personas más elegibles para invitar a una cena, de acuerdo con la revista *Tatler*.

Otros tuvieron la misma idea. Una descarnada película británica sobre crímenes llamada *Antisocial*, que apareció originalmente en 2015, se relanzó como «edición especial» y presentaba de manera prominente el nombre de Meghan en su publicidad. En la película, Meghan representaba a la modelo Kirsten y aparecía saliendo de la ducha, cubierta solo con una toalla, bebiendo champaña y besando a un amante en pantalla. Varios de los amigos de Trevor Engelson, que sabían que siempre se había mostrado renuente a incluir a Meghan en sus producciones, ahora lo fastidiaban implacablemente, diciéndole al productor de Hollywood que pudo haber ganado una fortuna relanzando sus películas si

Meghan hubiera aparecido en ellas. «Recibió muchas críticas», me contó un amigo suyo.

Meghan misma tuvo que tomar varias decisiones comerciales muy serias. Su blog, The Tig, había significado algo muy importante en su vida. Lo había visto crecer de un monólogo modesto hasta convertirse en una marca que representaba su perspectiva muy civilizada, refinada, pero intrépida, de la vida. Era aspiracional, frívolamente femenina, pero siempre con un elemento de seriedad, ya fuera acerca de la igualdad de género o los derechos humanos. Como siempre dijo, The Tig era «la maquinita que pudo correr». Ahora se daba cuenta de que su blog no podía seguir como lo había hecho en el pasado si quería permanecer dentro de la órbita de la realeza. Sus fotografías, comentarios, recomendaciones e ideas podían sacarse de contexto y asociarse con el príncipe Harry, con la familia real o con ambos. Ya no era Meghan la bloguera, era la otra mitad de una pareja en la que el hombre con el que quería pasar el resto de su vida era el quinto (ahora el sexto) en la línea de sucesión al trono. Se imponían otras reglas. A pesar de todas sus posibles protestas y dudas, admitió que, si seguía adelante con el príncipe, tendría que modificar drásticamente los contenidos de The Tig.

Ese fue su primer encuentro importante con la realidad. Si el asunto se volvía más formal, digamos como aceptar un anillo de compromiso, entonces tendría que repensar la existencia completa de su identidad en línea. Una amiga comentó: «Está tratando de averiguar cómo reducir la información que expone allí sobre su vida, incluyendo sus redes sociales y su sitio web. Si tuviera que dejar todo lo que está haciendo para que la relación funcione, lo haría sin dudarlo».

Pero era mucho más difícil de lo que parecía. Por ejemplo, en enero de 2017 voló a la India como embajadora global de World Vision Canada. La visita de cinco días tenía el propósito de enfocarse en la pobreza infantil y específicamente en la razón por la que las adolescentes de comunidades pobres abandonan la escuela. La respuesta se refería en parte al hecho de que cuando las estudiantes empiezan a menstruar, las escuelas locales carecen de los servicios para ayudarles a lidiar con ese cambio perfectamente normal en sus cuerpos. Avergonzadas, se alejan de la escuela. Este es un problema oculto que Meghan consideraba que se podría resolver con facilidad si se utilizaban de manera adecuada los recursos. Se sentía cómoda enfrentando estos problemas, y antes de partir de viaje se dirigió a un público en Atlanta diciéndoles que su trabajo humanitario la hacía sentir más «equilibrada». Su fama internacional recién adquirida permitió que sus puntos de vista encontraran un público más amplio, y su ensayo acerca de su visita a Nueva Delhi y Bombay, donde abordó cómo la menstruación afectaba el potencial de millones de adolescentes, apareció en la edición de marzo de la revista *Time*.

No obstante, su labor humanitaria era un asunto delicado. Aunque en principio la casa real no estaba en contra de las causas que Meghan defendía, no las incluía dentro de los temas generales de los que se ocupaba. En pocas palabras, ella estaba actuando como «agente» libre dentro de la «empresa» que representaba la familia real.

Era inevitable que hubiera conflictos. En su mente, Meghan tenía que encontrarle la cuadratura a ese círculo intelectual y emocional. The Tig estaba diseñado para empoderar a las mujeres y alentar la igualdad de género. Sin embargo, aceptaba que el creciente interés en su blog y en su cuenta de Instagram tenía poco que ver con su labor, y que se referían más al hecho de que saliera con un hombre que estaba en una posición de autoridad simplemente por un accidente de nacimiento. Meghan no podía dejar pasar la ironía que eso representaba. No era ninguna tonta y se dio cuenta de que su asociación con el príncipe Harry le proporcionaría una plataforma más amplia desde la cual podría denunciar los problemas que eran más cercanos a sus intereses. El precio era dejar a su bebé. A principios de marzo de 2017 se despidió con tristeza de sus miles de seguidores en The Tig: «Después de cerca de tres hermosos años de empezar esta aventura con ustedes, es momento de decir adiós a The Tig», escribió. «Lo que empezó como un proyecto derivado de una pasión (mi maquinita que pudo correr) evolucionó para convertirse en una asombrosa comunidad de inspiración, apoyo, diversión y frivolidad. Sigan encontrando esos momentos Tig de descubrimiento; sigan riendo y asumiendo riesgos, y sigan siendo el "factor de cambio que desean ver en el mundo"».

Su Instagram, que tenía más de un millón de seguidores, tuvo el mismo destino. Una seguidora llamada Jennifer Oakes escribió lo siguiente: «No prestes atención a la gente que preferiría que siguieras soltera para siempre; el matrimonio implica un sacrificio (de ambas partes)».

Pero no todos eran tan comprensivos. Poco después de cerrar su popular e influyente sitio web, su media hermana Samantha lanzó otro exabrupto en Twitter: «Hay muchas más cosas en el mundo que merecen atención aparte de los zapatos y las bolsas. Meghan Markle necesita practicar lo que predica o cambiar su discurso». La crítica tardía de Samantha, justo cuando el sitio estaba por cerrarse, indicó lo lejos que estaba de enterarse de lo que pasaba en su familia.

Días después de despedirse con cariño de su comunidad en línea, Meghan recibió una lección clásica de lo que sería su vida dentro de la pecera de la realeza. A inicios de marzo, Harry y Meghan viajaron por separado a Jamaica para tres días de festividades por la boda del amigo de Harry, Tom *Skippy* Inskip, y la honorable Lara Hughes-Young.

Harry se encontró con Meghan en el aeropuerto y la llevó al exclusivo Round Hill Hotel en Montego Bay, donde se registraron en una villa que cuesta 7 000 dólares la noche. Se cambiaron de ropa para ir a nadar, Harry con un traje de baño verde y Meghan con un bikini azul oscuro, junto con su clásico sombrero blanco. Se besaron y abrazaron mientras nadaban en las cálidas aguas del Caribe. De pronto, el estado de ánimo de Harry se ensombreció, pero no tenía nada que ver con Meghan sino con la presencia de los *paparazzi*, cuyos lentes de largo alcance se enfocaban en la pareja. El tranquilizador brazo de Meghan alrededor de sus hombros no fue suficiente para calmarlo. Aunque los medios británicos no publicaron las imágenes, varias revistas y sitios web europeos no tuvieron los mismos escrúpulos.

Después de su discusión con los medios, al día siguiente Harry fue uno de los 14 acompañantes del novio en la boda Hughes-Young Inskip en la iglesia bautista Hopewell. Estaba de un humor más alegre mientras su novia, que llevaba un vestido floreado Erdem de 2 000 dólares, se mostraba notablemente afectuosa y amorosa durante toda la ceremonia.

El pastor Conrad Thomas, quien ofició la ceremonia, dijo posteriormente: «Harry y Meghan se tomaron de la mano y nunca olvidaré sus radiantes sonrisas. Se veían tan felices. Le dije a él: "Señor, ahora le toca a usted"».

En la recepción de la noche, los invitados, incluyendo a la duquesa de York y a su hija, la princesa Eugenia, disfrutaron de una cena de langosta y pollo adobado clásico de Jamaica, acompañada de cocteles de ron y champaña. Por desgracia, Harry tiró una bandeja de bebidas cuando hizo el «*moonwalk* a la Michael Jackson» sobre la pista de baile.

«Estaba caminando hacia atrás mientras tocaban *Billie Jean* cuando golpeó a una mesera que llevaba una bandeja de bebidas y las lanzó por los aires», dijo un espectador.

«Harry se sobresaltó e, impactado, colocó sus manos sobre los hombros de la mesera y se disculpó».

Fue un breve incidente en una noche de bebidas, bailes y diversión, en la que Meghan y Harry se la pasaron en la pista de baile o abrazados, o ambas cosas. Definitivamente, se podía notar el amor.

Después de la estridente fiesta, Harry llevó a Meghan al exclusivo Caves Hotel en Negril para pasar tres preciosos días a solas. Posteriormente volverían a separarse, ya que Meghan voló de regreso a Toronto, aunque regresó a Londres una semana después. Ahora sus ausencias de Canadá eran tan frecuentes que tuvo que contratar a una cuidadora de perros para que se ocupara de Bogart y Guy.

Dicho esto, al poco tiempo fue el turno de Harry para ir a casa de Meghan, donde pasó las Pascuas. Tenía otra razón para estar en la ciudad, ya que en septiembre se llevarían a cabo los Juegos Invictus y tenía muchas juntas a las que asistir, así como numerosos compromisos. Su principal interés era que Meghan estuviera a su lado en algún momento durante los juegos. El veterano reportero Phil Dampier citó a una fuente de la realeza que señaló: «Harry quiere que todo esté a la vista de la gente y que se acaben los tiempos de merodear por allí evitando a los fotógrafos. Quiere exhibir a Meghan como su futura esposa. Los juegos, en los que ha puesto alma y corazón, serán la plataforma perfecta para hacerlo». Dampier estaba muy bien informado.

Al fin, después de casi un año de cortejo poco convencional, cuatro meses en privado y el resto en público, el romance entre Harry y Meghan entró en el carril tradicional. El 6 de mayo Meghan viajó en auto a Coworth Park, en Berkshire, para ver a su novio en un partido de polo. Ese es un clásico rito de iniciación de la realeza. Algunas de las mejores —y más afectuosas— fotografías de la princesa Diana fueron las que se tomaron cuando asistía a los partidos en los que participaba el príncipe Carlos. Lo mismo se puede decir de Kate Middleton, quien siempre estaba presente cuando el príncipe Guillermo se subía a su montura. No fue diferente con Meghan, cuando, acompañada de Mark Dyer y de su esposa Amanda, llegó al campo. Aplaudió y sonrió como le correspondía mientras seguía el ir y venir de este deporte tan poco amigable con los espectadores. Los demás asistentes al partido de beneficencia, que recolectó fondos para Sentebale y para otra de las organizaciones benéficas de Harry llamada WellChild, incluían a Eddie Redmayne, a la exbailarina Darcey Bussell y al actor Matt Smith, quien representa al príncipe Felipe en la exitosa serie de Netflix, *The Crown*. Todos los fotógrafos aguardaban el momento en el que el príncipe besara a su novia.

Harry los hizo esperar. Fue hasta el día siguiente, después de jugar en un partido con el príncipe Guillermo, que les dio lo que querían: besó a Meghan en el estacionamiento. Ese fue el banderazo de salida.

De nuevo Meghan viajó a casa para volver apenas una semana después y asistir a la boda de Pippa Middleton con el financiero James Matthews el 20 de mayo. Para no acaparar la atención en el día más importante de la novia, Meghan se mantuvo alejada de la ceremonia nupcial en la iglesia de San Marcos, en Englefield, Berkshire. Después de la ceremonia, Harry regresó a Londres para recogerla y la llevó a la recepción en la casa de los Middleton, en el pueblo de Bucklebury, cerca de la iglesia.

Durante todo el año se había estado apilando la evidencia y, para ese momento, resultaba obvio que solo era cuestión de tiempo para que ella misma caminara hasta el altar. Era innegable que se estaba utilizando una estrategia informal para abrir el camino para su propio anuncio. Todo comenzó cuando Meghan cerró sus redes sociales, incluyendo The Tig, y su cuenta de Instagram; continuó con la decisión de incluir a Meghan en los Juegos Invictus, y, por supuesto, a eso le siguió el beso en el partido de polo. Ahora, cuando Meghan llegaba al aeropuerto de Heathrow, la mayoría de las veces Harry la estaba esperando en la pista para conducirla a través de la miniterminal VIP. Entonces, cuando Meghan asistió a la convención de *Suits* en Austin, Texas, aunque evitó las preguntas sobre su futuro, la mayoría de sus fans aceptaron renuentemente que esta temporada probablemente sería la última para su personaje. Cuando Meghan reconoció que las escenas de sexo que había representado en el pasado ahora parecían «extrañas», dio a entender que Rachel Zane estaba por salir de la serie.

Un par de semanas después, a mediados de julio, Meghan abrió las puertas de su casa de Toronto y recibió a Sam Kashner, el biógrafo que escribió el exitoso libro *El amor y la furia*: su disección de otra pareja poderosa, los actores Richard Burton y Elizabeth Taylor. Desde el momento en que él entró a su casa los rumores de un posible matrimonio comenzaron a concretarse. El escritor acudió en nombre de la revista *Vanity Fair* no solo para saborear la pasta que ella le compró especialmente en el elegante *deli* italiano Terroni's, sino para empaparse de su vida entera.

Ese fue un avance extraordinario. Tradicionalmente, las futuras novias de la realeza habían sido como esfinges: se sonrojaban, se ocultaban de los fotógrafos o sonreían amablemente, pero sin decir palabra. Ese había sido el hilo conductor entre lady Diana Spencer, Sarah Ferguson, Sophie Rhys-Jones y Catherine Middleton. Todas ellas sabían cuáles eran las consecuencias. En los tiempos en que Sarah, la hermana de Diana, salía con el príncipe Carlos, fue arrojada a la oscuridad del destierro en el mismo instante en que habló sobre su relación con el corresponsal de asuntos de la realeza James Whitaker.

El hecho de que Meghan diera una entrevista antes de cualquier anuncio sobre el compromiso fue una primera vez en cuanto a la realeza se refiere, sobre todo porque no lo habría hecho sin estar de acuerdo con el príncipe Harry, su secretario privado Edward Lane Fox y su director de comunicaciones, Jason Knauf. Tampoco estaba haciendo afirmaciones anodinas sobre moda y el programa *Suits*, con comentarios al calce sobre su romance real.

No, Meghan estaba contando su verdadera historia y en sus propias palabras. Fue enfática y no titubeó sobre el asunto.

«Somos una pareja», le dijo a Kashner. «Estamos enamorados. Estoy segura de que llegará el momento en que tendremos que dar la cara, presentarnos y contar nuestras historias, pero espero que la gente entienda que este es nuestro momento. Esto es para nosotros.

»Es parte de lo que lo hace tan especial, esto es solo nuestro.

»Pero estamos felices: personalmente me encanta una maravillosa historia de amor».

Al momento en que el entrevistador entraba en materia, ella enfatizaba: «Somos dos personas que están realmente felices y enamoradas».

Pero hubo un comentario perturbador en medio de la declaración asombrosamente abierta de amor y compromiso. «Sigo siendo la misma persona de siempre y nunca me he definido por mi relación». Quizá no haya sido así en el pasado, pero seguramente lo sería en el futuro. *Vanity Fair* no le hubiera concedido su valiosa portada con un encabezado en negritas que decía «Meghan Markle: loca por Harry» si hubiera sido simplemente una actriz televisiva de rango intermedio. La clave estaba en el título de Harry. Quiera o no aceptar la idea, en el futuro su considerable influencia, su capacidad para generar un cambio, dependerá de algo que va en contra de algunas de sus creencias esenciales: que las mujeres adquieran poder no por sus propios méritos, sino por el hombre con el que se casan.

Ese era un dilema en el que tendría que meditar en otra ocasión. Por el momento se dirigía a Botsuana, ya que ella y Harry celebrarían su trigésimo sexto cumpleaños. El príncipe estaba tan feliz de regresar a su segundo hogar que incluso levantó el pulgar en señal de aprobación a los fotógrafos que esperaban para verlo reunirse con Meghan en el aeropuerto. Su ademán puso en marcha la rumorología entre los medios de comunicación. Como los periodistas no sabían que Meghan y Harry ya habían visitado Botsuana, y como Guillermo le había propuesto matrimonio a Kate en Kenia en 2010, la conclusión obvia fue que durante este viaje Harry se hincaría frente a Meghan para pedirle matrimonio. La vacación era lo suficientemente romántica y de nuevo la pareja se quedaría en el campamento Meno a Kwena antes de conducir en su auto rentado durante un viaje de ocho horas hasta las cataratas Victoria, una de las maravillas naturales del mundo.

Durante su visita se hospedaron en el Tongabezi Lodge, un hotel privado junto al río Zambeze, donde fueron seducidos por los cruceros al atardecer, las cenas románticas a bordo de un sampán (una barca de fondo plano) y los paseos matutinos para observar la fauna silvestre. Incluso tenían su propio *valet* que cumplía cada uno de sus caprichos.

Al final de las vacaciones, aunque las especulaciones estaban a su máximo nivel con respecto a un compromiso real, Meghan se esfumó cuando los príncipes Guillermo y Harry, junto con la duquesa de Cambridge, hicieron un importante peregrinaje. El 30 de agosto, un día antes de la fecha en que su madre sufriera aquel accidente fatal en París, Guillermo, Harry y la duquesa de Cambridge conmemoraron el vigésimo aniversario de la muerte de Diana con una visita al White Garden en el Palacio de Kensington, en el que se plantaron especialmente sus flores favoritas. Allí se reunieron con representantes de las organizaciones benéficas que apoyaba la difunta princesa.

La especulación sobre el matrimonio se volvió todavía mayor, en especial cuando se supo que, a principios de septiembre, Meghan había devuelto el Audi que rentó mientras vivía en Toronto, declarando inocentemente que se «mudaría a Londres en noviembre».

La prueba crítica fueron los Juegos Invictus, que iniciaron en su ciudad adoptiva, Toronto, el 23 de septiembre. El proyecto de Harry se había transformado en una miniolimpiada, con 550 competidores de 17 países que participaban en 12 deportes. Difícilmente sorprendió que eligiera esa semana para que Meghan hiciera su debut en el escenario mundial como posible futura esposa. Justo antes de iniciar los juegos, Harry visitó el set de *Suits* con Meghan, quien lo presentó con sus coprotagonistas, los guionistas y el equipo de producción.

«Meghan le mostró el set. Todos estaban muy emocionados. Él le brinda todo su apoyo», comentó un miembro del elenco a la revista *Hello*.

En la ceremonia de inauguración en el Air Canada Centre, Harry se sentó con la primera dama de Estados Unidos, Melania Trump; con el primer ministro canadiense, Justin Trudeau, y con el presidente de Ucrania, Petro Poroshenko. Como casi todos anticipaban, Meghan estaba entre el público acompañada del canadiense Markus Anderson, el amigo que había hecho los arreglos necesarios para la primera cita entre Meghan y Harry. Con un vestido púrpura y saco de piel a juego sobre los hombros, Meghan parecía cómoda y relajada. Aunque no estaba en la sección VIP, la presencia de un guardaespaldas de Scotland Yard sentado cerca de ella era señal de que sus tiempos fuera del mundo de la realeza estaban contados.

Escuchó atentamente mientras Harry se dirigía a los competidores y a sus familias y amigos: «Ustedes son ganadores, y no olviden que le están probando al mundo que todo es posible».

Toronto se sofocaba en una ola de calor con temperaturas que rozaban los 35°C, y la pregunta candente era: ¿cuándo se les vería juntos?

Dos días después de la ceremonia de inauguración, una representante de prensa del Palacio de Kensington se acercó a una cuadrilla de fotógrafos que tomaban imágenes del partido de tenis en sillas de ruedas.

Sin nombrar a Harry o a Meghan, les susurró: «Cuando lleguen, permanezcan en sus asientos y no se muevan de ahí. Si lo hacen, ellos se irán».

Unos minutos después, el grupo de prensa se quedó mirando con los ojos desorbitados cuando Meghan y Harry entraron tomados de la mano al Nathan Phillips Square y se sentaron a un lado de la cancha. En la coreografía de su romance, esta era una actuación sensacional. Rieron y bromearon, se acariciaron el brazo el uno al otro, se susurraron palabras de amor y charlaron con las familias y amigos de los competidores. Cuando le pasaron una botella de agua a Meghan, Harry le aconsejó que la pusiera en el piso y que no bebiera de ella enfrente de las cámaras. Las imágenes de las celebridades mientras beben pueden parecer torpes y poco favorables.

Meghan tenía sus propias motivaciones. Sintonizada de manera instintiva con la semiología de la moda, fue totalmente deliberada cuando acompañó sus jeans rasgados con una camisa suelta, diseñada por su gran amiga Misha Nonoo, llamada «la camisa del marido». Como es natural, la camisa blanca, que Meghan alguna vez describió en su blog como «mi camisa favorita», se vendió en minutos. El hecho de que su bolsa fuera de la marca ética Everlane también transmitió un mensaje; lo que llevaba puesto era importante.

En el pasado, la media hermana de Meghan la había acusado en Twitter de avergonzarse de ella porque estaba en silla de ruedas. En otro tuit, mencionó que ella era una veterana militar, dato que dejó perpleja a su propia madre Roslyn. «Samantha no es una veterana», me comentó. Ingresó al ejército, pero se salió luego del entrenamiento de cuatro semanas porque la mayor parte del tiempo la pasó en la enfermería.

Pero nadie iba a aguar esta fiesta.

La multitud entusiasta disfrutó de otra atracción secundaria con la llegada del expresidente de Estados Unidos, Barack Obama, junto con el anterior vicepresidente Joe Biden y su esposa, Jill. Los exlíderes del mundo fueron rodeados por los entusiastas espectadores a medida que se corrió la voz de su llegada. Harry y sus huéspedes estadounidenses parecían totalmente relajados mientras hacían bromas y posaban para *selfies* con los miembros del público.

Durante una visita rápida a la ciudad, el expresidente Obama se reunió con Harry en un hotel céntrico donde se había equipado una suite de habitaciones para crear un estudio de radio. El príncipe llevó a cabo una entrevista de 20 minutos con el expresidente acerca de la vida en la Casa Blanca, y su charla relajada se convirtió en pieza central del debut de Harry como presentador invitado en el programa *Today* de la cadena BBC Radio Four a finales de diciembre.

A medida que los juegos se acercaban a su conclusión, Harry le dijo a la entusiasta multitud: «Han producido los mejores Juegos Invictus hasta la fecha, con la atmósfera más increíble, haciendo que nuestros competidores se sientan como las estrellas que son».

En la ceremonia de clausura, Harry le dio a Meghan un beso en la mejilla mientras veían las interpretaciones de Kelly Clarkson, Bryan Adams y al legendario roquero Bruce Springsteen. A su lado, en un palco VIP, estaba la madre de Meghan, Doria Raglan, quien voló desde Los Ángeles para ver a su hija y para pasarle revista al que, según todos pensaban, sería su futuro yerno.

Había llegado el momento de desempolvar la levita.

Segunda sección de imágenes

Izquierda: Meghan visitó Nuevo México con su padre cuando su media hermana mayor, Samantha Markle Grant, se graduó de la Universidad de Nuevo México con un título en criminología. Durante el viaje conoció a la primera esposa de su padre, Roslyn Loveless, y a la hija de Samantha, Noel Rasmussen. Su reunión en 2008 fue una de las últimas veces en que Meghan vería a su media hermana.

Abajo: Meghan y su madre, Doria, en Jamaica, durante el fin de semana de su boda en 2011.

Izquierda: Meghan se volvió una asidua visitante de la semana de la moda en Nueva York. En el desfile de Tracy Reese, en septiembre de 2013, llevó uno de los pictóricos vestidos de la diseñadora.

Abajo: El último papel pequeño de Meghan, antes de que la contrataran para *Suits,* fue el de una atractiva mensajera de FedEx, teniendo como coprotagonista al malicioso comediante Jason Sudeikis en la comedia *Quiero matar a mi jefe.* Durante la filmación conoció a su actor favorito, Donald Sutherland.

Arriba: Meghan se encarga del teléfono en una campaña de recolección de fondos para el Charity Day anual en 2013, organizado por la empresa de corredores de bolsa Cantor Fitzgerald, el cual se lleva a cabo cada año para conmemorar a sus amigos y colegas que murieron en el ataque terrorista de septiembre de 2011.

Abajo: Meghan en la base aérea Bagram en Afganistán durante su gira de buena voluntad en 2014. De izquierda a derecha: Doug Fister, lanzador de los Nacionales de Washington; Meghan Markle; el comediante Rob Riggle; la cantante *country* Kelly Pickler; la actriz Dianna Agron y el defensa de los Osos de Chicago, Brian Urlacher (extrema derecha).

Arriba: Meghan a bordo del USS Ross el 6 de diciembre de 2014, con el exdefensa de los Osos de Chicago Brian Urlacher (izquierda), y el lanzador de los Nacionales de Washington, Doug Fister, como parte de la gira de espectáculos para las Fuerzas Armadas.

Abajo: En la Cumbre One Young World de 2014, que tuvo lugar en Dublín, Irlanda, Meghan fue invitada para hablar acerca de la igualdad de género y derechos humanos.

Arriba: Meghan fue coprotagonista de Christopher Jacot en la película de 2014 de Hallmark Channel *Un amor verdadero* durante un receso en la filmación de *Suits*.

Derecha: Meghan y su novio, el célebre chef Cory Vitiello, cuando asistieron a un evento de moda en la deslumbrante exhibición Art Basel en Miami, que se realizó en diciembre de 2014.

Arriba: En su segundo viaje a Botsuana, el príncipe Harry y Meghan celebraron el trigésimo sexto cumpleaños de la actriz durante una breve estancia en el campamento Meno a Kwena antes de viajar ocho horas en un auto rentado hasta las cataratas Victoria, una de las maravillas naturales del mundo.

Página anterior: Meghan con Misha Nonoo en los decimosegundos premios anuales CDFA/*Vogue* Fashion Fund, el 2 de noviembre de 2015 en Nueva York. Meghan luce un vestido de la colección de la diseñadora.

Durante una visita a Wimbledon en 2016, Meghan llevó un costoso vestido de ante negro de Ralph Lauren mientras observaba a su amiga Serena Williams en la cancha. Cuando una breve lluvia interrumpió el partido, la gurú de la moda Anna Wintour, quien también estaba en el palco de jugadores, le prestó un suéter para que protegiera su vestido.

Arriba: El 10 de marzo de 2015, Meghan pronunció un discurso muy apreciado frente a la organización ONU Mujeres como su recién nombrada defensora del liderazgo y participación política. Su madre Doria y Hillary Clinton estaban entre el público cuando Meghan relató la ocasión en que se enfrentó a Procter & Gamble por una campaña publicitaria sexista a sus apenas 11 años.

Abajo: El último viaje de Meghan para World Vision Canada fue a India, en enero de 2017, donde promovió la educación para las jóvenes, destacando la importancia de los productos de cuidado menstrual y las instalaciones sanitarias separadas para alentar la asistencia de estas a la escuela.

Izquierda: Elegante y chic, Meghan llega a un foro en el edificio AOL, en el centro de Nueva York, para discutir su papel como asistente legal en el enormemente popular melodrama legal *Suits*.

Abajo: Meghan con el mentor de Harry, Mark Dyer, y su esposa, Amanda, observan al príncipe jugando polo en el Audi Challenge el 5 de junio de 2017. Como antiguo ayuda de cámara del príncipe de Gales, Dyer hizo los arreglos para el viaje de mediados de curso de Harry a Lesoto y ayudó al príncipe a establecer Sentebale, una organización benéfica dedicada al VIH/sida que se enfoca en los niños que padecen esta mortal enfermedad.

Izquierda: La madre de Meghan, Doria Ragland, se reunió con su hija y con el príncipe en la clausura de los Juegos Invictus en Toronto. Su llegada significó que faltaban solo unas cuantas semanas para el anuncio del compromiso.

Abajo: Cuando Meghan y el príncipe Harry asistieron oficialmente a los Juegos Invictus el 25 de septiembre de 2017, causaron un frenesí mediático. Se instruyó a los fotógrafos que no se movieran de su lugar cuando llegara la pareja, que entró de la mano al estadio en Toronto. Dieron todo un espectáculo, acariciándose el brazo el uno al otro, susurrándose cosas al oído y charlando con las familias de los competidores.

Izquierda: El príncipe Harry y Meghan posan para los fotógrafos en el Sunken Garden, en el Palacio de Kensington, después del anuncio de su compromiso el 27 de noviembre de 2017. El «jardín hundido» era uno de los sitios favoritos de la princesa Diana.

Abajo: El príncipe Harry y Meghan Markle visitan Nottingham para su primer compromiso oficial en pareja el 1 de diciembre de 2017. Ella se mostró relajada, aunque un poco nerviosa, cuando empezó a saludar de mano a los asistentes e hizo comentarios sobre el clima.

El día de Navidad, Meghan asistió a la iglesia de Santa María Magdalena en Sandringham con su futura familia política. Su asistencia rompió con la tradición de que solo las parejas casadas o los miembros solteros pueden asistir a las reuniones navideñas de los miembros de la familia real. Cuando la reina dejó la iglesia para regresar a Sandringham House, las damas reales, incluyendo a Meghan, se inclinaron en una leve reverencia. En tanto que su futura cuñada Catalina hizo la perfecta genuflexión, Meghan estuvo un poco más temblorosa, lo cual es señal de que necesitaba práctica.

La siguiente generación de la realeza: Catalina y Guillermo, duques de Cambridge, con Meghan Markle y el príncipe Harry después de salir de la iglesia el día de Navidad de 2017. Al cuarteto real se le conoce ahora como los Fabulosos Cuatro, el sobrenombre que se utilizaba para denominar a The Beatles.

Arriba: Meghan saluda a una multitud de simpatizantes en Brixton, al sur de Londres, mi tras visitaban la estación de radio comunitaria Reprezent 107.3 FM el 9 de enero de 201

Abajo: El príncipe Harry, Meghan Markle y la duquesa de Cambridge, quien entonces te seis meses de embarazo, en «Hacer Juntos la Diferencia», el primer foro anual de la R Foundation en febrero de 2018. Desde que Meghan se integró a la familia real en noviem más de un millón de seguidores han entrado a las redes sociales de la familia.

12

Té con Su Majestad

⸙

Era la audición más importante en la vida de Meghan. Sin ensayos, guion ni segundas tomas. Esto era en vivo e improvisado. Cuando cruzó la reja del Palacio de Buckingham en un jueves nublado de octubre dentro de un Ford Galaxy con vidrios polarizados, la actriz estaba a punto de dar la máxima actuación de su carrera. Aunque ella asegura no ponerse nerviosa, podríamos disculparla en esta ocasión. Estaba a punto de conocer a la reina para tomar el té. ¡Qué susto! Por supuesto que tenía al príncipe Harry a su lado, sosteniéndole la mano y diciéndole que todo saldría bien, que simplemente fuera ella misma. Aun así, era el té con la reina de Inglaterra.

Todo parecía salido de una novela de intriga y misterio que poco ayudaba para controlar los nervios. El Ford Galaxy se estacionó tan cerca de la entrada que Harry, Meghan y su guardaespaldas de Scotland Yard pudieron deslizarse sin que nadie lo notara.

Luego los escoltaron a través de lo que parecieron kilómetros de alfombra roja hasta llegar a la sala de estar de la reina, la cual tiene vista hacia los jardines de Palacio junto a Constitution Hill. Su llegada y partida fueron tan discretas que ni los principales sirvientes de Palacio se dieron cuenta de su visita hasta días después.

La verdad sea dicha, Meghan había anticipado discretamente este momento. Unos cuantos meses antes hizo una excursión secreta al Rose Tree Cottage, un pequeño trozo de Inglaterra en Pasadena, en los suburbios de Los Ángeles. Ese lugar vende una diversidad de golosinas británicas, pero la atracción principal que brinda el emporio de Edmund Fry es el servicio del té de la tarde. Meghan visitó el lugar varias veces no solo para comprar regalos ingleses, sino para tomar el té. Quizá, después de todo, haya sido simplemente un pequeño ensayo.

En una ciudad gobernada por el café y las tazas para llevar, el Rose Tree Cottage brinda una pizca del refinamiento inglés. Allí es donde Meghan aprendió a doblar el dedo meñique mientras sostenía su taza y su platito, y sorbía su té Earl Grey.

Esas eran habilidades que tenía que recordar mientras hacía una reverencia a su futura abuela política. Sin embargo, el ofrecimiento de sándwiches con rebanadas delgadas de pepino y mayonesa de huevo, la selección de pequeños bizcochos y pasteles, así como la mezcla de té Queen Mary, que es exclusiva de Su Majestad, con la opción de café para la visitante estadounidense, cuentan solo parte de la historia.

El té de la tarde es una oportunidad para que la reina se ponga al corriente con los chismes de sus damas de compañía, con la plática de sus sirvientes de nivel superior, y para ver a los miembros de su familia. En el pasado, la princesa Diana —cuando llevaba a los niños para ver a su abuela, lo cual no ocurría con frecuencia— aprovechaba algunas de estas ocasiones informales para abordar con la reina el tema de la aventura amorosa de su hijo mayor con Camilla Parker Bowles. Mientras tomaban el té, la princesa buscaba compasión. Pero a final de cuentas, era una vana esperanza. Hablar de eso era demasiado emocional y desabrido para su soberana suegra, de modo que cambiaba de tema.

Aunque el encuentro con la señorita Markle y el príncipe Harry era menos desagradable, seguía habiendo un aire de tensión asociado con la ocasión. Quizá eso fuera inevitable. Como quinto en la línea de sucesión al trono, el príncipe tenía que obtener el permiso formal de su abuela para poder casarse. De ninguna manera era una conclusión predeterminada. Ella podía decir que no. Ya lo había hecho antes, y entonces ¿qué?

Durante siglos las casas reales de Europa se han definido por la estirpe y el linaje. En tiempos de la reina Victoria, los príncipes y princesas ingleses podían casarse únicamente con sus iguales alemanes. Eso cambió durante la Primera Guerra Mundial, cuando en 1917 Jorge V no solo cambió el nombre de su familia a Windsor, sino que, además, permitió que sus hijos se casaran con aristócratas ingleses. A lo largo de las décadas incluso este edicto se ha diluido considerablemente.

La mayoría de los descendientes de la reina se han casado con plebeyos: un jinete ganador de la medalla olímpica en equitación, un ayuda de cámara, un fotógrafo, la hija de un agente real de polo, una ejecutiva de relaciones públicas… todos ellos han entrado en la familia real sin un título. Solo lady Diana Spencer provenía de una familia tradicionalmente aristocrática y miren cómo terminaron las cosas. La Casa de Windsor se ha sostenido gracias a los plebeyos, no a la gente de sangre azul. De hecho, lo mismo puede decirse de la mayoría de las casas reales de Europa. Y, aunque el divorcio había sido un problema para los miembros de la realeza desde hacía tiempo, el propio padre de Harry le puso un abrupto fin a ese asunto cuando se casó con Camilla Parker Bowles.

Cualquier posible incertidumbre acerca del resultado de esta reunión no dependía de Meghan, sino del hombre con el que se quería casar. Aunque no puede decirse que haya estado a juicio, Harry sí estaba sometido a un estrecho escrutinio.

Si unos años antes hubiera ido con su abuela cuando tenía la poco envidiable reputación de ser un borracho enojado con poca capacidad de juicio, la reina probablemente no hubiera accedido a que se casara con una actriz estadounidense divorciada. «Habría sido una confrontación sombría y poco agradable», me comentó un antiguo alto funcionario de la casa real. Eso mismo ocurrió en 1955, cuando tuvo que imponer su postura acerca del posible matrimonio de su hermana Margarita con el capitán Peter Townsend, quien era divorciado. En cualquier caso, la transformación de Harry en los últimos años, junto con la popular unión entre el príncipe Guillermo y Kate Middleton, han asegurado el futuro de la monarquía. Su impecable comportamiento cuando representó a la reina en el extranjero y su compromiso con los Juegos Invictus han sido observados y evaluados sagazmente por la soberana. Como me dijo un miembro de la corte: «La reina confía en sus nietos. Tiene una fe en ellos que nunca tuvo en su hijo mayor. Realmente fijaron su posición como personas que estaban en contacto con el público. Guillermo y Enrique tienen cualidades de estrellas, y son herederos creíbles y auténticos de la monarquía».

El sello final de aprobación provino de las mascotas de la reina. Estos corgi, cuya raza es normalmente irascible, se mostraron amistosos y cordiales cuando Meghan entró en la sala de estar de la reina. Como dijo el propio príncipe Harry, con un poco de tristeza: «He pasado los últimos 33 años de mi vida soportando sus ladridos; Meghan entra y no pasa nada». Se quedaron acostados a sus pies y menearon la cola. «Son muy dulces», comentó posteriormente Meghan a la entrevistadora Mishal Husain.

Durante la reunión de una hora, Meghan atestiguó de primera mano el genuino respeto y amor que Harry siente por su abuela. «Es una mujer increíble», comentó ella después.

Con una ráfaga de ladridos y una reverencia final, Harry y Meghan se despidieron, dejando con gran rapidez el Palacio antes de que la maquinaria de chismes monárquicos pudiera entrar en acción. Buen trabajo.

Pero no del todo. A Meghan todavía le faltaba hablar con su esquivo padre y ponerlo al corriente. Desde su retiro, Tom padre se había vuelto más huraño: se mudó a México, donde compró un departamento en el popular pueblo costero de Rosarito, 16 kilómetros al sur de la frontera con Estados Unidos. Cambiaba con frecuencia sus teléfonos móviles e incluso se mudó de un departamento porque la viuda del dueño recientemente fallecido se había vuelto «demasiado amistosa».

Cuando finalmente pudo contactar a su padre, Meghan le contó la noticia, advirtiéndole que los medios informativos intentarían hablar con él cuando se anunciara el compromiso. Él ya había hablado con el príncipe Harry, por lo que sabía lo que estaba a punto de suceder. En algún momento Harry le preguntó a la voz al otro lado de la línea telefónica si le permitiría casarse con su hija. No era tan tradicional como tomar el té con la reina, pero en todo caso no había gran cosa en este romance que se alineara con las normas convencionales de la realeza.

———

Después de avisarles a ambas familias, era momento de que la feliz pareja se presentara en público. Anunciaron su compromiso a las 10 de la mañana del lunes 27 de noviembre de 2017. La noticia salió de Clarence House, la casa del príncipe Carlos y la duquesa de Cornualles, donde el padre de Harry expresó su «regocijo» por el compromiso. El boletín continuaba: «Su Alteza Real y la señorita Markle se comprometieron en Londres a principios de este mes. El príncipe Harry informó a Su Majestad la reina y a otros miembros de su familia cercana. El príncipe Harry también buscó y recibió la bendición de los padres de la señorita Markle».

En cuestión de minutos docenas de reporteros, fotógrafos y equipos de televisión se formaron afuera del Palacio de Kensington para tomar fotografías en el Sunken Garden. A las dos de la tarde, en un día muy frío y ventoso, la feliz pareja apareció y caminó del brazo hasta el lado del estanque. Harry parecía más nervioso que su novia, mientras Meghan le acariciaba el brazo de manera tranquilizadora. Ambos respondieron un par de las preguntas que los reporteros gritaron desde lejos, y el príncipe informó a la multitud que supo que Meghan era la mujer adecuada para él desde la primera vez que se conocieron y se describió «emocionado; no quepo en mí de alegría». Meghan sonrió y dijo que ambos «estaban muy contentos».

Mientras se alejaban, Meghan le frotó la espalda como diciendo «bien hecho», y la pareja regresó a Palacio tomada del brazo para una entrevista de 20 minutos con la reportera y defensora Mishal Husain. Esta mujer de 44 años, madre de tres hijos y nombrada presentadora del año en los premios de 2015 del London Press Club, atrajo por primera vez la atención de Meghan por su campaña para que las trabajadoras de la BBC obtuvieran el mismo salario que los hombres; ella y Harry la eligieron para que realizara la entrevista por su compromiso.

La conversación televisada empezó con la pareja describiendo el momento en que el príncipe le propuso matrimonio, diciendo que estaban en Nottingham Cottage, asando un pollo, cuando él se arrodilló y le pidió que se casara con él. «Fue simplemente una asombrosa sorpresa; tan dulce y natural, y tan romántica», comentó Meghan, quien confesó que le dijo que «sí» antes de que terminara de hacer la petición. Recordaron que se conocieron a través de un amigo mutuo en una cita a ciegas en 2016 y que después de tener dos citas seguidas, Meghan aceptó reunirse con él en unas vacaciones de safari en Botsuana. En esa época Harry nunca había oído de *Suits* ni de la actriz californiana, y ella admitió que no tenía gran idea de quién era Harry.

Esto ha ayudado en lugar de obstaculizar el desarrollo de su amorío. Como indicó Meghan: «Todo lo que sé de él me lo contó él mismo, en lugar de haber crecido oyendo las diferentes historias en las noticias o en los periódicos amarillistas o en otras partes. Todo lo que sé de él y de su familia es porque él quiso compartirlo conmigo y viceversa, de modo que esa fue una manera realmente auténtica y orgánica de conocernos el uno al otro». Eso ayudó a amortiguar el golpe que ambos experimentaron ante el nivel de interés mediático una vez que su romance se volvió público.

La pareja describió que desde un inicio su prioridad ha sido nutrir su relación y que se habían hecho la promesa de lograr que su relación a larga distancia funcionara. «Fue simplemente una decisión», dijo Meghan. «Creo que desde el principio nos dimos cuenta de que nos íbamos a comprometer el uno con el otro; sabíamos que teníamos que invertir el tiempo, la energía y lo que se necesitara para lograr que sucediera».

Algo que ayudó a resolver los escollos en el camino fue que casi desde el inicio la pareja se consideró como un «equipo» con una visión compartida de cómo querían lograr un cambio positivo en la sociedad. Según señaló Meghan, este compromiso mutuo fue lo que los llevó a incluir «la segunda cita en nuestras agendas».

Recordó: «Uno de los primeros temas de los que platicamos cuando nos conocimos fueron las diferentes cosas que queríamos lograr en el mundo y la pasión que sentíamos por ver un cambio».

Como en la entrevista por el compromiso de su hermano, el espíritu de su difunta madre se alzó sobre la ocasión. En ese día de noviembre de 2010, la atención estuvo en el anillo de compromiso de Diana, que Guillermo había llevado con todo cuidado con él antes de proponerle matrimonio a Kate Middleton durante unas vacaciones en Kenia. Esta vez, los pequeños diamantes de la colección de joyería de Diana decoraban el anillo de compromiso de Meghan, en el que dominaba un diamante obtenido de un área libre de conflictos en Botsuana, el país donde se enamoraron. Se incorporaron en el diseño de Harry de modo que Diana estuviera allí para «acompañarnos en este loco viaje».

Tal y como había dicho Guillermo en su propia entrevista de compromiso, Harry también sentía la ausencia de su madre en esos días especiales. El príncipe tenía clara la manera en que ella habría respondido a su nuera estadounidense. «Sin duda serían uña y carne; creo que ella estaría más que feliz, saltando por todas partes; ya saben, muy emocionada por mí».

Sin duda Harry tenía una fuerte sensación de la influencia del destino en cuanto a su romance con Meghan. Como él mismo admitió: «El hecho de que me haya enamorado de Meghan con una rapidez tan increíble fue una especie de confirmación para mí de que era una conjunción de estrellas y que todo era simplemente perfecto. Fue como si literalmente esta bella mujer se hubiera tropezado y caído dentro de mi vida, y yo caí dentro de la suya».

La entrevista por el compromiso de Meghan estaba a un mundo de distancia de aquellas épocas de timidez y miradas ruborizadas de lady Diana Spencer y el príncipe Carlos, así como del comentario del novio de «lo que sea que signifique el amor», que arruinó por siempre su reputación romántica. También era diferente de la formalidad convencional con la que el príncipe Guillermo y Kate Middleton enfrentaron las cámaras. Entonces, una Kate visible y comprensiblemente nerviosa cedió la palabra a Guillermo en sus respuestas. Pero no esta vez. Meghan era cálida, afectuosa y comprensiva, y estaba más cómoda con los medios que su novio principesco. El punto de vista común fue que era «una bocanada de aire fresco».

La eufórica recepción de la noticia del compromiso sugirió que esta era, de hecho, una pareja popular y que el país, agobiado por la angustia del Brexit, seguía adorando un buen romance. Como es natural, la reina y el príncipe Felipe estaban «encantados», en especial porque la pareja cimentaba la aceptación de la monarquía para las generaciones por venir. El príncipe Guillermo y la duquesa de Cambridge estaban «muy emocionados», en tanto que la duquesa de Cornualles describió a Meghan como una «estrella». «La pérdida para Estados Unidos es nuestra ganancia», señaló.

La primera ministra Teresa May comentó que el compromiso señalaba un «tiempo de enorme celebración y emoción», en tanto que Barack y Michelle Obama les desearon «toda una vida de dicha y felicidad juntos». El rey del Twitter, el presidente Trump, permaneció en silencio respecto de la primera estadounidense que desde 1937 se casaba con un miembro de la familia real. Los padres de Meghan dijeron que estaban «increíblemente felices» por su hija, mientras que su padre televisivo, el actor Wendell Pierce, le dio su bendición a Harry.

El actor Patrick J. Adams, su amante en la pantalla, bromeó en Twitter: «Me dijo que solo iría por leche». Luego añadió sus pensamientos genuinos: «Su Alteza Real, usted es un hombre afortunado y sé que su larga vida juntos será dichosa, productiva e hilarante». En un momento de sonrisas y alegrías, hubo una víctima. Aunque Meghan pudo llevarse a su beagle Guy a Londres a vivir con ella, se consideró que su segundo perro, una mezcla de labrador y ovejero llamado Bogart, era demasiado viejo para el viaje, por lo que lo enviaron a pasar sus últimos días con amigos de Meghan.

También tuvo que abandonar otras cosas. Después del anuncio público, Meghan renunció a su puesto como embajadora global de World Vision Canada y también a su compromiso con la igualdad de género y el empoderamiento de las mujeres en organizaciones como ONU Mujeres y One Young World. Ahora que estaba dentro de los muros de Palacio tenía que jugar con sus reglas.

La política, en particular, está prohibida por completo. Anteriormente Meghan había utilizado su estatus como celebridad para respaldar a Hillary Clinton, lamentar el Brexit y atacar a Donald Trump como «misógino» y «divisorio». El protocolo de Palacio silenciará tales opiniones estridentes, ya que tiene la finalidad de prevenir, no siempre con éxito, que la realeza exprese en público sus puntos de vista sobre figuras políticas, partidos y temas de actualidad.

Jason Knauf, secretario de comunicaciones de Meghan, comentó ante unos 100 periodistas que llegaron para recibir un informe del Palacio de Buckingham, que después de viajar por el país, el hecho de que Meghan se retirara de su labor humanitaria representaba «borrón y cuenta nueva» para que pudiera evaluar dónde invertir su tiempo y su talento. Será difícil y toda una prueba para una mujer que se ha acostumbrado a disfrutar de una plataforma pública. Como me contó una amiga de Meghan: «Traerá mucha diversidad y nuevas ideas, nuevas maneras de hacer las cosas. No se va a incorporar simplemente a la realeza».

Durante su entrevista de compromiso, el príncipe Harry dio a entender la futura dirección que podría tomar la pareja real, trabajando con niños pequeños en los países de la Mancomunidad, donde el origen mulato de Meghan será un activo positivo. En abril se llevó a cabo la Commonwealth Heads of Goverment (Junta de Jefes de Gobierno de la Mancomunidad, conocida como CHOGM por sus siglas en inglés), donde Harry tuvo oportunidad de presentar a su novia con algunos de los jefes de Estado de los 52 países que acudieron al centro de Londres. Fue una preparación para el futuro papel de Meghan dentro de la familia real y su primera probada de un banquete de Estado en el Palacio de Buckingham.

Una persona enterada de los asuntos reales comentó: «El príncipe Harry definitivamente tendrá un papel que representar, y ahora que se case con Meghan Markle, la CHOGM le proporcionará la perfecta oportunidad para que ella descubra más sobre la Mancomunidad». Meghan echó un primer vistazo al asunto a mediados de marzo, cuando asistió al servicio religioso del Día de la Mancomunidad en la Abadía de Westminster, en presencia de la reina y de otros miembros de la familia real.

Entre el ir y venir de su futura carrera dentro de la realeza, también se ha hablado de cuestiones familiares; en su entrevista por el compromiso Harry mencionó que tener hijos estaría «en el futuro cercano».

Aunque al casarse se conferirá a Meghan el apelativo de Su Alteza Real y se convertirá en duquesa, dicen los enterados que de Sussex, planea conservar su ciudadanía estadounidense, por lo menos por el momento. Esto significa que todavía será elegible para pagar impuestos en Estados Unidos. En paralelo, solicitará la ciudadanía británica, un proceso que puede llevar hasta tres años. La solicitud culmina con un examen sobre la historia y cultura británicas. En vista de su mal desempeño en el examen que le hicieron en televisión en julio de 2016 —donde se le preguntó sobre el rítmico caló *cockney* y sobre los animales representativos de las Islas Británicas— pocos piensan que le irá bien.

No será la única. Después de todo, una encuesta de YouGov mostró que, cuando se aplicó este examen a un grupo de británicos, la mitad de los menores a 24 años lo reprobó. Algunos pensaban que Hawái era parte de Gran Bretaña y que el Seguro Nacional se utilizaba para pagar entregas del supermercado a la casa. Otras preguntas en la prueba de 50 libras —¿qué es Vindolanda? (un fuerte romano al sur del Muro de Adriano) y ¿cuál es el Estatuto de Rhuddlan? (la anexión de Gales a Inglaterra), por ejemplo— dejan perplejos incluso a los historiadores sociales.

Hubo también otros cambios en su vida. Como ella y Harry se casarán en la Capilla de San Jorge en el Castillo de Windsor, bajo los auspicios de la Iglesia de Inglaterra, Meghan, cuyo padre nació dentro de la Iglesia episcopal y cuya madre es protestante, tuvo que bautizarse y confirmarse antes de la celebración de la boda en mayo. Maria Pollia, su antigua maestra de estudios religiosos en Immaculate Heart, no tenía dudas de que Meghan «asombraría y deleitaría por completo» a los clérigos de la Iglesia anglicana cuando emprendiera sus estudios de preparación para ser aceptada dentro de la fe. «Comprenderá la liturgia y los sacramentos, por no mencionar que demostrará la profundidad de su apreciación teológica». Su predicción fue certera, ya que Meghan forjó un estrecho vínculo con el arzobispo de Canterbury, Justin Welby, quien ofició la ceremonia bautismal privada en la Capilla Real en marzo. Entre los presentes que vieron al arzobispo verter agua bendita del río Jordán sobre la cabeza de Meghan, estuvieron el futuro defensor de la fe, el príncipe Carlos, y la duquesa de Cornualles.

Desde el principio, la pareja estuvo decidida a tener control sobre el día de su boda. Como señaló su director de comunicaciones, Jason Knauf: «Por supuesto que la pareja quiere que ese día sea un momento especial y festivo para sus amigos y familiares. También desean que la ceremonia se realice de forma que se permita que los miembros del público también se sientan parte de las celebraciones y en este momento están pensando en ideas de cómo lograrlo.

»Esta boda, como todas las bodas, será un momento de diversión y alegría que reflejará la personalidad de la novia y del novio. El príncipe Harry y la señorita Markle dirigen el proceso de planeación de todos los aspectos de la boda».

Para Tom Markle, el padre de Meghan, será un alivio enterarse de que la familia real pagará las flores, la recepción, la ceremonia religiosa y la música. Lo único que tendrán que comprar él, o Meghan, será el vestido de novia.

Era como un renacimiento: una nueva religión, un nuevo país, una nueva cultura, un nuevo idioma (más o menos) y seguramente una nueva carrera. Al crear un nuevo principio con el hombre que ama, Meghan también estará cediendo mucho. Nunca podrá deambular de nuevo por las tiendas sin un guardaespaldas, nunca podrá llevar sola a su perro Guy a dar una vuelta, nunca podrá contarle al mundo una idea o capricho momentáneo en Twitter o Instagram. En pocas palabras, su vida nunca volverá a ser la misma.

Casi de la noche a la mañana, ella y el príncipe Harry se habían vuelto la pareja más famosa del planeta, y «Meghan Markle» se volvió el nombre más buscado en Google en 2017. Se le bendijo con un regalo, un regalo que la desafiará y la llenará de satisfacción, dándole el tipo de acceso e influencia con los que nunca soñó. Su siguiente prueba será cómo utilizar con sabiduría ese regalo.

13

La novia de los mil millones

⟨⟨⟨⟩⟩⟩

E n el instante en que Meghan Markle dio el «sí», casi po-
drías haber escuchado el canto de las cajas registradoras.
Luego de unos minutos de haberse comprometido con la
familia real, la actriz recién retirada generó una industria de una sola
mujer que rivalizaba con cualquier éxito de taquilla de Hollywood.

Todo, desde el abrigo, el vestido y los zapatos que llevaba para
sus compromisos, hasta la sombra de ojos, el barniz de uñas y los
suéteres —incluso su encantadora nariz respingada— se copió,
imitó, publicitó y vendió. Se convirtió en un negocio muy, pero
muy grande, donde los polvos mágicos de la realeza impulsaron
las marcas de moda, el turismo e incluso la cirugía plástica. El
abrigo blanco de lana que creó la empresa canadiense Line the
Label y que ella llevó el día del anuncio de su compromiso, vendió
todas sus existencias en minutos, sin dejar otra opción a las ansiosas consumidoras que anotar sus nombres en una lista de espera
de más de 400 personas. La siguiente primavera se relanzó con el
nuevo nombre de «el Meghan».

La meghanmanía se apoderó de todo el país, con suplemen-
tos especiales en los diarios acerca de la vida y obra de la reciente
«Megaestrella» de Gran Bretaña, como la denominó el encabezado
del *Sun*. En una industria en declive, surgía la esperanza de que
Meghan fuera la nueva gallina de los huevos de oro, como lo había sido antes Diana, en cuanto a aumentar la rentabilidad de la
circulación.

Hazte a un lado, Kate Moss: llegó una nueva reina de las grandes tiendas. Todo lo que Meghan tocaba o se ponía transformaba vidas y también ingresos netos.

La empresa especializada en anteojos de sol Finlay and Co. pudo abrir una tienda en Soho, en el centro de Londres, gracias a un aumento repentino en las ventas, luego de que Meghan usara sus lentes en su primera salida en público con el príncipe Harry en Nottingham. La compañía vendió anteojos por un total de 20 000 libras esterlinas en el curso de 24 horas gracias al toque de Midas de la señorita Markle.

En otra ocasión, cuando portó una bolsa de mano de 500 libras fabricada por una pequeña empresa de Edimburgo llamada Strathberry, las existencias desaparecieron en el curso de una hora.

La cofundadora de Strathberry, Leeanne Hundleby, no podía creer su buena suerte. Un par de semanas antes, por un impulso, envió a Meghan una selección de bolsas y le emocionó que su producto recibiera el sello real de aprobación. «Es simplemente asombroso para nosotros; en realidad, es lo máximo», comentó una vocera de la empresa. «Es una sorpresa fantástica y estamos muy emocionados. De pronto estamos muy ocupados».

Para Meghan, su iniciación dentro de la familia real fue una oportunidad para influir en su nuevo ejército de fans al portar las etiquetas de diseñadores con mentalidad ecológica y ética, al igual que de empresas que tuvieran un elemento filantrópico en su filosofía de negocios.

Anteriormente había utilizado su blog The Tig para promover marcas como Conscious Step, una compañía de calcetines que planta 20 árboles por cada par que vende, al igual que The Neshama Project, una joyería de California que dona un porcentaje de sus ventas a Innovation: Africa. Siempre supo que estar con Harry le proporcionaría un megáfono; incluso estaba dispuesta a dejar de lado sus obras caritativas mientras su futuro se definía, pues estaba decidida a utilizar la oportunidad para comunicar los mensajes que le importaban de cualquier manera que tuviera disponible.

Cuidadosa y considerada, Meghan está totalmente consciente de que cualquier cosa que se ponga, sea el maquillaje, la ropa, un nuevo estilo de peinado o joyería, tiene un impacto. Tiene que pensar de manera estratégica. Durante sus tiempos en *Suits* se acostumbró a que la gente la observara y discutiera sobre ella. Pero este nivel de escrutinio es completamente nuevo. Tiene la personalidad para encarar la situación, ya que se describe como alguien a quien le gusta meditar las cosas y detenerse un momento antes de lanzarse a algo. Como ella misma admite: «Pienso mucho las cosas y trato de ser lo más sensible y reflexiva posible sobre cómo haré sentir a alguien».

Por ejemplo, durante su visita a Cardiff portó una bolsa de De-Mellier, una firma británica que financia vacunas a través de sus ventas, y llevó un abrigo libre de crueldad de Stella McCartney, una activista de los derechos de los animales y diseñadora de primer nivel. Como Meghan señaló alguna vez en su blog: «Es bueno que te veas fabulosa, pero es maravilloso que hagas algo de valor por el mundo». No todos estaban impresionados. La columnista Amanda Platell comentó con sarcasmo: «Hay una delgada línea entre hacer el bien y destacar lo virtuosa que eres. Es posible que vivamos en una época de redes sociales, pero los Windsor NO son las Kardashian».

Lo quiera o no, Meghan se ha transformado en un anuncio espectacular en dos pies; todo lo que viste se examina con detenimiento y luego se vende en línea. Sitios web como Meghan's Mirror se crearon expresamente para obtener ingresos gracias a su imagen. Estos sitios son, en efecto, tiendas en línea dedicadas a todo lo relacionado con Meghan, que venden y envían productos con solo unos cuantos clics, y en el caso de MeghansMirror.com, utilizan el sitio de comercio electrónico RewardsStyle, como lo hizo The Tig en su apogeo. La editora de Meghan's Mirror, Christine

Ross, explica que la popularidad de Meghan se debió a que su estilo es cercano a la mujer común.

Irónicamente, cuando manejaba su propio sitio web, Meghan recibía una tajada del pastel y ahora no gana un centavo, pero las recompensas son mucho mayores.

Esta comercialización de pies a cabeza de una princesa real está muy lejana de los tiempos en que un aburrido funcionario del Palacio de Buckingham entregaba a regañadientes un trozo de papel en el que se describía lo que vestiría ese día la princesa de Gales —y, si uno tenía suerte, daba el nombre del diseñador—. Durante la década de 1980 Diana rara vez utilizaba ropa de las grandes cadenas comerciales, prefiriendo a diseñadores como Arabella Pollen, Victor Edelstein —quien hizo el famoso vestido John Travolta—, y posteriormente, en sus años de independencia, las sencillas creaciones de Catherine Walker. Cuando ocasionalmente llegó a utilizar alguna marca conocida, como el conjunto con tema de elefantes de la elegante cadena alemana Escada, enfrentó las críticas de la élite de la moda.

Incluso si en tiempos de Diana hubieran estado disponibles las compras en línea, el costo y exclusividad de su vestuario hubieran impedido que sus fervientes admiradoras se vistieran como la difunta princesa. Por supuesto, durante años se han fabricado copias económicas y rápidas de las vestimentas reales. Por ejemplo, cuando Wallis Simpson se casó en junio de 1937, se puso furiosa al enterarse de que su vestido de boda, hecho con tanto cuidado por el diseñador estadounidense Mainbocher, se copió y estuvo a la venta unas cuantas horas después de publicarse las fotografías de la ceremonia. En aquellos días, «barato» era un término relativo, e incluso las copias de diseños exclusivos estaban por encima de la mayoría de los presupuestos.

En su propio estilo tranquilo, Kate Middleton empezó la revolución en asuntos de moda dentro de la Casa de Windsor al usar en forma deliberada ropa accesible y con precios asequibles, combinándola con marcas de diseñador. Por ejemplo, Reiss era una marca básica. Fue la primera princesa proletaria a través de la cual el Palacio y las grandes cadenas de ropa trabajaban en armonía, con estilos y elecciones que se imitaban desde Maidenhead hasta Madison Avenue. «Kate es elegante con ropas y accesorios asequibles», señaló el director de Reiss, Andy Rogers.

Meghan lo ha llevado un paso adelante, al utilizar la semiología de la moda para enfocarse en las marcas éticas poco conocidas. Este era un interés que tenía desde mucho antes de conocer al príncipe Harry. Por ejemplo, en la conferencia de One Young World, Meghan insistió en hacerse amiga de Ali Hewson, esposa de Bono, el cantante de U2, porque quería enterarse sobre sus líneas de ropa ética y maquillajes, Edun y Nude.

Es una ironía que cuando Meghan sí se vistió como princesa, llevando un vestido largo de 56 000 libras de la firma londinense Ralph & Russo para su retrato formal de compromiso, se le haya criticado por su extravagancia. La primera en la fila de sus críticos fue su media hermana Samantha, quien se preguntaba cómo podía gastar tanto en un vestido cuando su padre supuestamente necesitaba ayuda económica. Meghan estaba descubriendo, al igual que lo habían hecho Diana y Kate antes que ella, que sin importar lo que eligiera vestir, siempre habría alguien con una mejor idea. Las deslumbrantes fotografías en blanco y negro que tomó el fotógrafo de modas Alexi Lubormirski en Frogmore House —el cementerio real dentro del castillo de Windsor— fueron un recordatorio del encanto y atractivo que ejercía la pareja. «El franco glamur de Meghan logra enlazar a Hollywood con la Casa de Windsor», declaró el normalmente sobrio *Times* de Londres. Como indicó Lubormirski: «Tal era su felicidad por estar juntos que no puedo más que sonreír cuando veo las fotos que les tomé».

Aunque la familia real no tenía bajo su control las cajas registradoras, aprobaban la venta de tazas, cucharas chapadas en oro, marcadores de libros, libretas y tarjetas postales, todas adornadas con la sonriente imagen de Meghan y Harry, en las tiendas de regalos del Palacio de Kensington, de Sandringham y del Palacio de Buckingham. Las 1 000 tazas de cerámica de 20 libras (unos 27 dólares) que conmemoraban el compromiso y que salieron a la venta poco después del anuncio, se vendieron en 24 horas. Todo hotel y casa de huéspedes en las cercanías del Castillo de Windsor estuvo reservado desde mucho antes de la boda en mayo, en tanto que la oficina de turismo inglesa esperaba una enorme afluencia de visitantes —alrededor de 35 000 turistas adicionales llegaron a Gran Bretaña durante la boda real de Guillermo y Catalina—. Si los visitantes no podían tener una vista decente de la feliz pareja, habría multitud de imitadores profesionales de Harry y Meghan para tomar su lugar a cambio de dinero.

En cuanto a las parejas felices, el coordinador de bodas Bridebook informó que las solicitudes de castillos y lunas de miel en Botsuana crecieron en forma espectacular, en tanto que las ventas de anillos de compromiso parecidos al de Markle subieron un tercio. El ejecutivo en jefe de Bridebook.com, Hamish Shephard, dijo al IB *Times* UK: «La ceremonia nupcial de Meghan y Harry impulsará tanto la industria de las bodas como la economía británica. Estamos esperando un enorme incremento».

En general, el *Times* de Londres estimó que la familia real contribuiría con 1 800 millones de libras esterlinas a la economía británica durante 2018. De ese total, la firma de consultoría en valuaciones Brand Finance consideró que la boda real tendría un valor de mil millones de libras esterlinas para la economía y que, después del Brexit, ayudaría a mejorar la relación de Gran Bretaña con Estados Unidos. El director ejecutivo de Brand Finance, David Haigh, comentó a Reuters: «La última boda real tuvo un efecto electrizante sobre la actitud de la gente hacia la monarquía y hacia el Reino Unido, y esta tendrá un impacto todavía mayor porque ha llevado las cosas a un nivel global, puesto que Harry se casará con una glamorosa estadounidense».

Lejos de estas elevadas cifras financieras, el 1 de diciembre, una semana después del anuncio del compromiso, Meghan tuvo su primera introducción a su nuevo mundo cuando viajó a Nottingham para encontrarse con el público y saludarlo durante un compromiso en la agenda oficial de la realeza.

A diferencia de Kate, la duquesa de Cambridge, cuyo primer compromiso oficial fue la botadura de un barco salvavidas en una modesta ceremonia en Anglesey, Gales del Norte, a Meghan la lanzaron al lado profundo de la alberca, con miles de personas que esperaron durante horas bajo los cielos nublados y helados para poder mirar por un instante a la princesa de Hollywood. Aunque la atención estaba puesta en la visita a un centro relacionado con la organización benéfica World AIDS Day, todos querían ver a la futura novia. Como es natural, se veía un poco nerviosa y era frecuente que Harry la abrazara y le susurrara palabras de aliento al oído. Presentándose como Meghan, pronto se acostumbró a la conversación preferida de los ingleses, la charla sobre el clima (en Los Ángeles de lo que se habla es del tráfico en las vías rápidas). Le agradeció a la gente por esperar en el frío, aceptó chocolates, abrazos, besos, comparaciones con la princesa Diana y flores, pero declinó las *selfie*s; la próxima esposa del príncipe estaba aprendiendo con rapidez.

Dentro del centro para el sida, se encontraron con víctimas y organizadores, y Meghan impresionó por su empatía natural. Chris O'Hanlon, quien tiene VIH y pertenece a Positively UK, una organización benéfica que ayuda a las personas con un diagnóstico reciente de la enfermedad, consideró que había sido fácil charlar con la pareja, que eran sinceros y atentos. Su veredicto fue:

«No solo será una buena adición a la familia real, sino que será una excelente embajadora para cualquier causa en la que ponga su corazón y su mente».

La pareja real fue a ver una ópera *hip-hop,* donde Harry le dijo a un hombre pelirrojo como él que estar con Meghan era «maravilloso, increíble». Dejaron temblando de emoción a la gente de Nottingham. Elogiando a Meghan, la columnista Jan Moir señaló con admiración: «Qué debut tan impresionante. Meghan Markle no nació para ser princesa, pero se mueve con facilidad en este mundo nuevo».

Con búsquedas en Internet de Meghan Markle que superaban a las del recién lanzado iPhone 8, parecía que todos querían conectarse con la carismática señorita Markle, incluyendo a la reina, su familia y su personal. El príncipe Harry hizo una versión editada de YouTube del programa *Suits* para proyectarlo frente a la reina y el príncipe Felipe, de modo que pudieran entender más claramente qué había visto su nieto en ella. La monarca se impresionó lo suficiente como para pasar por alto las antiguas reglas de que solo la familia real se reúne en Sandringham para la Navidad. Le envió una invitación a la prometida de Harry para que se integrara al clan. Ese era un reconocimiento de que los tiempos habían cambiado, ya que la pareja había estado viviendo junta durante más de un año. «La reina rompe el protocolo navideño por Meghan», señalaba el encabezado del *Sun.*

La primera etapa en el progreso de Meghan dentro de las celebraciones reales fue acompañar a la reina y al príncipe Harry a la fiesta anual de Navidad del personal en el Castillo de Windsor. Cientos de lacayos, sirvientas, mayordomos y jardineros se atropellaban para obtener un sitio que les permitiera charlar por un instante con Meghan, quien fue recorriendo lentamente la habitación. Un invitado dijo: «Les preguntó su nombre a todos y también qué hacían; tiene un talento nato».

En cuanto terminó de conocer al personal, Harry la llevó al Palacio de Buckingham, donde el 20 de diciembre toda la familia real —los 17 miembros— se reunieron para almorzar. Aunque es una celebración familiar, sigue siendo una reunión de la familia real y hay toda una jerarquía que seguir en cuanto a quién le hace reverencias a quién, y quién se inclina ante quién. Por ejemplo, Meghan tenía que inclinarse ante su futura cuñada, la duquesa de Cambridge, y también ante la condesa de Wessex, ya que el príncipe Eduardo estaba en la habitación. (Es interesante que la costumbre dicte que, si él hubiera estado ausente, Meghan no tendría que haberse inclinado frente a su esposa). El hermano de Diana, Charles Spencer, recordaba que en una ocasión hubo tantas reverencias que terminó haciéndole una reverencia a un lacayo cubierto de medallas.

Para una chica de California, donde reina la informalidad, y considerando que el estadounidense promedio no se inclina ante nadie, esta ocasión debe haber sido desconcertante, por no decir un poco perturbadora. Allí estaba ella, defensora de la igualdad de género, inclinándose ante tirios y troyanos. Por supuesto, todo el mundo se moría por conocer a la nueva integrante, así que junto con las reverencias había un frenesí de manos que se estrechaban y de presentaciones breves: «¿Cómo estás?» y «Qué gusto conocerte».

Cuando se sentaron a almorzar, Meghan terminó entre su futuro suegro, el príncipe Carlos, y Peter Phillips, un organizador de eventos y único hijo de la princesa real. Abrieron *crackers*;* luego Meghan se puso una corona de papel y se integró con los demás para leer chistes tontos mientras disfrutaban del pavo, con todas sus guarniciones.

El *Daily Mail* citó a una fuente de la realeza que dijo: «Era obvio que estaba un poco nerviosa al principio, pero pronto se relajó con ayuda del príncipe Harry, quien la presentó con todos, y luego realmente se divirtió».

---

* N. de la T.: Paquetes de regalo clásicos del Reino Unido que suelen darse en Navidad y que dos de los comensales abren jalando de los extremos para descubrir el contenido.

Sin embargo, el almuerzo estaba destinado a ser memorable por las razones incorrectas, ya que la vecina de Meghan, la princesa Miguel de Kent, quien vive al otro lado de la calle de Nottingham Cottage, llegó al Palacio de Buckingham portando un broche de figurillas etíopes, una pieza de joyería veneciana del siglo XVI que ahora se considera racista por representar a esclavos. Dado que Meghan es birracial y este era su primer encuentro con la familia real en general, la decisión de la princesa de utilizar ese broche fue considerada particularmente ofensiva. La princesa de 73 años se disculpó profusamente y juró nunca volver a ponerse el broche.

«Ese broche fue un regalo y lo ha llevado en muchas ocasiones anteriores», externó en una declaración un representante de la princesa Miguel. «La princesa Miguel está muy apenada y angustiada por haber sido ofensiva».

La princesa Miguel, cuyo marido es primo de la reina y cuyo padre fue miembro del partido nazi de Hitler, no es ajena a las controversias raciales. Cuando estuvo en un restaurante neoyorkino en 2004, tuvo un altercado con un grupo de comensales afroestadounidenses, a los que supuestamente les dijo: «Regresen a las colonias». Para restaurar su reputación dio una notable entrevista televisiva en la que dijo que ella misma se había hecho pasar por «africana mulata» en su juventud, para experimentar cómo era la vida entre estas «adorables personas especiales» mientras viajaba por Sudáfrica y Mozambique.

Pero Meghan tenía otras cosas de qué preocuparse aparte de la vulgar conducta de su vecina. Guy, su amado perro, se había roto las dos patas traseras en un accidente. Aunque el beagle estaba en proceso de curación luego de recibir tratamiento del «Super Vet» televisivo, el profesor Noel Fitzpatrick, en su clínica de Surrey, eso significaba que tenía que dejarlo durante la Nochebuena para que se recuperara, mientras ella y Harry iban a Sandringham para pasar las navidades con la familia real.

A pesar de que había dormitorios suficientes en el majestuoso caserón —Sandringham tiene 270 habitaciones—, Meghan y Harry aceptaron la invitación de Guillermo y Catalina para quedarse con ellos en su recién renovada casa de campo, Anmer Hall. Era un ambiente más relajado donde los «fabulosos cuatro», como ahora les llaman, fueron estableciendo una relación más cercana a medida que corrían los días.

Aunque fue todo era novedoso y emocionante para Meghan, pasar Navidad en Sandringham tuvo un ritmo relajante, como uno de esos viejos relojes de pie que dominan los corredores. En Nochebuena, después del té vespertino, la familia real abrió sus regalos al estilo alemán. Posteriormente fueron a la iglesia en la mañana de Navidad, después a la casa principal para el almuerzo y al final todos vieron la transmisión del mensaje navideño de la reina. El día de san Esteban, el día después de Navidad, se dedicó a una cacería de faisanes en el terreno de la propiedad.

A las cuatro de la tarde del día de Nochebuena, toda la familia se reunió en el salón con paneles de madera para el refrigerio favorito de la reina: el té de la tarde. Había un surtido de pequeños sándwiches, panecillos horneados en casa, panqués y pasteles, junto con té Earl Grey y la mezcla india especial de la reina.

Luego de un corto descanso, a las seis de la tarde todos se reunieron de nuevo en el salón blanco para abrir los regalos, que se colocaron sobre mesas de caballete cubiertas con manteles, y con tarjetas rotuladas para señalar a qué miembro de la familia pertenecía cada pila de chucherías.

Lord Snowdon, quien fuera marido de la princesa Margarita, describió alguna vez la escena como un «absoluto tumulto» de personas rompiendo las envolturas para abrir sus regalos. Los adultos de la realeza no compran regalos costosos, sino pequeños artículos de broma u obsequios pintorescos. Un año, Harry le regaló a la reina una gorra de baño que llevaba impresa la frase «Qué perra es la vida». Otro año le regaló uno de esos pescados cantantes, que ahora tiene un sitio de honor sobre el piano del estudio de la reina en Balmoral. En sus tiempos, alguna vez le regalaron a Diana un par de senos falsos, mientras que la princesa Ana recibió un tapete de entrada con sus iniciales. Un informe sugirió que Meghan participó con gusto del espíritu alocado, dándole a la reina un hámster que canta y que, al parecer, los corgi miraban con ojos de angustia.

Una vez que la diversión se apaciguó, la familia se dirigió de nuevo a sus habitaciones para cambiarse para la cena —vestidos largos para las damas y corbata de moño para los hombres—. A las ocho de la noche en punto, la familia se reunió de nuevo para los cocteles antes de la cena. La reina llega a las 8:15 para tomar su bebida preferida: un *martini* seco.

Alguna vez la duquesa de York recordaba: «La Navidad puede ser agotadora por diversas razones, de las cuales no es la menos importante que a veces tienes que cambiarte siete veces en el curso de 24 horas. Nunca debes permitir que la reina baje primero que tú para la cena; llegar tarde sería inimaginablemente irrespetuoso».

Esa Nochebuena, el banquete consistió en camarones de Norfolk, cordero de los terrenos de Sandringham y tarta Tatin. Durante las entradas la familia sacó otro montón de sus *crackers* personalizados, decorados con coronas plateadas y doradas. Como todos los demás, excepto la reina, Meghan se coronó con un sombrero de papel.

El día de Navidad, Meghan disfrutó de un almuerzo ligero con Harry, Guillermo y Kate en Anmer Hall, mientras Jorge y Carlota abrían emocionados sus regalos.

Al terminar se dirigieron a la Casa Grande para hacer una caminata hasta la iglesia cercana de Santa María Magdalena. Este año la reina, cuya edad finalmente le pasaba factura, llegó en auto, acompañada de la duquesa de Cornualles.

Advertida de antemano de los helados vientos de Norfolk, Meghan se vistió con elegancia, pero con ropa abrigadora: portó un abrigo envolvente de lana de alpaca de Sentaler en color crema, botas de gamuza y un sombrero tipo boina en color café. La multitud de más de 3 000 personas, algunas de las cuales habían estado horas esperando bajo un frío congelante, lanzaron vítores cuando Meghan, Harry, Guillermo y Catalina caminaron frente a ellas. Meghan sonrió, los saludó con la mano e incluso sacó juguetonamente la lengua.

Quiso la suerte que la mejor fotografía del día no la tomara un camarógrafo profesional, sino una madre soltera llamada Karen Anvil, cuyas imágenes del cuarteto real seguramente pagaron los gastos de toda su Navidad.

Cuando salieron de la iglesia y la reina se dispuso a regresar a casa en su Bentley con chofer, fue el momento de que Meghan hiciera su primera reverencia pública.

Por primera vez Meghan estaba visiblemente nerviosa, aferrándose al brazo de su prometido mientras hacía una tambaleante genuflexión, con una sonrisa tensa en la cara. Una sonriente Kate —ampliamente experimentada en tales ocasiones— demostró cómo se debería hacer, haciendo la reverencia perfecta y relajada.

Entonces llegó la hora de agradecer a todos los que habían esperado durante tanto tiempo. Lo más que podían esperar los simpatizantes era un apretón de manos y un breve «Feliz Navidad». Sin embargo, algunos llegaron más allá para entrar por un momento a la esfera de influencia de la realeza. Entre la multitud había un gran número de estadounidenses, algunos de los cuales venían de la cercana base de la fuerza aérea de Estados Unidos. El estudiante Michael Metz, de Wisconsin, utilizó la ocasión para proponerle matrimonio a su novia tejana Ashley Millican, y la multitud los aclamó cuando Michael se puso de rodillas. Cuando Meghan y Harry se enteraron del compromiso matrimonial, los felicitaron. «Fue asombroso, como un cuento de hadas», dijo Michael.

De regreso en la casa principal de la familia real se sentaron a la mesa para un festín navideño tradicional, terminando el banquete en 90 minutos para poder ver la transmisión del mensaje navideño de la reina a las tres en punto. Este año Meghan recibió una velada alusión cuando la reina mencionó que daba la bienvenida a los recién llegados a la familia.

En la noche se apaga la televisión y la familia real practica juegos tradicionales, como las adivinanzas con mímica. La reina es excelente para la mímica, en particular de figuras políticas, incluyendo a varios presidentes de Estados Unidos a los que ha conocido a lo largo de los años.

Al día siguiente, día de san Esteban, los hombres de la familia sacan los rifles a los campos, donde cazan a miles de faisanes criados específicamente para este deporte. A Guillermo y Enrique les encanta tirar —la princesa Diana les decía «the killer Wales»—* y pasar el día en el exterior disfrutando los deportes campestres. Pero no este año. Por primera vez Harry dejó las armas en sus estuches. Quizá ya había tenido suficiente por ese año. A principios de diciembre fue a Alemania durante una semana para cazar jabalíes con un grupo de amigos, en una partida de caza que organizó el aristócrata alemán Franz Albrecht Oettingen-Spielberg, al que se conoce como el *Terminator* de los jabalíes.

No obstante, su ausencia en la cacería en Sandringham fue algo que notó toda la prensa: «¿Ya cambió el rifle por el mandil?», comentó uno de ellos.

---

* N. de la T.: Juego de palabras entre «los [príncipes de] Gales asesinos» y las «ballenas asesinas».

Por lo menos Harry tenía una excusa. Tenía que estar en Londres para prepararse para su temporada como editor huésped de *Today*, el emblemático programa de radio de la BBC. Se le había presentado una variedad clara de opciones editoriales y se había decidido por destacar las causas más cercanas a sus intereses, en particular la violencia juvenil, la salud mental, las redes sociales y la sociedad, las fuerzas armadas, la conservación y la Mancomunidad. Tenía una alineación de varios grandes personajes, por ejemplo, su padre, el príncipe Carlos, quien llamó a Harry «mi niño querido» y que discutió los «incalculables horrores» provocados por el cambio climático, así como el expresidente de Estados Unidos, Barack Obama, a quien había entrevistado durante los Juegos Invictus de septiembre en el hotel Fairmont de Toronto.

Antes de iniciar la entrevista, un Obama evidentemente relajado preguntó en tono de broma si debería hablar con acento británico. También preguntó si debía hablar más rápido de lo normal, porque era «lento para hablar».

El príncipe respondió: «No, no, en absoluto. Pero, si empieza a hacer largas pausas entre las respuestas, es probable que reciba "la cara"».

Cuando el presidente Obama pidió ver «la cara», el príncipe lo miró con mirada seria. «¡No quiero ver esa cara!», replicó un jovial Obama.

La conversación abarcó temas que incluían los recuerdos del presidente acerca del día en que dejó su puesto y sus esperanzas para su vida después de la presidencia, en especial sus planes de enfocarse en cultivar a la siguiente generación de líderes a través de la Obama Foundation. Con un comentario velado hacia el hombre que tomó su lugar, Obama señaló que el uso irresponsable de las redes sociales estaba distorsionando la comprensión del público acerca de los problemas complejos.

En una ronda de preguntas rápidas, se le preguntó cuál era su programa preferido: *La esposa ejemplar* o *Suits*; el expresidente replicó: «*Suits*, obviamente».

Un extravagante artículo en *The Times* captó el humor de la transmisión. «El hombre que alguna vez fue el malcriado Harry, el borracho Harry, Harry del Boujis, ha dejado atrás los antros de libertinaje. Ahora es san Harry y pasa el tiempo esforzándose entre los necesitados y haciendo programas radiales de contacto con la comunidad, en los que habla con aquellos a los que los demás ignoran: los heridos, los deprimidos, el príncipe de Gales».

Para su gran fortuna, los presentadores de Radio Four se habían beneficiado sin querer de una exclusiva, ya que el compromiso de Harry se anunció mucho después de que hubieran arreglado su participación como editor huésped. El enfoque noticioso estaba en los futuros esposos.

El boxeador Anthony Joshua, a quien el príncipe entrevistó, se ofreció a ser su padrino, mientras que la presentadora Sarah Montague interrogó a Harry sobre la primera Navidad de Meghan con «la Empresa». «Fue fantástico», respondió el príncipe. «Nos divertimos mucho quedándonos con mi hermano y mi cuñada, corriendo por todas partes con los niños. Creo que tenemos una de las familias más grandes que conozco y, como toda familia, también es compleja. Ella ha hecho un trabajo absolutamente sorprendente».

Hasta ese punto todo era encantador. Cuando la entrevista estaba por terminar, él acotó: «Está adaptándose y supongo que es la familia que nunca tuvo».

Bonita metida de pata. El príncipe Felipe estaría orgulloso.

14

Invitación a una boda

❧

El capitán retirado del ejército, el príncipe Enrique de Gales, se topó de frente con una descarga de fusilería de críticas cuando le dijo al mundo que los Windsor eran la familia que Meghan Markle nunca tuvo.

Los Markle se lanzaron directo al ataque, con Samantha, la media hermana de Meghan, dirigiendo la carga de caballería. «De hecho, tiene una familia grande que siempre estuvo con ella y para ella», vociferó. «Nuestro hogar era muy normal y, cuando papá y Doria se divorciaron, arreglamos la situación para que ella tuviera dos casas».

Por primera vez su hermano Tom, quien generalmente tiene poco interés en su hermana mayor, entró a la batalla de su lado.

«Mi padre se sentirá muy dolido. Le dedicó la mayoría de su tiempo y todo lo que tenía a ella. Se aseguró de que tuviera todo lo necesario para ser exitosa y llegar hasta donde está hoy». En lo que se refiere a sus críticos, Harry «metió la pata», cometió un «error garrafal» al comentar sobre el entorno familiar de sus futuros parientes políticos. En defensa de Harry debemos decir que basaba su opinión en lo que su prometida le había dicho. Cuando Meghan era niña, no siempre se sintió parte de una familia —después de todo, sus padres se separaron cuando ella apenas tenía dos años—. Esa era su verdad, sin importar lo que los otros creyeran.

En el curso de unos días, las conspiraciones y luchas internas en el clan de los Markle sugerían una familia en guerra. Samantha continuaba promocionando su futuro libro, *El diario de la herma-na de la princesa prepotente,* apareciendo llorosa en televisión para pedirle perdón a Meghan y para expresar su esperanza de que la invitaran a la boda. Al final sí la invitaron y ella hizo una tregua con la futura duquesa. Incluso le cambió el título a su libro, lla-mándolo *Historia de dos hermanas.*

Samantha también fue firme al descartar la sugerencia de que su padre no hablara en la boda. «No deberían privarlo del derecho que tienen los padres de pronunciar un orgulloso discurso en la boda. El que un padre hable en una boda no representa el patriar-cado; es justicia poética».

Finalmente, un emprendedor reportero británico de un ta-bloide localizó al hombre que era el centro de tantas especulacio-nes, el huidizo padre de Meghan, Tom Markle. Aunque aceptó una botella de champaña como muestra de felicitación, el director de iluminación retirado habló poco en el sentido de esclarecer sus planes. Expresó que se sentía «complacido y encantado» con la noticia del compromiso de su hija, describiendo posteriormente a Harry como un «caballero». En los meses anteriores a la boda hubo muchas especulaciones sobre si el padre de Meghan asistiría a la ceremonia nupcial de su hija. Por ser un hombre tímido que llega al grado de ser un ermitaño, se pensó que su personalidad y sus problemas de salud —tenía un problema de rodilla que le provocaba dolor al caminar— le impedirían estar en el gran día. Como me dijo su hijo Tom: «Mi padre venera el suelo que pisa Meghan. Sé lo orgulloso que se sentirá de llevarla del brazo y con-ducirla al altar. Pero también sé lo aterrorizado que se sentirá. Si no va, se arrepentirá por el resto de su vida. Tiene que saber que no solo representa a su familia, sino a Estados Unidos».

Sin embargo, Tom padre dejó claro que quería llevar a su hija hasta el altar y, cuando faltaban dos meses para la boda en mayo, el director retirado acudió a probarse el traje.

La misma Meghan también era muy cuidadosa de proteger su vida privada, incluso ante los miembros de su familia. Por ejemplo, varios meses antes Meghan le había dado a su padre su nuevo número de celular, el cual él le comunicó inocentemente a Samantha. A su vez, esta le envió a Meghan un mensaje de texto en el que le decía que, aunque sabía que habían pasado años desde que hablaron por última vez, si quería reanudar la comunicación estaría feliz de darle consejo y guía. Meghan no estaba contenta de que su nuevo número telefónico se pasara de unos a otros y se quejó con su madre, quien a su vez se comunicó con su exmarido y le dijo que nunca diera de nuevo a nadie el número privado de Meghan. «Bueno, es que es su hermana», replicó Tom padre.

Mientras tanto, Tom hijo, quien estaba alejado de Samantha, tenía dificultades para soportar el escrutinio mediático. Su novia Darlene había ido a parar una noche a la cárcel luego de una escandalosa y alcohólica celebración de Año Nuevo en su hogar de Oregón; era la segunda vez que la policía hacía un arresto en esa casa desde que se había hecho pública la relación entre Meghan y Harry. Anteriormente, habían arrestado a Tom hijo en enero de 2017 por «uso ilegal de un arma y por amenazas». Los cargos se eliminaron y Tom me contó después que sospechaba que un miembro de su propia familia había vendido la historia a la prensa. Admitió: «Toda esta atención ha sido muy difícil para la familia».

Los fantasmas del pasado de Meghan seguían llegando para acosarla. Una familia en guerra era una cosa, pero un exmarido que, a la usanza del Mercader de Venecia, buscara su libra de carne, era otra muy diferente. Le entusiasmó muy poco enterarse de que su exmarido, Trevor Engelson, le había vendido a la cadena Fox el piloto de una comedia dramática que pretendía producir y cuyo argumento se basaba en la idea de un hombre recién divorciado cuya esposa se casa con un miembro de la familia real. El conflicto en el que se basa la comedia se enfoca en las discusiones de la pareja separada en cuanto al acceso a sus hijos. La idea le vino a la cabeza mientras discutía su escabrosa vida amorosa con un compañero productor llamado Dan Farah.

Ya sea que el programa se llegue a transmitir o no, Meghan tendrá que acostumbrarse a ser objeto de burlas. Ya la introdujeron como personaje en la comedia de Channel Four, *The Windsors,* que no respeta ningún límite. Kathryn Drysdale la representa como una mujer implacablemente pretenciosa, en tanto que Harry aparece como un tonto que ni siquiera sabe leer. Y hablando de tonterías, la cadena estadounidense de cable Lifetime anunció que proyectaría la película *Harry y Meghan: un amor real,* justo antes de la boda. Su propuesta anterior titulada *William y Kate,* que produjeron en 2011, fue descrita por el periódico *The Guardian* como «tan mala que se te retuercen los dedos, te rechinan los dientes y quieres morder la almohada».

Lo que sí no era asunto de risa fue la decisión de la mejor amiga de Meghan, Ninaki Priddy, quien fuera su dama de honor en su primera boda, de vender su álbum de fotografías y la exclusiva de su historia al mejor postor, recibiendo una suma de seis cifras por sus recuerdos. En vista de la longevidad de su amistad, Meghan podría haber esperado más lealtad. A diferencia de la señorita Priddy y de otros miembros de la familia Markle, su madre guardó silencio en público, pero se mantuvo a su lado, aconsejando y discutiendo los detalles de la boda con su hija.

———

De hecho, Meghan y Harry tenían que hacer a un lado lo que ella llama «el ruido» y enfocarse en organizar la boda. A diferencia de su primer matrimonio, que dejó casi por completo en manos de una organizadora de bodas en Jamaica, ahora Meghan quería controlar todos los detalles, de modo que su gran día reflejara lo que su vocero describió como la «diversión, risa y amor» de su «cuento de hadas».

El primer elemento en el programa era la lista de invitados, lo cual resultaría más complejo de lo que cualquiera de los dos esperaba. El primer indicio de esto fue cuando sus amigos le preguntaron a Harry si el expresidente Barack Obama y su esposa Michelle recibirían un tieso sobre blanco. A diferencia de otras ocasiones, se mostró evasivo, diciendo que no lo habían decidido.

La mosca en la sopa era Donald Trump. Cuando era candidato republicano, Meghan había dejado claro su desdén por él, diciéndole al presentador Larry Wilmore, en mayo de 2016, que se quedaría en Canadá si resultaba electo. Ken Sunshine, quien entonces era su publicista, era una figura importante en el partido demócrata y Meghan habló sobre elegir a Hillary Clinton como la primera presidenta mujer.

Seis semanas después, el príncipe Harry entró en su vida y con inteligencia dejó a un lado su opinión sobre política, aunque después de la segunda cita siguió mostrando su decepción cuando el Reino Unido se salió de la Unión Europea, al publicar una imagen en Instagram de la famosa pancarta: «If EU leave me now, you take away the biggest part of me».* Para febrero de 2017, la revista *US Weekly* publicó una historia en la que supuestamente revelaba que Harry no era fan del presidente Trump. No, ni por casualidad.

La fuente fue un paso más allá al sugerir que Harry pensaba que Trump era «espantoso» y una «amenaza para los derechos humanos». Supuestamente utilizó las mismas palabras del exsecretario de Estado de Trump, Rex Tillerson, para describir al presidente de Estados Unidos: «un idiota».

---

* N. de la T.: Juego de palabras con la canción del grupo Chicago *If you leave me now,* equivalente a «Si me dejas, Europa, te llevas una gran parte de mí».

En tanto que el Palacio de Kensington se negó a hacer comentarios sobre historias que provinieran de fuentes anónimas, las alarmas sonaban en Whitehall. Para este momento, todos los diplomáticos del mundo saben que Trump es un narcisista rencoroso. Pero en un periodo en el que Gran Bretaña estaba en un estado de parálisis después del Brexit, la primera ministra Theresa May necesitaba de toda la ayuda disponible para conseguir tratados comerciales, y América del Norte era su principal blanco.

Lo último que necesitaba era que un popular príncipe insultara al presidente, aunque no parecía que Trump lo hubiera notado. Cuando en una entrevista televisiva en enero Piers Morgan le preguntó a Trump qué pensaba de la pareja real, él respondió que no estaba enterado de si lo habían invitado a la boda, pero que le deseaba lo mejor a la pareja. Cuando el amable Piers le recordó que Meghan no lo quería gran cosa, ya que lo había acusado de ser un «misógino divisorio», Trump pareció sereno: «Bueno, de todos modos les deseo que sean felices».

En un terreno más familiar, había otras decisiones difíciles en cuanto a quién invitar. Aunque la familia de Meghan estaba fracturada, también había desavenencias en la familia real que la boda podía ayudar a sanar. La duquesa de York, que está divorciada del tío de Harry, el príncipe Andrés, no fue invitada a la boda del príncipe Guillermo con Kate Middleton. Posteriormente, la duquesa le confesó a Oprah Winfrey que el desdén la dejó sintiéndose «totalmente despreciable». Una fuente de Palacio indicó que en esta ocasión Sarah Ferguson sí asistirá a la boda del año. «Harry y Meghan tienen absoluto control sobre quién va a la boda y nunca hubo ningún problema en Palacio sobre invitar a Sarah», indicó un funcionario real.

El espinoso asunto de la lista de invitados —la capilla de San Jorge puede albergar a 800 personas— era solo uno de los elementos en la agenda de su boda. Como eligieron el día de la final de la Copa de la Federación de Futbol para jurarse lealtad, tenían que asegurarse de que Guillermo, que era tanto el presidente de la Asociación de Futbol como el padrino de Harry, pudiera asistir a la boda antes de ir al estadio Wembley en el norte de Londres, donde se reuniría con los equipos y entregaría el trofeo.

Una vez que se resolvió ese dolor de cabeza relacionado con la logística, la pareja fue a Mónaco, viajando en clase turista, para recibir el Año Nuevo con amigos. Luego Harry viajó solo a Botsuana como parte de su labor dentro de la organización dedicada a la conservación de los rinocerontes, dejando a Meghan en Nottingham Cottage con su amiga Jessica Mulroney, la organizadora profesional de bodas que voló desde Toronto para ayudar con los arreglos. Tenían montones de ideas que discutir. Como la boda representa la unión simbólica de dos países, había un debate sobre cómo integrar el rojo, blanco y azul de las banderas de Gran Bretaña y de Estados Unidos. Como es natural, Meghan quería que fuera elegante —su palabra favorita—, no vulgar. Las flores en la capilla, su vestido e incluso la tiara que tomará prestada de la colección de la reina son formas de simbolizar la unión entre ambos países.

Cuando Meghan visitó la capilla y examinó el magnífico edificio medieval, tras pellizcarse para estar segura de que no estaba soñando, quizá se haya preguntado cómo hubiera sido si su padre, ganador de un Emmy, estuviera a cargo de la iluminación para la transmisión televisiva. Con una audiencia esperada de dos mil millones de personas, sería la oportunidad más grande de su carrera, y sin duda querría tener un papel detrás de escena. ¿Qué pensaría de que su hija, la chica del Valle de California, obtuviera su propio escudo de armas? Imagínate.

Una preocupación era el ruido de las aeronaves. Con tantos aviones que despegan y aterrizan en el cercano aeropuerto de Heathrow, el más concurrido del mundo, Meghan se preocupaba de que los miles de millones de personas que verían la boda desde sus casas no pudieran escuchar la ceremonia. Como muchos turistas estadounidenses se habrán preguntado: ¿qué rayos estaban pensando cuando construyeron el Castillo de Windsor tan cerca de Heathrow? Durante la ceremonia, ¿las autoridades de control de tráfico aéreo estarían dispuestas a, por lo menos, desviar las aeronaves a una ruta de vuelo diferente para que todos pudieran escuchar cuando Meghan respondiera «Sí, acepto»? La autoridad de aviación civil respondió afirmativamente, accediendo a desviar todos los vuelos de Windsor por razones de «seguridad».

Seguramente Meghan no dirá las tradicionales palabras de «amar, honrar y obedecer», como lo hizo la duquesa de York cuando se convirtió en la esposa del príncipe Andrés, y Sophie Rhys-Jones, cuando se casó con el príncipe Eduardo. Pero sí seguirá la pauta que impusieron Diana y Kate, quienes prometieron «amar, consolar, honrar y guardar» a sus maridos reales.

Eran muchas decisiones que tomar. La pareja quería sorprender a sus familiares y amigos con elementos «poco convencionales e imaginativos». Las hermanas Middleton pusieron el ejemplo; en 2011 Catalina instaló una elegante camioneta de helados y puestos de hamburguesas en el Palacio de Buckingham para la recepción vespertina, en tanto que su hermana Pippa contribuyó con mesas de ping-pong para su boda. Pippa jugó un partido con la estrella de tenis Roger Federer, quien después se enfrentó con Catalina, Guillermo y Harry.

Por divertido que esto fuera, la atracción principal de la última gran boda real en una generación sería el vestido de novia de Meghan. Como toda novia, sea o no de la realeza, quería mantener en secreto su vestido, desvelando la creación única en el gran día. En el caso de una novia de la realeza, el diseñador elegido llega a extremos notables para mantener ocultos el diseño y la tela. Sarah Burton, quien diseñó el vestido de Kate, puso cortinas de red en su estudio, cambió el código de acceso de la puerta y prohibió la entrada del personal de limpieza al edificio. Otros diseñadores reales han quemado las muestras y hecho pedazos los bocetos a lápiz para no dejar señal alguna para ojos maliciosos. En el caso del vestido de novia de Meghan, uno de los favoritos entre los corredores de apuestas es el diseñador de la reina, Stewart Parvin, quien creó el vestido de boda de Zara Phillips, hija de la princesa Ana. Otros posibles contendientes incluyen a Erdem Moralioğlu, Roland Mouret, Victoria Beckham y, por supuesto, Stella McCartney.

Anticipándose a la última aparición de Meghan en *Suits*, y con el bombo y platillo de la boda real, los productores del programa transmitieron un avance de la séptima temporada, donde se mostraba a Meghan con un vestido de novia. Después de todos los giros en su relación, Rachel Zane se casaría con su amante de la pantalla, Mike Ross. Este era un ejemplo de interacción entre la fantasía y la realidad, y los productores de *Suits* esperaban que los *ratings* fueran tan felices y gloriosos como el romance de Meghan en la vida real.

Aunque todo el mundo buscaba afanosamente cualquier trozo de información sobre la boda, esta vez Meghan no estaba cediendo ningún indicio en sus plataformas de redes sociales como lo había hecho en los primeros tiempos de su romance. Desde marzo había cerrado su blog The Tig, pero en enero de 2018 fue un paso más allá al abandonar sus demás plataformas de redes sociales —Instagram, Twitter y Facebook— y eliminar todas las imágenes y comentarios.

Había acumulado un club de admiradores de tamaño considerable, con más de un millón de seguidores en Instagram, 350 000 en Twitter y 800 000 *likes* en su página de Facebook. Su decisión de cerrarlas enfureció a sus seguidores, quienes iniciaron una petición de firmas para restablecer los sitios. La petición, que inició Sabrina A., quien también es administradora del sitio web meghanmaven.

com, afirmaba que, al cerrar estas cuentas, la familia real estaba eliminando la posibilidad de atraer a un público completamente nuevo, en especial porque el sitio web de la familia real atraía más de un millón de visitas adicionales desde que Meghan se integró a ellos.

Tenía razón. Después de todo, la princesa Beatriz, la hija mayor de la duquesa de York, tiene una cuenta en Twitter, y otros miembros de la realeza, entre los que sobresalen la princesa Carolina de Mónaco y la princesa Magdalena de Suecia, tienen sus sitios personales en redes sociales. Y también está la otra princesa estadounidense, Sarah Butler, ahora la princesa Zeid de Jordania, quien tiene su propia cuenta en Twitter en la que se enfoca en temas importantes, como la educación global, la ayuda a los refugiados y la filantropía en casos de desastre.

En meses recientes, la información sobre Meghan y el príncipe Harry se ha comunicado a través del Palacio de Kensington y en las cuentas oficiales de la familia real. A la larga, es posible que Meghan quiera tener su propio vehículo para promover su labor y las causas que elija. Sus seguidores afirman que debería lanzarse a través de su base existente. Me comentaron que, al interior de Palacio, existe un debate sobre este tema; aquellos funcionarios que favorecen los sitios web individuales para los miembros de la familia real están conscientes de que no pueden pasar «demasiado por encima de la reina» en este asunto.

Si todavía tuviera acceso a sus cuentas en redes sociales, sin duda tendría algunas cosas que decir sobre la polémica decisión de Simon Dudley, líder del concejo distrital donde está el castillo de Windsor, de pedirle a la policía que se asegurara de que, antes del gran día, se sacara de los alrededores del castillo a los indigentes «agresivos» que piden limosna.

Sus comentarios se describieron como inapropiados y hubo peticiones para que se le destituyera del cargo. Irónicamente, el pleito comenzó a inicios de enero, justo cuando Meghan estaba preparando los detalles de la boda con Jessica Mulroney. Como el primer trabajo de caridad que hizo Meghan en su vida fue con los indigentes en el centro de Los Ángeles cuando era adolescente, y dado que Jessica es cofundadora del proyecto Shoebox, que hasta la fecha ha donado 91 000 cajas con artículos de tocador para las mujeres indigentes que viven en albergues, no había necesidad de tener comunicación directa con el Palacio de Kensington para evaluar la reacción. Es más, en vista de que tanto el príncipe Guillermo como su difunta madre patrocinan Centrepoint, una organización de beneficencia para jóvenes indigentes, el líder del concejo no pudo haber elegido un objetivo que tuviera más probabilidad de despertar la ira de los soberanos.

Mientras la disputa continuaba, Meghan y Harry hicieron su segunda visita oficial, esta vez a la estación radial de beneficio social Reprezent 107.3 FM en Brixton, al sur de Londres, que es hogar de muchas comunidades africanas y caribeñas. Mientras una emocionada multitud gritaba: «¡Te amamos!», Meghan sonreía, saludaba con la mano y lanzaba besos. Cuando el ruido alcanzó un punto máximo preocupante, tímidamente se tapó la boca con la mano.

Durante su visita a la estación, que cada año capacita a cientos de jóvenes en cuanto a habilidades relacionadas con los medios, la defensora de la igualdad de género le preguntó a YV Shells, presentador de 24 años, si él era la persona que apoyaba a las mujeres DJ, empoderándolas y creando un espacio que no esté tan dominado por los hombres. «Creo que eso es increíble», señaló Meghan.

Inevitablemente, la atención se enfocó en lo que llevaba puesto: un suéter negro de lana con mangas acampanadas que vale 45 libras y que es una prenda básica de la cadena de ropa Marks & Spencer, la cual atiende a un mercado intermedio. Era un contraste notable con el vestido de 56 000 libras que llevó para el retrato de su compromiso.

Al pasearse entre el público que estaba afuera, Meghan se encontró con las estudiantes estadounidenses Jennifer Martinez y Millicent Sasu, de Baltimore. Jennifer aprobó a la estrella recién importada: «Es negra, es blanca, es actriz, es estadounidense. Trae un poco de todo y tiene tantas cualidades diferentes. Puede aportar muchas cosas».

No todo el mundo pensaba lo mismo. Durante el tiempo que estuvo en el *reality* televisivo *Celebrity Big Brother,* la exmiembro del Parlamento, Ann Widdecome, describió a Meghan como «problemática», diciendo que le preocupaban los «antecedentes» y «actitud» de la prometida de Harry. El asunto se puso más feo cuando se hicieron públicas las declaraciones de la novia de Henry Bolton, líder del Partido de la Independencia del Reino Unido que está a favor del Brexit.

En una serie de mensajes de texto, la modelo erótica Jo Marney le dijo a una amiga que Meghan «mancillaría» a la familia real con «su simiente» y que abriría la posibilidad de un «rey negro». Llegó a decir que nunca tendría relaciones sexuales con «un negro» porque son «feos». Muchos de los miembros del Parlamento que pertenecen al partido se retiraron en protesta cuando Bolton se negó a renunciar.

A la larga lo expulsaron después de un voto de los miembros cada vez más escasos de ese partido. El voto se llevó a cabo antes de febrero, cuando se dio a conocer la alarmante noticia de que una carta con un polvo blanco y un mensaje racista había sido enviada a Meghan y Harry al Palacio de Kensington. Aunque se determinó que el polvo blanco era inocuo, sí trajo a la memoria el recuerdo de las amenazas de ántrax en Estados Unidos una semana después de los ataques del 11 de septiembre del 2001, cuando varios senadores y otras personas recibieron el mortal polvo a través del correo. Según se creía, las cartas habían sido enviadas por un científico estadounidense que trabajaba en armas biológicas. Este acto de terrorismo doméstico, que dejó cinco muertos y otras 17 personas afectadas por las esporas de ántrax, resultó tan alarmante que permitió que futuros revoltosos provocaran caos y perturbación con solo gastar en una estampilla postal.

El incidente en el caso de Meghan y Harry, que oficialmente se consideró como un delito de odio racial, fue un ejemplo adicional —como si se necesitara uno más— de que el prejuicio étnico sigue siendo un problema importante en la sociedad multirracial de Gran Bretaña. Estos temas sensibles de la raza y el color también eran un problema que preocupaba a aquellos que se preguntaban qué sucedía dentro de los palacios cuando las cámaras y los micrófonos estaban apagados.

La respuesta es tal vez sorprendente: la gran barrera no es el color, sino la clase social. Aunque la duquesa de Cambridge hoy forma parte del escenario real, no siempre fue así. Ha enfrentado bastante más hostilidad de aquellos dentro de Palacio por ser la primera plebeya en 400 años en tener la posibilidad de ser reina, que la californiana birracial. Desde que conoció a Guillermo en la Universidad St. Andrew, en Escocia, los cortesanos reales consideraban a Kate simplemente como la chica que lo alentó a quedarse después de su muy publicitado tropiezo durante su primer semestre. Se le consideraba una joven agradable de clase media que eventualmente se casaría con alguien de su mismo estrato al terminar sus estudios universitarios. Cuando la amistad incidental se convirtió en romance, podemos decir con seguridad que los cortesanos quedaron estupefactos: «Lo pescó en el último momento», comentó uno de ellos.

Una vez que empezó a moverse dentro del círculo de amigos aristocráticos de Guillermo, enfrentó comentarios despectivos y franca intolerancia. El motivo de sus críticas era su madre, que había crecido en una casa de interés social en Southall y que trabajó alguna vez como azafata. «Puertas en posición manual», era el comentario que lanzaban los altaneros amigos de Guillermo. Tampoco le ayudó a Catalina que, en aquellos tiempos, Guillermo enviara dobles mensajes acerca de ella. Su ambivalencia dio oportunidad a los demás de emitir críticas y hacer comentarios maliciosos. Pero ese no es el caso de Harry. Desde el principio estaba seguro de que Meghan era la mujer para él, sin *pero* alguno. No ha dado espacio a nadie dentro de Palacio para que levante la ceja por la novia que eligió, sea plebeya o no. Es justo decir que las cejas se han mantenido diligentemente en su sitio. Las altas esferas han puesto el ejemplo, que ha sido del todo positivo.

De hecho, aunque solo ha estado comprometida oficialmente en matrimonio desde noviembre de 2017, es como si siempre hubiera formado parte de la familia. Meghan no solo ha hecho unas cuantas apariciones públicas, sino que está en camino de que se le acepte como un auténtico Tesoro Nacional. Para cuando viajó a Gales, una semana después de su visita al sur de Londres, ya había captado perfectamente el ritmo y la leve reticencia que había caracterizado su primer par de apariciones públicas, así que ahora apareció con una actitud relajada y dispuesta a divertirse y dejarse llevar.

Durante su recorrido entre el público en el Castillo de Cardiff —donde exhibió una certera diplomacia en su vestimenta al llevar unos jeans negros de la pequeña firma galesa Hiut Denim—, Meghan se describió como una «mujer superafortunada» y bromeó con dos admiradoras acerca de que la ciudad galesa sería un lugar «divertido» para una despedida de soltera. A diferencia de su primera salida en público, tuvo la suficiente confianza para posar en las *selfie*s, firmar un autógrafo para una colegiala deslumbrada por su fama y describir a su futuro marido como un «feminista». Incluso se le presentó como regalo anticipado de boda una cuchara del amor fabricada en madera, que es clásica de Gales.

La meghanmanía alcanzó niveles de frenesí cuando ella y Harry llegaron al centro de esparcimiento comunitario Star Hub, en la zona de Tremorfa, un lugar económicamente deprimido. En un instante Meghan se vio rodeada de jóvenes desesperados por conocerla, incitados por el propio Harry, quien les dijo: «¡Vamos a darle un abrazo grupal a Meghan!».

Su visita fue un triunfo, e incluso los cínicos tabloides se conmovieron con su desempeño. «Siglos de tradición real se disolvieron cuando la actriz estadounidense llevó la calidez de la celebridad moderna a las fervientes multitudes», opinó Jack Royston del *Tatler*.

Después de la visita a Cardiff, Harry llevó a Meghan a un corto paseo para conocer a la otra mujer en su vida, su antigua nana y acompañante Tiggi Legge-Bourke, quien fue consejera de los príncipes después del divorcio de Diana y de su posterior muerte. Para Meghan, esta era la oportunidad de conocer y entender a la mujer que tuvo un impacto tan sobresaliente en la crianza del hombre con el que estaba a punto de casarse.

Aunque nunca conoció a la madre de Harry, los recordatorios de su influencia y presencia estaban en todas partes. La primera aparición nocturna de Meghan fue en Goldsmiths' Hall, en la City de Londres, que, por extraordinaria coincidencia, también fue el lugar en el que lady Diana Spencer llevó a cabo su primer compromiso vespertino en las vísperas de su boda en la catedral de San Pablo.

Había transcurrido una generación y ahora era el hijo menor de Diana quien llevaba allí a su futura esposa. Fueron invitados de honor de los premios Endeavour Fund, establecidos por la Royal Foundation de Harry para celebrar y honrar los logros de los soldados heridos, lesionados y enfermos que participaron en notables desafíos deportivos a lo largo del último año. Como veterana de las ceremonias de premiación, Meghan se mostró serena y tranquila, sin inmutarse cuando el sobre que contenía el nombre del ganador del premio que «celebra la excelencia» se perdió por unos cuantos segundos mientras su copresentador buscaba el trozo de papel extraviado. «Siento que es todo un privilegio estar aquí», le dijo a un público conformado por personas que habían prestado sus servicios a las fuerzas armadas y que estaban acompañadas de sus familias. A diferencia de Diana, quien llegó a su primer compromiso nocturno con un vestido escotado que casi mostró sus senos cuando se bajó del auto, Meghan se puso un sofisticado traje sastre de Alexander McQueen. Diana, quien entonces tenía 19 años, seguramente se hubiera asombrado de la confianza que esta mujer tiene en sí misma; en ciertos sentidos, la señorita Markle, quien siempre está muy bien arreglada y lista para enfrentar las cámaras, es la mujer que Diana siempre quiso ser.

Sin embargo, también hay muchas cosas que las conectan. Ambas mujeres compartieron una misión humanitaria, aunque a una escala muy diferente; ambas son carismáticas y glamorosas, y las dos reconocieron que tenían el poder de hacer el bien en el mundo.

No obstante, aunque Diana cruzó las barreras de la clase y el origen étnico en ambos lados del Atlántico, su atractivo como celebridad dependía tanto de su vulnerabilidad como de su nivel de estrella. Era mucho más atractiva debido a esa sensibilidad, en particular para las mujeres que tenían matrimonios desdichados. Su labor social —por ejemplo, cuando visitó a las personas internadas en hospicios en el que sería su último viaje en solitario— era terapéutica, la sanaba tanto a ella como a aquellos a los que consolaba.

La palabra vulnerable no salta de inmediato a la mente cuando evaluamos las muchas cualidades espléndidas de la señorita Markle. Seguramente es empática, pero también dueña de sí misma, sofisticada y serena, sea en casa, en un podio mientras pronuncia un discurso o en una sesión fotográfica. Es la abanderada de una nueva generación de mujeres confiadas, asertivas y decididas a atravesar el techo de cristal.

Una y otra vez, Meghan ha probado que sabe trabajar en equipo, adoptando con entusiasmo a su nueva familia y a su nuevo país. Es posible que esta chica de California se crispe ante la idea de inclinarse ante un soberano y quizás extrañe tomarse *selfies* estilizadas y enfurecerse porque no encuentra un aguacate maduro o un estudio decente de yoga en el centro de Londres, pero sobrevivirá y prosperará. Le costará trabajo captar la pronunciación de Derby, Leicester y Torquay, aprender que los británicos prefieren desdeñar en lugar de ser sinceros y descubrir que el retintín no es una campana para llamar a la cena. Aprenderá, a veces de manera dolorosa, que, aunque compartimos la misma lengua, británicos y estadounidenses somos personas muy diferentes.

Su presencia dentro de la familia real es un reto y una oportunidad.

Mucho antes de que el príncipe Harry transformara su vida, Meghan había enunciado el que, en efecto, sería su manifiesto para su vida futura. Después de una visita a Ruanda, escribió en su ahora desaparecido blog The Tig: «Mi vida pasa de los campos de refugiados a las alfombras rojas y elijo ambos porque, de hecho, estos mundos pueden coexistir. Nunca quise ser una dama que se dedica a ir a almuerzos; siempre quise ser una mujer que trabaja. Y este tipo de trabajo es lo que alimenta mi alma e impulsa mi propósito».

Por todo esto, su presencia misma dentro de la familia real hará que la monarquía parezca más incluyente y relevante para el multiculturalismo británico, en un tiempo en que el país se esfuerza por alcanzar un acuerdo en un mundo posterior al Brexit.

La imagen de la reina junto a la madre de Meghan, la afroestadounidense Doria Ragland, afuera de la capilla de San Jorge, será un momento simbólico: una de ellas, descendiente de esclavos, y la otra, la monarca de mayor antigüedad en el puesto dentro de la historia británica. Meghan, quien ya ha demostrado ser una elección inmensamente popular como novia, complementará a su marido y a la augusta institución a cual ingresa gracias al matrimonio, aportando frescura, diversidad y calidez a los helados corredores del Palacio de Buckingham.

Sus muchos fans y admiradores están ansiosos de ver el siguiente episodio de su maravillosa aventura real. Con su inteligencia, belleza y talento, Meghan representa el sueño americano de tenerlo todo, alcanzar su propio éxito a fuerza de trabajo duro y capacidad. Su vida se cruzó con la del príncipe Harry cuando ella ya había probado ser digna de respeto, a pesar de, y no por, los privilegios concedidos a él en razón de su nacimiento y herencia. Aunque provienen de diferentes países, antecedentes y culturas, sin duda su unión será el logro simbólico supremo de la relación entre una monarquía y una república.

Otras obras de Andrew Morton

❧

- *Diana: Su Verdadera Historia*
- *Wallis in Love: The Untold True Passion of the Duchess of Windsor*
- *17 Carnations: The Windsors, the Nazis and the Cover-Up*
- *William & Catherine: Their Lives, Their Wedding*
- *Angelina: An Unauthorized Biography*
- *Tom Cruise: Una Biografía no Autorizada*
- *Madonna*
- *Beckham y Victoria*
- *Monica's Story*

Créditos de las imágenes

❦

Página 12: Splash News (arriba); © Tameka Jacobs (abajo)

Página 13: Splash News (arriba); Splash News (abajo)

Página 14: Moviestore / REX / Shutterstock (arriba); Frank Ockenfels / Dutch Oven / Kobal / REX / Shutterstock (abajo)

Página 15: Dutch Oven / Kobal / REX / Shutterstock

Página 16: Startraks Photo / REX / Shutterstock (arriba); Birdie Thompson / AdMedia / Sipa USA / REX / Shutterstock (abajo)

SEGUNDA SECCIÓN DE IMÁGENES

Página 1: *Mail on Sunday* / Solo Syndication (arriba); Splash News (abajo)

Página 2: MediaPunch / REX / Shutterstock (arriba); Alpha Press (abajo)

Página 3: Mike McGregor / Getty Images para Cantor Fitzgerald (arriba); DOD Photo / Alamy (abajo)

Página 4: DOD Photo / Alamy (arriba); Clodagh Kilcoyne / Getty Images (abajo)

Página 5: Pictorial Press Ltd / Alamy (arriba); Ben Rosser / BFAnyc.com / REX / Shutterstock (abajo)

Página 6: Nicholas Hunt / Getty Images

Página 7: *The Sun* / News Licensing

Página 8: Karwai Tang / WireImage / Getty Images

Página 9: WENN Ltd / Alamy (arriba); World Vision / Splash (abajo)

Página 10: Evan Agostini / Invision / AP / REX / Shutterstock (vertical larga, arriba); Fotografía de Mark Stewart, Camera Press London (abajo)

Página 11: Karwai Tang / WireImage / Getty Images (arriba); Chris Jackson / Getty Images para la Invictus Games Foundation (abajo)

Página 12: Facundo Arrizabalaga / EPA-EFE / REX / Shutterstock (arriba); WENN Ltd / Alamy (abajo)

Página 13: Chris Jackson / Getty Images

Páginas 14-15: Fotografía de Paul John Bayfield, Camera Press London

Página 16: Dominic Lipinski / AFP / Getty Images (arriba); Chris Jackson / AP / REX / Shutterstock (Royal Foundation Forum) (abajo)